정치평론가
**고성국,
불통민국**을
말하다

불량민국을 말하다

지은이 고성국
펴낸이 안용백
펴낸곳 (주)넥서스

초판 1쇄 인쇄 2012년 10월 5일
초판 1쇄 발행 2012년 10월 10일

출판신고 1992년 4월 3일 제311-2002-2호
121-840 서울시 마포구 서교동 394-2
Tel (02)330-5500 Fax (02)330-5555

ISBN 978-89-6000-125-1 03810

저자와 출판사의 허락 없이 내용의 일부를
인용하거나 발췌하는 것을 금합니다.
저자와의 협의에 따라서 인지는 붙이지 않습니다.

가격은 뒤표지에 있습니다.
잘못 만들어진 책은 구입처에서 바꾸어 드립니다.

www.nexusbook.com
지식의 숲은 (주)넥서스의 인문교양 브랜드입니다.

정치평론가 고성국, 불통민국을 말하다

고성국 지음

지식의숲

여는 글

STOP 불량민국!

처음에는 2030세대가 원하는 대통령에 대한 글을 쓰려고 했다. 그러나 글을 쓰면서 느꼈다. 2030세대가 5060세대와 크게 다르지 않다는 것을. 세대를 넘어 대한민국 국민이라면 누구나 공감할 우리 모두의 문제의식을 담고자 했다. 누구든지 할 수 있는 질문, 그러나 누구도 속 시원하게 대답해 주지 않은 문제들을 다루었다.

우리는 대한민국을 사랑한다. 하지만 대한민국이 이름값을 제대로 하고 있는지에 대한 질문에 "그렇다."라고 당당하게 대답할 사람은 많지 않을 것이다.

글을 쓰는 내내 못난 내 나라의 모습을 마주하고 있자니 마음이 착잡해졌다. 그래서 감히 '불량민국'이란 말을 전면에 내세웠다. 그만큼 치열하게 부딪쳐 가고 싶었다. 60년 만에 산업화와 민주화라는 기적을 이루어 낸 국민답게 그 치열함으로 불량사회, 불량국가를 제대로 된 정상사회, 성숙국가로 만들어 가고 싶다. 누구를 향해서가 아닌 나를 돌아보며 이렇게 외친다.

"STOP 불량민국!"

고성국

차례

여는 글 _ STOP 불량민국!　　　　　　　　　　　004

PART 1
정치 참여를 말하다

01 무엇이 국민들의 손에 촛불을 쥐게 한 걸까요?　　012
02 희망버스! 희망을 싣고 달려, 달려!　　　　　　　016
03 청춘들이여, 쫄지 말라! 나꼼수가 있다!　　　　　　019
04 국민과 국가, So Cool하게 소통할 수 없을까?　　　023
05 투표장은 조용~ SNS 공간은 시끌시끌?　　　　　027
06 SNS가 대통령 선거를 좌지우지할 수 있을까?　　　031
07 연예인들의 정치 활동, 국민들에게 어떤 영향을 미칠까?　035
08 투표, 세상을 바꾸는 유쾌한 행동?　　　　　　　038
09 어리면 투표도 못해? 어리다고 놀리지 말아요~　　042
10 양치기 소년 같은 정치판에 관심 없어요!　　　　　047
11 세 살 때의 정치 생각 여든까지 간다!　　　　　　050

PART 2
경제 문제를 말하다

12 취업 생각만 하면 자다가도 벌떡 일어나요~　　　056
13 일자리를 고르는 것이 배부른 소리라고?　　　　　061
14 청년인턴제! 완전 사기당한 기분이야!　　　　　　066
15 정당한 돈을 받고 일하고 싶어요　　　　　　　　069
16 나는 일만 하는 기계가 아니다!　　　　　　　　　073
17 도대체 물가는 누가 잡는 거야?　　　　　　　　　078
18 잘사는 사람만 행복한 이 세상, 더럽다 더러워!　　082
19 경제민주화가 이루어지면 경제가 좋아질까?　　　086
20 중소기업이 설 자리가 너무 좁아요　　　　　　　089
21 우리나라 기업, 제발 정신 좀 차려!　　　　　　　094
22 FTA! 말만 들어도 머리가 지끈지끈~　　　　　　099

PART 3
사회 문제를 말하다

23	낳느냐, 낳지 않느냐 그것이 문제로다!	106
24	대체 누구를 위한 100세 시대란 말입니까~	111
25	대한민국은 성범죄로 펄펄 끓고 있는 도가니?	114
26	하늘의 별 따기보다 어려운 서울에서 집 사기!	118
27	산 입에 거미줄 치게 생겼습니다	121
28	환경 종말의 열쇠, 내 손 안에 있소이다!	127
29	이제 그만 같은 한국 사람으로 봐 주시어요	132
30	'고소영'이 여배우 '고소영'이 아니었다고?	136

PART 4
교육과 복지 문제를 말하다

31	아이들 학교 보내기가 무서워요~	142
32	언제쯤이면 마음 놓고 아이들 교육을 시킬 수 있을까?	146
33	살인적인 등록금이 내 목을 조르고 있어요!	149
34	될성부른 나무는 부모 재산 보면 알 수 있다?	155
35	아이들의 무상급식, 계속 확대될까?	158
36	행복은 학교 서열순이 아니잖아요!	162
37	알맹이 없는 복지, 대체 누굴 위한 거야?	166
38	누구에게나 절실한 복지 혜택! 너 정체가 뭐니?	171
39	생애주기별 복지가 가장 이상적인 복지 모델?	175
40	국가가 국민 한 사람 한 사람을 세심하게 살핀다고?	179
41	무조건 세금을 더 걷는다고 해결될까?	182
42	세금! 줄여야 하는가, 늘려야 하는가 그것이 문제로다~	186
43	슈퍼 부자들의 증세, 불가능한 주장인가요?	190

PART 5
외교·안보 문제를 말하다

44 모든 청년의 고민! 군대, 군대, 군대   196
45 군대 때문에 날아간 내 시간, 누가 책임질 거야?   199
46 사병 월급 인상은 혹하게 만들기 위한 선거 공약용?   203
47 북한, 가까이하기엔 너무 먼 당신   207
48 북한 핵 문제! 이러다 정말 전쟁 나는 거 아냐?   210
49 미국보다 먼, 북한보다 가까운 중국?   215
50 한국과 미국, 다윗과 골리앗의 우정 나누기?   219
51 붕어빵에는 붕어가 없고 일본의 독도 주장에는 독도가 없다!   223
52 먼 나라 이웃 나라 일본, 너희를 대체 어쩌면 좋겠니?   227
53 그까짓 핵! 우리도 보유하면 되는 거 아냐?   230
54 우리의 소원은 통일~ 정말이야?   234

PART 6
국가관을 말하다

55 팍팍한 내 인생, 국가는 내게 무엇을 해 줄 수 있을까?   240
56 어떻게 하면 조화롭게 살 수 있을까?   245
57 상대방을 혹하게 만드는 설득의 비법이 궁금해요   251
58 인맥이 그리도 중요하단 말입니까?   256
59 비도덕적인 행동을 목격했을 때 눈을 딱 감아? 말아?   260
60 국가! 날 얼마나 구속할 수 있는 거야?   268
61 입을 꾹 다물라고? 이곳이 진정 민주주의국가야?   272
62 우리나라는 자유주의국가?   276
63 헌법에 보장된 재산권은 불가침한 권리인가?   280
64 국가, 내 인생에 얼마나 도움이 될까?   283
65 올바른 국가관이 대체 뭘까?   287

PART 7
정치와 정치인에 대해 말하다

66 선거철만 되면 서민 편이 되는 불편한 진실~ 292
67 깨끗하고, 맑고, 자신 있는 정치인 어디 없나~ 296
68 정치, 너 꼭 필요한 거니? 300
69 주먹을 부르는 정치~ 자꾸 거부감이 생겨요 303
70 그깟 정치! 꼭 정치인만 정치를 해야 해? 306
71 안철수는 흥행 보증 수표? 310
72 대통령 지지율, 들어갈 때 다르고 나올 때 다르다? 314
73 2030세대 투표율, 정치권 '앗 뜨거!' 317
74 이래서 죽어라고 정치인이 되려고 하는 거야? 321

PART 8
대통령과 대통령직에 대해 말하다

75 국민 동생, 국민 오빠는 있는데 국민 대통령은 왜 없는 거죠? 326
76 대통령의 어떤 점을 가장 중요하게 봐야 하지? 330
77 MB정부에 씌었던 콩깍지는 무엇? 333
78 이명박 대통령, 자기 무덤 판 꼴! 336
79 양치기 소년이 된 MB정부의 최후는? 339
80 대통령과 국민들의 소통 점수는 불합격입니다! 343
81 쇠귀에 경 읽기에 국민들은 지쳐 버렸습니다 347
82 노무현 대통령, 지못미~ 351
83 대통령 임기 기간, 뭐가 다르다는 거지? 354
84 소속, 무소속 그것이 문제로다~ 357

PART 1

정치 참여를 말하다

1 정치 참여

QUESTION 01

무엇이 국민들의 손에 촛불을 쥐게 한 걸까요?

2008년, 미국산 쇠고기 수입 재개 협상에 반대하기 위해 많은 국민이 서울 시청 앞 광장으로 모였습니다. 당시 대학교 3학년이었던 저도 동아리 친구들과 그 자리에 있었죠. 그 자리에는 학생뿐 아니라 아이들을 동반한 가족들, 연예인, 예술가가 함께했습니다. 그 집회는 어느 한 집단이 주도했다기보다 국민들의 자발적인 참여에 의해 이루어졌다고 생각합니다. 이렇게 많은 사람을 광장으로 이끈 힘은 어디에서 나왔다고 생각하시나요?

A
'내가 이 땅의 주인이다'라는 주인의식을 가져야 한다.

촛불집회는 2002년 6월, 미군 장갑차에 깔려 숨진 여중생들의 사인 규명과 추모를 위해 처음 열린 이래 우리나라의 대표적인 평화 시위로 정착되었습니다. 그때의 촛불집회는 한일 월드컵과 제16대 대통령 선거의 열기로 아쉽게도 큰 이목을 끌지 못했죠.

2008년에 있었던 촛불집회는 이명박 정부에 대한 국민들의 불만이 촛불로 표출된 측면이 가장 큽니다. 촛불집회는 목숨을 걸고 싸운 민주화 운동과 다르게 가벼운 항의로 시작되었어요. 엄마들은 아기를 유모차에 태우고, 학생들은 친구들과 손에 손을 잡고 광장으로 나왔죠. 그들의 마음속에는 하나같이 '내가 이 땅의 주인이다.'라는 주인의식이 자리 잡고 있었습니다.

'불법을 저지르지 않는데 누가 나한테 위해를 가하겠어?'

이런 자신감과 사회적 합의에 대한 신뢰가 모든 사람의 가슴에 깔려 있었기 때문에 아기를, 친구를 데리고 그 자리에 참여할 수 있었던 것입니다. 가벼운 마음으로 그러나 책임감 있게 광장으로 나선 것은 굉장히 건강한 것이라고 생각합니다. 그런 건강성이 촛불에 깔려 더욱더 밝은 빛을 냈죠.

앞에서도 말했듯이 국민들이 그런 행동을 한 직접적인 이유는 이명박 정부에 대한 실망감 때문입니다. 이명박 정부가 보여 준 잘못된 태도, 즉 국민을 무시하는 태도, 국민에게 거짓말을 하는 태도가 국민들에게 배신감을 안겨 주었던 거죠.

우리나라가 민주화가 된 지 25년이 지나면서 국민들은 민주주의가 무엇이고 국민의 힘이 언제 필요한지를 확실하게 알게 된 것 같습니다. 국민들의 민주주의 의식이 점점 굳건하게 변해 가고 있는 모습을 곳곳에서 찾아볼 수 있죠. '국민이 뽑은 대통령이라고 하더라도 잘못된 정책을 펼치고 잘못된 행위를 하면 국민은 언제든지 대통령에게 채찍을 가할 수 있다. 그것은 정당하고 합법적인 것이다.'라는 인식을 갖고 있기 때문에 촛불집회가 가능한 것입니다.

국민들이 직접 나설 수밖에 없었던 이유는 야당이 야당 노릇을 제

대로 하지 못했기 때문이기도 합니다. 야당이 국민이 가려워하는 곳을 긁어 주고 국민이 하고 싶은 이야기를 국회를 통해서 더 강하게 전달했더라면 굳이 국민들이 거리로 나섰겠어요?

정당은 국민 다수의 지지를 얻어야 정권을 얻을 수 있습니다. 국민 다수의 지지를 얻기 위해서 정당은 무엇을 해야 할까요? 국민들이 무엇을 원하고 무엇을 바라는지를 항상 생각하고 정책을 만들어야 하죠. 근로자가 직장에 나가서 일을 하듯 정치를 직업으로 하는 사람들이 해야 할 일은 바로 그것입니다.

거듭 말하지만 촛불집회는 정당이나 정치인이 자기 일을 제대로 하지 못했기 때문에 시작된 것입니다. 정부가 할 일을 제대로 하지 못하니까 국민이 직접 "내가 생각하고 바라는 것은 이거다!"라고 목소리를 높이며 정치인과 대통령을 혼냈던 것입니다.

주기적으로 찾아오는 선거가 민주주의의 전부는 아닙니다. 선거는 민주주의의 한 가지 절차일 뿐입니다. 민주주의는 주기적이거나 일회적인 것이 아닌 항시적이며 전 방위적인 것입니다. 민주주의는 잘못된 것을 바로잡을 수 있는 국민의 힘이며, 국민의 힘을 현실화하는 행동입니다.

촛불집회 때 경찰이 강경 진압을 하자 피해자들이 생기면서 국민들의 분노는 더욱더 커졌습니다. 그로 인해 점점 문제가 심각해졌고, 결국 가볍게 시작한 집회는 수백만 명이 참여하는 큰 규모의 집회가 되었습니다.

그럼에도 불구하고 국민들은 질서를 지키기 위해서 노력했습니다. 국민들은 민주주의가 파괴적이거나 소모적인 것이 아니라 생산적이며 건설적이라는 것을 보여 주었죠. 촛불집회는 성숙된 시위 문화와 시민들의 수준 높은 민주주의 행동을 보여 준 매우 중요한 사건으로 기록될 것입니다.

1 정치 참여

QUESTION 02

희망버스!
희망을 싣고 달려, 달려!

지난 2010년 한진중공업 파업 사태 당시 많은 사람이 자발적으로 희망버스에 몸을 실었습니다. 그로 인해 시민들이 자발적으로 참여하는 새로운 사회운동의 방향을 제시했다는 의견과 3자의 입장에서 노사 갈등만 더욱 부추기는 꼴이라는 의견이 팽팽하게 맞섰습니다. 하지만 '희망버스'는 분명 고통 받는 노동자와 국민의 희망을 싣고 달렸습니다. 1만 명에 달하는 국민이 참여했던 희망버스에 대해 어떻게 생각하시나요?

A
희망버스는 더 나은 사회를 만들기 위한 새로운 정치 참여의 모델이다.

비정규직 해고자 문제, 한진중공업의 해고자 문제를 해결하기 위해 김진숙 지도위원이 목숨 걸고 크레인에 올라가 309일 동안 농성을 한 것은 결코 가벼운 행동이 아니지만 희망버스는 매우 가볍게 시작되었습니다.

"김진숙 지도위원이 외롭지 않게 싸울 수 있도록 우리가 지원을 해 주어야 하지 않을까? 격려 방문을 하는 게 어때?"

"버스를 한 대 대절해서 사람들과 함께 가는 건 어떨까?"

이렇게 해서 희망버스가 만들어진 것입니다. 희망버스는 국민 참여의 새로운 모델이라 평가할 수 있습니다. 정말 대단한 것은 희망버스에 참여한 사람들이 조직적으로 동원된 것이 아니라는 것입니다. 평범한 국민이 해고 노동자들의 아픔을 자신의 아픔으로 받아들이고 그 아픔을 함께 나누고자 한 거죠. 인간에 대한 순수한 동정과 연민이 시민의 연대를 가능하게 했습니다.

한 사회를 유지하는 원동력은 바로 유대감입니다. 우월한 권력에 의해 부당한 대우를 받았을 때 함께 극복하려는 의지, 더욱 나은 사회를 만들어 가기 위한 공동체의식이 매우 중요합니다. 그러한 유대감이 희망버스가 진정한 희망을 싣고 달릴 수 있게 만든 것이죠.

이 모습을 지켜보던 보수 쪽은 대항 버스를 만들었고, 경찰은 국민들의 순수한 행동에 의해 운행된 희망버스를 겹겹이 에워싸기도 했습니다. 그로 인해 문제가 심각하게 된 거죠. 항상 권력의 과잉 대응이 문제를 심각하게 만듭니다. 그에 더해 정치인들의 적절하지 못한 개입도 문제가 되었어요. 이런 사정으로 희망버스가 자꾸 정치논리에 휘둘리게 된 것입니다.

그런데 우리 국민들은 어땠습니까? 국민들은 정치 논리에 휘둘리지 않았습니다. 김진숙 지도위원의 외로운 투쟁에 공감을 보내고, 몸과 마음이 지친 김진숙 지도위원이 잘못되는 것은 아닌지 함께 걱정했습니다. 문제가 잘 해결될 수 있도록 격려와 응원의 메시지를 보냈죠. 결국 그런 국민의 힘으로 김진숙 지도위원이 크레인 농성을 끝맺음 짓고, 해고자 문제도 어느 정도 해결되었습니다.

희망버스 사건을 통해 정부와 경찰의 대응, 정치권의 개입 행태가 국민적 수준에 미치지 못한다는 것을 다시 한 번 확인했습니다. 정부는 집회 시위에 관한 법률 위반, 해산명령 불응죄 등으로 13명을 기소했고, 130여 명에게 1억 5,000만 원의 벌금을 부과했어요. 그밖에 위치 추적, 계좌 털기 등의 부당한 공권력을 행사했죠.

이명박 정부는 국민들의 희망 찾기를 절망으로 만들었습니다. 국민의 자발적 참여를 통한 희망버스는 한진중공업 사태를 근본적으로 해결하지는 못했지만 절망이 드리워진 곳에 국민들이 직접 찾아가 희망을 전달하는 것을 보여 준 대표적인 사례입니다.

국민들의 참여는 해가 갈수록 창의적이고 세련되어 가고 있습니다. 직접 참여하지 못한 국민들도 TV를 통해, 신문을 통해 소식을 접하고 감동을 느낄 정도이죠. 국민 참여가 시민 문화로 정착되고 있다는 느낌을 받지 않을 수 없습니다. 촛불시위도 그렇고 희망버스도 그렇고 참여의 새로운 모델이 끊임없이 생산되고 있다고 해도 과언이 아닙니다.

반면 정부의 대응 방식은 전혀 그렇지 못합니다. 민주주의 국가에서는 정부의 정책에 반대하는 입장, 더 나아가 정부의 공권력에 저항하는 참여 역시 보장받아야 합니다. 의견을 달리하는 사람들을 설득해 합일점을 찾아야 하는 민주주의 과정은 비용도 많이 들고 비효율적일 수 있습니다. 그렇다고 이를 포기할 수는 없지 않겠어요? 정부가 지금과 같이 대응한다면 제2, 제3의 희망버스, 촛불집회는 언제든지 다시 나타날 것입니다.

QUESTION 03

청춘들이여, 쫄지 말라!
나꼼수가 있다!

'나는 꼼수대(이하 나꼼수)'는 누군가의 눈치를 보지 않는 독설과 풍자, 비판으로 젊은 세대의 전폭적인 지지를 받았습니다. 저 역시 그들의 속 시원한 말에 웃음을 터뜨린 적이 한두 번이 아닙니다. 정봉주가 구속되면서 방향이 달라지고 있고, 편향적인 이념을 전면에 드러낸다는 문제점이 제기되고는 있지만 나꼼수는 여전히 사회에 대한 비판을 서슴지 않고 있습니다. 많은 사람이 '나꼼수'에 열광하는 진짜 이유는 과연 무엇일까요?

A
쫄지 않은 나꼼수,
'나'를 대신해 준 유쾌함이 있다.

많은 사람에게 나꼼수는 영웅과 다름없는 존재입니다. 어느 세대나 영웅을 갖고 싶어 하는 욕망을 가지고 있죠. 나꼼수는 일시적이지만 국민들의 영웅 역할을 톡톡히 했다는 평가를 받았습니다. '나꼼수'를 다운로드 받아 청취한 사람이 회당 200만 명이 넘는다고 하니 정말 대단하지 않습니까? 웬만한 아이돌이나 걸그룹 인기가 부럽지 않을 정도입니다. 그 영향을 받아 나꼼수 출연자들이 출간한 책은

PART 1. 정치 참여를 말하다

대부분 베스트셀러가 되었죠.

나꼼수는 한국뿐 아니라 해외에서도 큰 화제가 되었습니다. 미국의 〈뉴욕타임스〉에서 '나꼼수 현상'을 대대적으로 보도하였고, 미국 대학에서도 관심을 갖고 연구를 했다고 합니다.

나꼼수가 이렇게 큰 인기를 얻을 수 있었던 배경으로는 미디어 환경의 변화를 들 수 있습니다. 요즘은 스마트폰만 있으면 누구나 언제 어디서든 방송을 만들 수 있죠. 거대한 방송사처럼 정해진 시간에 정해진 방송을 하는 것이 아니라 언제 어디서나 활동할 수 있는 환경이 만들어진 것입니다.

우리나라에서 스마트폰을 사용하는 사람이 2,000만 명이 넘는다고 해요. 국민 중 절반 이상이 자기 손 안에 텔레비전, 전화, 컴퓨터를 들고 다니는 셈이죠. 많은 사람이 언제, 어디서나 자신이 원하는 방송을 간편하게 선택하여 시청하고, 방송에 대한 평가를 타인에게 실시간으로 전달하고 있습니다. 적극적인 사람들이 팟캐스트를 통해 콘텐츠를 제공하면 SNS는 이를 급속하게 확산시키는 촉매제 역할을 하고 있는 거죠.

거대 자본이나 수직적 조직에 얽매이지 않고 참신한 소재와 편안한 형식으로 방송을 한 사람들은 그 효과를 톡톡히 봤습니다. 그중 가장 대표적인 방송이 바로 나꼼수였고요. 콘텐츠만 좋으면 신문, 방송 등 기존의 미디어를 통해서 유통되지 않더라도 얼마든지 사람들에 의해 자발적으로 전파된다는 것을 나꼼수가 확인시켜 주었습니다.

나꼼수는 그렇지 않아도 현실 정치에 불만을 가지고 있던 사람들에게 대리 만족을 느끼게 해 주었습니다. 나를 대신하여 내가 하고 싶은 말을 속 시원하게 쏟아내 주는데 어떻게 열광하지 않을 수 있겠어요?

나꼼수는 권력을 조롱거리로 만들었습니다. 정치 풍자의 진수는 코미디이죠. 하지만 아직까지 우리나라 코미디는 그렇게까지 하지 못하고 있습니다. 코미디가 정치 풍자를 전혀 하지 않는 것은 아니지만 여전히 조심스러워하는 부분이 있죠. 그런데 그러한 갈증을 나꼼수가 해결해 준 것입니다. 코미디가 아닌 토크쇼 형식으로 철저하게 캐릭터를 만들고, 그 캐릭터에 맞게 조롱과 비판의 방식을 분담한 것이죠. 아주 통쾌하고, 유쾌했습니다. 그들의 행동과 발언은 아주 용감했습니다. 용감했기 때문에 사람들이 그들을 영웅으로 떠받든 것입니다.

하지만 그들이 권력을 얻으면서 오히려 나꼼수의 영향력은 퇴조했습니다. 성역화된 권력에 도전할 때는 그들을 지지하고 지원하는 것이 명분이 있고 의미가 있지만 그렇지 않은 상황일 때는 국민들이 열광할 이유가 사라지죠. 나꼼수는 강한 존재가 된 반면, 이명박 정부는 무너질 대로 무너져 버렸습니다. 그러니 열광할 이유가 사라진 것이죠.

이것은 나꼼수 멤버들이 권력자가 되어 본분을 망각했다는 의미가 아니라 객관적으로 역학 관계가 그렇게 되었다는 말입니다. 그런 상태에서 나꼼수 멤버들이 조금이라도 권력화된 모습, 권위적인 모습을 보이면 역풍이 불게 마련이죠. 이것이 최근 나꼼수에 대해 많은 비판과 실망이 제기되는 이유입니다.

그렇지만 이 시대의 피해자이기도 한 나꼼수 멤버들의 '쫄지 않는 정신'이 현실이나 정치에 크게 관심을 보이지 않았던 세대에게 새로운 인식을 심어 준 것은 분명합니다. 그 부분은 역사적으로 평가받아야 한다고 생각합니다.

QUESTION 04

국민과 국가,
So Cool하게 소통할 수 없을까?

이명박 대통령이 TV에서 '국민과의 대화'를 한다고 해서 본 적이 있습니다. '편안한 분위기에서 대통령이 국정에 대한 국민들의 의견을 청취하고, 국민들이 궁금해하는 것을 답한다.'는 취지! 언제나 그렇듯 취지는 참 좋았습니다. 그러나 국민과의 대화는 건강한 토론이 아닌 단순한 질의응답 시간 같아 보였습니다. 짜인 각본대로 시간이 흘러가는 느낌이랄까요? 국민과 국가가 쿨하게 소통하는 것이 그렇게 힘든 일일까요?

1 정치 참여

A 지금의 소통방식은
과거와 달라진 것이 없다.

권위주의 시대에는 쌍방향이라는 개념 자체가 없었습니다. 소통을 쌍방향으로 할 수 있는 효과적인 수단도 없었죠. 왕이나 대통령이 몸을 낮춰서 국민의 소리를 들어 주면 좋고, 안 들어 줘도 그만이었어요. 사극에서 왕이 국민의 소리를 직접 듣기 위해 변복을 하고 시장에 나가는 모습을 본 적이 있을 것입니다. 그런데 길거리에서, 주막 같은 곳에 앉아서 사람들이 하는 말을 듣는 것이 고작이었을 테니 얼마나 제한적이었겠어요.

　물론 예외 상황도 있었습니다. 근대적 방식의 여론조사는 아니지만 세종대왕은 여론조사 형식을 통해 백성과 소통하려고 했어요. 《조선왕조실록》에 세종대왕이 '공법'이라고 불리는 조세 제도의 도입 여부를 놓고 조정에서 의견이 엇갈리자 당시 조선 전체 인구 600만 명 중 17만 명을 대상으로 여론조사를 실시했다는 기록이 남아 있습니다. 국민의 삶을 생각하는 지도자라면 과거나 지금이나 국민의 목소리에 항상 귀를 기울여야 하죠.

　군사정권 시대의 소통은 오피니언 리더를 통한 민심 청취였습니다. 학계, 언론계, 재계, 지방 유지 등 당시 우리 사회 지도층 인사라고 하는 사람들을 통해 민심 동향을 파악하거나 정부에 대한 여론을 듣는 것이 전부였죠. 그렇게 전달된 민심이 제대로 된 내용일 수 있었을까요? 오피니언 리더들이 군사정권에 민심이라고 전달한 것의 대부분은 자신의 입장과 정치적 이해관계에 따라 조정한 것이었습니다.

　사실 군사정권의 입장에서 민심은 그다지 중요한 것이 아니었습니다. 그저 형식적 절차로 흉내만 낸 것과 다름없었죠. 군사정권에게는 오피니언 리더들을 어떻게 회유하고 협박하여 협력하도록 하는가가 더욱 중요했어요. 오피니언 리더들과의 관계를 유지하고 이들을 관리하기 위해 상당한 수준의 비용 지불도 감수했죠.

　민주화 이후에는 국민들의 여론이 상당히 중요해졌습니다. 국민들이 원하는 것이 무엇인지, 국민들은 현재 무슨 생각을 하고 있는지, 국민들의 정치 성향과 좋아하는 지도자의 이미지는 어떠한지 등

에 대해 정치권이 주의를 기울이기 시작했죠. 우리나라에서 여론조사를 최초로 활용하여 치른 선거와 캠프는 1992년 민자당 김영삼 후보 캠프였어요. 이후 여론조사 없이는 대선이나 총선, 지자체 선거를 치를 수 없게 되었죠. 여론조사의 전성기가 시작되었다고 할 수 있습니다. 여론조사가 2002년 대선에서는 새천년민주당의 후보 단일화를 이루어 내는 역할을 하기도 했습니다.

  사실 대통령이 국정을 운영하면서 국민의 의사를 확인할 방법은 몇 가지 되지 않습니다. 오피니언 리더들의 의견을 듣거나 국민들을 찾아가 직접 목소리를 듣는다 해도 그것이 국민 전체의 생각이나 의견이라고 할 수 없죠. 그래서 가장 일반적으로 활용하는 것이 국정이나 정책과 관련된 여론조사예요. 청와대나 각 정부 부처는 매주 또는 매월 여론조사를 실시해 대통령 국정 지지도나 정부 부처의 정책에 대한 국민들의 생각을 확인합니다. 중요한 것은 이러한 노력은 대통령이나 정부가 진정으로 국민들의 여론을 소중히 여기고 이를 국정 운영과 정책 수립에 반영하겠다는 의지가 있을 때 빛을 발합니다. 대통령이나 정부가 국민의 의사와 달리 다른 목적을 가지고 여론을 조작하거나 여론을 왜곡하지 않는다는 전제가 있을 때 효용성이 높은 것이죠.

최근 모바일 기술이 획기적으로 발달하면서 국가와 국민이 소통하는 방식과 범위가 상당히 많이 변화했습니다. 일방향으로 진행되던 의사소통이 이제는 쌍방향 소통으로 바뀌었죠. 국민의 소리를 듣겠다는 마음만 먹으면 얼마든지 들을 수 있는 시대가 되었다는 말입니다.

문제는 정치 권력자들이 국민들의 말을 잘 듣지 않으려고 한다는 것입니다. 국가는 소통 수단이 무한대로 발전했기 때문에 국민들과 소통하지 않으면 과거에 비해 훨씬 강한 비판을 받을 수밖에 없습니다.

소통의 핵심은 경청에 있습니다. 들어야 소통이 이루어질 수 있죠. 과거에는 들을 수단 자체가 없었기 때문에 소통이 되지 않아도 어느 정도 양해가 됐지만 지금은 상황이 완전히 다릅니다. 그런데도 잘 들으려 하지 않으니 혼이 나야 마땅합니다.

QUESTION 05

투표장은 조용~
SNS 공간은 시끌시끌?

젊은층의 투표 참여율이 점점 낮아지고 있습니다. 투표가 끝나고 나면 매체에서는 저조한 투표율에 대해 대서특필하곤 하죠. 이는 현 정치에 대한 비판과 현실을 외면하고자 하는 심리가 반영된 것이라 생각합니다. 그런데 이와 다르게 SNS를 통한 정치 참여는 다양한 양상으로 전개되고 있습니다. 그로 인해 정치인들도 앞다퉈 SNS를 통해 젊은층과의 소통 창구를 만들고자 노력하고 있는데요, 대체 왜 이런 이중적인 현상이 나타나는 것일까요?

1 정치 참여

A 결국은 SNS라는 틀을 깨고 현실로 나와야 한다.

어떤 것이 책임 있는 행동인지 정돈되어 있지 않아서 그런 것이라 생각합니다. SNS를 통해 자신의 입장을 표명하는 것 역시 행동이죠. 그 행동에는 책임이 따릅니다. 이러한 메시지 발신 행동은 투표장에서 투표 행위로까지 연결이 되어야 완결성을 갖는 겁니다.

새누리당이 잘못된 정치 활동을 했다고 생각해서 SNS에 새누리당을 비판하는 글을 올렸다면 혹은 그런 글을 올린 사람의 의견에 동의했다면 투표 날 투표장에 가서 새누리당이 아닌 다른 정당을 찍는 것으로 내 행동의 완결성을 이루어야 하지 않겠어요?

SNS는 열심히 하면서 막상 투표에는 참여하지 않는다면 그저 말만 하는 사람이 되는 것이죠. 잘 생각해 보세요. 많은 사람이 정치인들에게 '말만 하는 사람'이라고 말합니다. 그것과 다를 것이 뭐가 있겠어요. 맡은 책임을 다하지 않고 말만 하는 정치인도 나쁘지만 말만 하는 국민 역시 도움이 안 되기는 마찬가지입니다.

SNS에서 공론을 형성하여 정치적 영향력을 행사하는 것, 참으로 중요합니다. 통신 기술이 발달하지 않았던 과거에는 의견을 함께하는 사람을 모으는 것 자체가 무척 어려웠어요. 힘들게 협회나 단체를 구성하는 것이 전부였죠. 그러나 최근에는 트위터나 페이스북 등을 통해 의견이 같은 사람들끼리 일종의 정치 세력을 아주 쉽게 형성할 수 있습니다.

한 통계에 따르면 우리나라의 트위터 사용자는 500만 명, 페이스북 사용자는 400만 명이라고 합니다. 이렇게 큰 범위와 영향력을 가진 매체는 없을 거예요. 상업적인 목적으로 이용하거나 개인 네트워크를 관리하는 용도로 많이 사용하겠지만, 이를 정치 참여나 정치적 영향력 행사를 목적으로 활용한다면 그 파괴력은 엄청날 것입니다.

촛불시위나 희망버스와 같은 정치 참여가 가능했던 것도 SNS 때문이었어요. SNS를 통해 사회 참여나 시민운동이 만들어졌죠. 그렇게 형성된 여론이 오프라인을 통해 선거 때 투표로 힘을 발휘하게 되는 것입니다.

SNS는 정치 교육에도 상당히 중요한 역할을 담당할 수 있습니다.

현재 초·중·고 교과 과정에서 정치 교육은 거의 이루어지지 않고 있습니다. 정치는 국민 개개인의 삶과 관련이 있는 중요한 주제인데 이를 교육시키지 않는다는 것은 말이 안 되죠. 국민들의 정치에 대한 무관심과 정치 혐오는 정치 교육이 제대로 이루어지지 않은 결과라고 할 수 있습니다. 정치가 우리 생활에 미치는 영향을 생각한다면 정규교육 과정이든, 평생교육 과정이든 반드시 정치 교육이 이루어져야 합니다.

SNS는 연령 제한 없이 누구나 접속하여 정치에 대한 의견을 교환할 수 있습니다. SNS 상에서 논의되고 있는 다양한 정치적 이슈에 대해 상반된 견해들을 보고 상호 토론할 수 있기 때문에 학생들에게 더할 나위 없이 훌륭한 학습의 장이 될 수 있죠.

과거 학생들의 정치 교육은 대부분 신문이나 시사 잡지를 통해 이루어졌습니다. 신문사나 잡지사의 편집 방향에 따라 재단된 정부의 견해만을 볼 수 있었죠. 하지만 요즘 학생들은 정해진 틀에 구애받지 않고 자유롭게 개진되는 의견이나 입장을 접할 수 있습니다. 그 속에서 자신의 정치적 사고를 숙성해 갈 수 있죠. SNS를 통해 정치에 대한 다양한 정보를 습득하고 이를 자신의 것으로 만들게 된다면 정치에 대한 적극적인 태도를 가지게 될 것이 분명합니다. 그렇게 되면 기회가 주어졌을 때 스스로 투표장을 찾아가 투표를 하게 될 거예요.

2012년 19대 총선에서 생애 첫 투표를 한 19세의 투표율은 47.2%로 절반에도 미치지 못했습니다. 20대(전반 45.4%, 후반 37.9%)와 30대(전반 41.8%, 후반 49.1%) 역시 절반에도 미치지 못하는 투표율을 보여 주었죠. 50대 62.4%, 60대 68.5%에 비해 매우 낮은 수준입니다.

이는 SNS를 적극적으로 사용하는 층이 정작 오프라인에서의 참여도는 떨어진다는 것을 의미합니다. 온라인을 통해서만 자신의 의견을 교환할 뿐 그 이상은 아무것도 하지 않는 사람이 많다는 거죠.

대의제에서는 투표라는 형식을 통해 국민의 의사를 확인합니다. 따라서 온라인에서 아무리 좋은 대안을 제시한다 하더라도 오프라인을 통해 그것을 현실화하지 않는다면 아무것도 변화시킬 수 없습니다. 이제는 행동을 해야 할 때입니다. 그냥 떠드는 것이 아니라 행동으로 세상을 바꿔야 합니다.

SNS의 활성화가 투표 행동의 활성화로 연결되는 데 많은 관심을 가졌으면 합니다. SNS는 사용하기에 따라서 한국 정치가 늘 깨어 있고 건강하게 만드는 아주 중요한 역할을 할 것입니다.

QUESTION 06

SNS가 대통령 선거를 좌지우지할 수 있을까?

'11만 3,000명 VS 4,600명'. 2008년 미국 대선의 승패를 분석할 때 거론된 숫자입니다. 11만 3,000명은 오바마 후보의 트위터 팔로워 수, 4,600명은 맥케인 후보의 팔로워 수라고 해요. 네트워크의 규모가 커질수록 가치 역시 커진다는 것을 느낄 수 있었습니다. 우리나라에서도 SNS 활동이 활발하게 이루어지고 있는데 향후 대선에서 SNS의 영향력과 그 파급력은 어느 정도일까요?

A
SNS는 대통령도 바꿀 수 있는 힘이 있다.

각 당의 후보들은 SNS를 적극적으로 활용할 것입니다. 적은 비용으로 자신이 하고 싶은 말을 대중에게 전달하거나 정책을 홍보할 때 SNS만큼 효율적인 커뮤니케이션 수단도 없죠. 진정성을 가지고 자신을 표현하고 호소하면 국민들과 쌍방향 커뮤니케이션을 할 수 있고, 이는 자연스럽게 효과적인 홍보가 될 것입니다.

권력 정치나 세력 정치를 잘해야 공천과 당락이 결정되는 시대는 지났습니다. 지금은 국민들과 친화력 있는 정치인, 국민들이 신뢰할 만한 정치인이 정치적 자산을 많이 가진 정치인이 되는 시대죠. 정치를 소명으로 받아들이고 진정성을 담아 국민 한 사람 한 사람과 교류하고 공감한다는 것은 쉬운 일이 아닙니다. 국민과의 소통을 소중하게 여기는 정치인만이 SNS를 통해 국민들의 목소리를 경청할 수 있죠.

질문자의 말처럼 2008년 미국 대선에서 SNS는 대단한 영향력을 발휘했습니다. 버락 오바마의 SNS 활용 선거 캠페인은 큰 성공을 거두었죠. 한 조사 결과에 따르면 2008년 선거 전날에 SNS를 통한 민주당과 공화당 후보의 지지자 수에서 선거 결과를 예측할 수 있었다고 합니다. 페이스북에서 오바마는 약 240만 명의 지지를 얻은 반면 상대 후보였던 존 맥케인은 62만 명의 지지를 받았다고 해요. SNS에서의 지지율과 오프라인에서의 지지율이 상관관계가 있는지는 명확하지 않지만 SNS를 통한 선거 마케팅이 성공을 거둔 사례라고 할 수 있습니다.

지난 지방선거와 총선에서도 SNS 정치 홍보의 비중이 크게 증가한 것을 확인할 수 있었습니다. 이번 대선에서도 SNS를 통한 홍보는 늘어나면 늘어났지 줄어들지는 않을 것입니다. 요즘은 SNS 이용자가 급속하게 확대되고 있습니다. 새누리당은 상대적으로 지지율이 낮은 세대를 대상으로 한 공격적인 홍보를 할 것이고, 민주통합당은 자신들의 주요 지지 기반을 대상으로 응집력을 높이기 위한 홍보를 할 것입니다.

SNS는 제한된 시간을 가지고 홍보를 해야 하는 텔레비전이나 라디오와 달리 시간 제약이 없습니다. 후보들이 가진 스토리와 정책을 자유롭게 소개할 수 있기 때문에 각 당의 후보 캠프에서는 더욱 효과적으로 후보를 알릴 수 있는 SNS 홍보 전략을 세우는 데 공을 들일 것이 분명합니다.

이번 대선에서는 SNS를 통해 더 많은 유권자가 투표에 참여할 것이라 생각합니다. 총선은 지역구마다 사정이 다르기 때문에 전국적인 이슈가 만들어지기 어렵지만 대선은 전국이 하나의 선거구이기 때문에 전국적인 이슈를 만드는 것이 상대적으로 쉽습니다. SNS 정치 커뮤니케이션의 특성에 더 잘 맞는다는 말이죠. 더 많은 이슈가 SNS를 통해서 공유될 것이고, 더 많은 사람이 투표 행동에 자극을 받을 것입니다.

SNS 홍보에서 가장 중요한 것은 메시지를 잘 정돈해서 SNS상에 표현하는 것이지, SNS 기술자들을 캠프에 고용해 글을 올리고 팔로어들을 동원하는 것이 아닙니다. 그런 식으로 접근하면 국민 누구나 그 허상을 금방 간파할 것입니다. 문제는 메시지임을 항상 명심해야 해요.

실시간으로 각 후보가 던지는 메시지에 대한 반응을 알 수 있기 때문에 비교적 긴 시간이 걸리는 여론조사와 같은 오프라인 조사의 활용도는 차츰 줄어들 것입니다. 과거 선거에서는 거의 매주 그리고 격일로 여론조사를 실시해 표심의 향방을 예측하고 선거 전략을 변경하거나 강화했지만 앞으로는 SNS를 통해 네티즌의 반응과 여론 동향에 더 많은 관심과 주의를 기울이게 될 것이 분명합니다.

이슈가 순식간에 전국화된다는 것은 여론의 변화 주기가 빠르다는 것, 판세가 급하게 변할 수도 있다는 것을 말합니다. SNS 때문에 라도 선거 당일까지 긴장을 놔서는 안 되는 거죠. 이슈를 만들고 확산하는 것도 중요하지만, 상대가 만들어 내는 이슈에 대해 빠르고 주도면밀하게 대응하는 것 역시 중요합니다.

지난 총선에서 SNS의 가공할 위력을 보았습니다. 대선에서는 그 위력이 더욱 커질 것입니다. 대선캠프라면 어디서나 SNS에 대해 24시간 실시간 온라인 모니터링을 해야 할 것입니다.

QUESTION 07

연예인들의 정치 활동, 국민들에게 어떤 영향을 미칠까?

요즘은 연예인들이 적극적으로 정치 활동을 하는 것을 쉽게 볼 수 있습니다. 자신의 페이스북이나 트위터에 정치적인 발언을 서슴없이 하는 연예인이 있기도 하고, 현장에서 직접 국민들을 만나며 자신의 의견을 개진하는 연예인도 있죠. 더러 정치인으로의 삶을 살아가는 연예인도 있습니다. 연예인들의 정치 활동에 대해서 어떻게 생각하시나요?

A 연예인의 SNS를 통한 정치 참여는 매우 자연스러운 것이다.

연예인도 한 사람의 국민입니다. 국민이 개인 매체를 통해 정치적 발언을 하고 이를 통해 정치적 영향력을 발휘한다는 것은 매우 자연스러운 일이죠. 연예인이기 때문에, 공인이기 때문에 정치 활동을 하지 말아야 한다고 강제할 수는 없습니다. 그것은 그들의 권리를 침해하는 것이니까요. 연예인이라는 것은 그저 직업일 뿐입니다. 정치적 신념을 가지고 어떤 의견을 말하든지 그것은 그 사람의 자유입니다. 그런 행동을 옳다 그르다 말하는 것은 올바르지 않죠.

정치에 적극적으로 참여하는 연예인들을 이른바 폴리테이너(politainer)라고 부릅니다. 정치인(politician)과 연예인(entertainer)의 합성어죠. 이 용어가 처음 사용될 때는 연예인 출신의 정치인을 지칭하는 것이었습니다.

이 말은 미국의 정치학자 슐츠가 1999년에 처음 사용했다고 합니다. 영상 매체의 영향력이 커지면서 대중 인지도가 높은 연예인이 정치에 참여하여 당선될 가능성이 높아지는 현상을 설명하기 위해 사용했다고 해요. 즉 폴리테이너는 연예인 출신 정치인이라는 뜻이죠. 우리나라의 경우 새누리당의 김을동 의원을 비롯해 유인촌, 이대엽, 신성일, 정한용, 신영균 등 많은 연예인이 슐츠가 말한 본래의 폴리테이너에 해당합니다. 미국에서는 레이건 전 대통령이나 슈왈츠제너거 전 캘리포니아 지사가 대표적이죠.

그런데 요즘 폴리테이너라는 용어는 포괄 범위가 넓어졌습니다. 일반적으로 정치에 관심이 있어 자신의 의견을 SNS나 개인 미디어를 통해 적극적으로 발언하고 정치적 영향력을 행사하는 사람을 지칭하죠. 김미화, 김제동, 김여진 등을 예로 들 수 있겠네요. 여기에 독도 문제와 관련해 활발하게 활동하는 김장훈, 송일국 같은 연예인 또한 넓은 의미에서 폴리테이너라고 할 수 있습니다.

최근 활발한 활동을 하고 있는 김미화, 김제동, 김여진 등의 정치적 영향력이 어느 정도인지는 가늠하기가 쉽지 않아요. 분명한 것은 무시할 수 없을 정도로 커지고 있다는 것이죠. 그들이 출연하는 프로그램에 대해 이러저러한 견제가 있었다는 것이 그것을 증명해 주죠. 그들의 영향력은 SNS가 정치권에 주는 영향력의 크기와 비례합니다.

그들의 영향력은 2011년 10월 서울특별시장 재보궐선거에서 잘 나타났습니다. 박원순 후보가 당선될 수 있었던 것은 젊은층의 지지가 있었기 때문입니다. 그런데 젊은층을 투표장으로 이끌어 낸 사람이 누구냐! 김제동, 김여진 등의 SNS를 통한 지지 발언과 투표 인증샷 찍기 운동이 큰 역할을 했다고 할 수 있습니다.

진보적 성향을 가진 이들의 정치적 활동에 대해 보수 진영이 곱지 않은 시선으로 바라보고 있죠. 그렇다 하더라도 자신과 정치적 견해가 같지 않다고 표현의 자유를 억압하거나 제한하려 하는 것은 대단히 잘못된 생각입니다.

우월한 지위를 이용하여 연예인으로서의 활동을 방해하려는 것 역시 유아적인 발상입니다. 보수 진영이 이들의 영향력이 우려된다면 이들과 견줄 그리고 이들과 대등하게 논쟁할 수 있는 보수 진영 폴리테이너의 등장을 기대해야 하는 것이 맞는 거죠.

폴리테이너가 우리 정치와 사회에 미치는 긍정적인 측면에 주목해야 합니다. 일반 개인이나 네티즌의 목소리는 미미하여 울림이 거의 없습니다. 폴리테이너들이 국민들의 목소리를 대신해 우리 사회에 울림을 만든다면, 많은 사람이 그들의 SNS 내용을 공감하고 행동으로 나선다면 우리 정치와 우리 사회는 더욱 젊어지고 건강해질 것입니다.

1 정치 참여

QUESTION 08

투표,
세상을 바꾸는 유쾌한 행동?

선거철만 되면 언론에서 국민들의 투표 참여율이 저조하다며 문제 제기를 합니다. 지금까지의 투표율을 살펴보면 어떤 해는 유난히 투표율이 높고, 또 어떤 해는 유난히 투표율이 낮습니다. 별다른 변화가 있었던 것 같지 않은데, 그런 현상이 나타나는 이유는 무엇일까요? 그리고 누가 대통령이 되든 달라지는 것이 없으니 투표에 관심을 갖지 않는 사람이 많은데, 어떤 마음으로 투표에 참여해야 하는 걸까요?

A
국민의 투표가 선거 결과를 바꾸고
대한민국을 바꾼다.

한국 정치사를 보면 과거 전두환은 쿠데타로 정권을 잡은 후 박정희의 전례를 본받아 대통령 간접선거제를 실시했습니다. 각 지역에서 독재정권의 나팔수를 자임한 사람들로 구성된 통일주체국민회의 대의원들이 모여 대통령을 선출했죠.

1980년 8월 27일 장충체육관에서 실시된 제11대 대통령 선거에서 전두환은 재적 대의원 2,540명 중 2,525명(투표율 99.4%)이 출석

해 2,524명의 찬성을 얻어(99.99%) 대통령에 당선되었습니다. 이 같은 경우에는 선거가 국민 대표성을 전혀 담보하지 못했을 뿐 아니라 권력의 정당성 또한 취약했다는 사실이 분명해서 논란의 여지조차 없습니다.

1987년 민주화 이후 절차적 수준에서 민주주의적 선거제도가 실시되면서 대표성과 정당성을 확보할 수 있는 최소한의 요건이 갖추어졌습니다. 하지만 부정적인 선거 양상, 예컨대 다양한 방식의 이념적 공세로 꼬리표 붙이기와 집단 왕따시키기로 선거가 치러지는 경우, 지역 감정 유발로 선거가 지역 구도에 함몰되어 치러지는 경우, 우세한 여론 동원력을 가동한 네거티브 캠페인으로 선거가 치러지는 경우 등이 국민 대표성과 민주적 정당성을 온전하게 반영했다고 할 수 있을까요?

미국의 정치학자인 쉐보르스키는 민주주의에서 선거가 의미를 가지려면 선거 결과가 열려 있어야 하고 선거 결과가 예측될 수 없어야 하며 여론조사에 의해 예측된 결과들까지 언제든 바뀔 수 있어야 한다고 말했습니다. 선거 결과의 불가측성은 곧 선거 결과를 결정할 유권자들의 선택이 예정되어 있지 않다는 뜻이고 어떤 요인에 의해서든 미리 결정되어 있지 않아야 한다는 것을 뜻합니다.

대의제하에서 선거 결과의 예측 가능성은 대표 체계의 정당성의 약화뿐 아니라 국민의 선거 참여율에까지 영향을 미치는 요인이 되고 있어요. 우리나라의 역대 선거를 살펴보면, 선거가 박빙으로 전개되어 유권자가 선거 결과를 예측하기 어려울 경우 선거 참여율이 높아집니다. 반면 결과에 대한 예측 가능성이 높아지면 자신의 투표가 선거 결과에 영향을 미치지 않을 것이라는 심리가 작용하여 선거에 참여하지 않는 경향이 있습니다.

예를 들면 1987년 대선의 경우 후보 간 박빙의 승부가 전개되어서 대통령 선거 투표율이 89.2%까지 올라갔지만, 지난 2007년 대선의 경우 1, 2위 후보 간의 격차가 커지면서 투표율은 63.0%까지 떨어졌습니다. 국회의원 선거의 경우도 마찬가지죠. 1988년 13대 국회의원 선거의 투표율은 75.8%였던 반면 최근 18대 국회의원 선거의 투표율은 46.0%에 지나지 않았습니다. 물론 투표율에 영향을 미친 것이 선거 결과의 예측 가능성만이 아닙니다.

투표율 하락은 우리나라뿐 아니라 세계적인 추세입니다. 전 세계적으로 대의제의 뿌리가 위협을 받고 있어요. 이는 국민의 대표가 대표로서의 역할을 충실하게 하지 못한 것과 깊은 관련이 있습니다. 국민의 대표가 주권자인 국민의 의사를 충분히 대표하지 못하고 국민의 기대에 반하는 정치 행위로 인해 국민들의 정치 불신과 정치 혐오 그리고 참여 무력감이 팽배해 있기 때문입니다.

2011년 OECD 조사에 따르면 우리나라 투표율은 OECD 평균에 훨씬 미치지 못하고 있는 것으로 나타났습니다. 투표율 하락이 세계적인 추세라고는 하지만 우리나라에서의 하락 폭은 다른 나라에 비해 훨씬 가파르게 진행되고 있죠. 특히 고학력자와 저연령층의 투표율이 다른 나라에 비해 상대적으로 낮은 것으로 나타나 있습니다.

그러나 최근 급속히 활성화되고 있는 SNS를 통한 정치 참여와 20~40세대의 적극적인 투표 행동은 상대적으로 젊은 유권자들이 투표를 '세상을 바꾸는 유쾌한 행동'으로 자각해

가고 있음을 잘 보여 줍니다. 전 세계적으로 불고 있는 '글로벌 앵거(global anger)' 현상이 한국에서는 'Occupy Wallstreet'가 아니라 'Occupy Vote'로 한층 성숙된 형태로 발현되고 있는 것이죠.

2010년 6·2 지방선거부터 불기 시작한 투표 참여 운동은 2011년 실시된 두 차례의 재보궐 선거에서도 계속되고 있으며, 특히 10·26 서울시장 보궐선거에서는 안철수 돌풍, 박원순 바람을 만들어 낼 정도로 폭발적이었습니다. 젊은층의 투표 참여 행동은 야권의 질서를 재편했을 뿐 아니라 선거의 승패까지 바꿔 버렸어요.

구조적 위기에 처한 대의제의 대표성과 정당성을 회복하기 위해서는 먼저 국민의 대리인들이 유권자들로 하여금 투표 효능감을 갖도록 스스로 변화하고 쇄신하는 것이 필요합니다. 투표 참여의 접근성을 높일 수 있는 사전투표제나 부재자 투표제의 개선, 투표 시간의 연장, 전자투표제 등의 도입도 효과적인 대안이 될 수 있습니다.

그러나 무엇보다 중요한 것은 유권자들의 인식 전환입니다. 투표를 지루하고 짜증나는 공적 의무가 아니라 유쾌하고 상쾌한 권리 행사로 생각하는 발상의 전환이 중요합니다. 우리의 투표가 선거 결과를 바꿀 수 있고, 대한민국을 바꿀 수 있기 때문에 적극적으로 투표에 참여해야 합니다.

QUESTION 09

어리면 투표도 못해?
어리다고 놀리지 말아요~

선거철로 시끄러운 요즘 아들과 우연히 TV를 보는데 고등학생인 아들이 정치, 선거, 공약에 대해 물어보면서 소신 있는 자신의 정치적 의견을 말하는 것을 보고 깜짝 놀랐습니다. 그러면서 아들은 "우리도 알 건 다 아는데 만 18세와 만 19세의 차이가 얼마나 크다고 우리에겐 투표권을 안 주는 거지?"라고 말하더군요. 요즘 선거 연령을 바꾸어야 한다는 말이 들리곤 하는데 선거권은 어떤 기준으로 나이를 제한하는 것인지, 그 기준이 달라질 순 없는지 궁금합니다.

A 선거 연령을 낮추는 문제는
민주주의 발달 과정과 함께해 왔다.

선거권을 19세로 제한한 특별한 근거는 없습니다. 단지 법률적 연령으로 그렇게 정한 거죠. 정치권에서는 18세 청소년은 대부분 고3이고 공부에 집중해야 할 시기이기 때문에 정치에 참여하는 것이 바람직하지 못하다는 논리를 폅니다. 청소년은 아직 미성숙하고 판단 능력이 부족하기 때문에 선거권을 제한하자는 주장이죠.

일반적으로 법에는 권리를 보장하는 연령이 있습니다. 이른바

'법적 연령'이라고 하는데, 19세 이상의 국민에게 대통령 및 국회의원의 선거권이 주어지고, 18세 이하 청소년은 법적인 선거권을 갖지 못하며 정당 가입이나 정치 활동을 할 수 없도록 규정한다는 것입니다.

이는 2005년에 개정된 공직선거법에 의한 규정입니다. 25세 이상이어야 국회의원에 출마할 수 있고 40세 이상이 되어야 대통령에 출마할 수 있다는 식이죠. 권리를 감당할 만한 연령을 법률로 규정하고 있는데, 이는 대부분 각 나라의 상식이나 문화에 따라 정해지는 경우가 많습니다.

현재 144개국에서 18세 이상 국민에게 선거권을 주고 있습니다. 그런데 그들 나라의 18세와 우리나라의 18세가 무슨 차이가 있겠습니까? 단적인 예로 5세 이상 국민에게 선거권을 주는 나라도 있어요. 단지 나라마다 교육 체계나 청소년에 대한 인식, 관습에 대한 입법사의 판단이 다를 뿐이죠.

선거 연령을 낮추는 것에 대한 논쟁은 청소년에 대한 인식의 차이에서만 비롯된 것이 아닙니다. 선거 연령을 낮췄을 때 여야 각 정당의 이해 득실이 다르기 때문에 논란이 되는 거죠. 현재 민주통합당과 통합진보당은 18세까지 선거 연령을 낮추자고 주장하고 있어요. 녹색당과 진보신당은 16세와 17세까지 연령을 낮추어야 한다고 주장하고 있고요. 젊은층의 지지가 상대적으로 약한 새누리당의 경우는 선거 연령을 낮추는 데 반대하고 있습니다. 젊은층의 지지가 상대적으로 높은 정당일수록 선거 연령을 더 낮춰 지지 기반을 넓히려고 하는 거죠.

청소년의 선거운동이나 정당 가입 허용 연령 또한 마찬가지예요. 녹색당이나 진보신당 같은 경우 이것을 전면 허용하고 보장해야 한다고 주장하고 있는 반면 민주통합당은 현재까지는 이에 대한 대안을 제시하고 있지 않아요.

선거 연령을 낮추자고 주장하는 정당의 논리는 이렇습니다. 청소년들은 선거권이 없지만 선거로 인해 만들어진 정치적 조건과 환경 속에서 같이 살아가게 되어 있다는 거죠. 입시 문제, 등록금 문제, 학교 폭력, 청년 실업 등과 같은 문제는 청소년들에게 직접 영향을 미치는 중요한 문제이기 때문에 연령을 낮춰서라도 그들의 정치적 입장을 대변하는 것이 옳다는 것입니다.

반면 반대하는 입장은 앞에서 지적한 정치적 미성숙이나 교육적 부작용 외에 민법에서 규정하고 있는 '행위의 결과를 인식함에 충분한 정신 능력을 갖춘 시기'라는 성년 기준과 부합해야 한다는 점을 들고 있습니다. 개인적 차이가 있다는 것을 인정함에도 불구하고 성년의 기준을 정한 것은 법률 관계의 안정과 객관성을 위한 부득이한 조치라는 것이죠. 또한 입법자의 재량권이 인정되어야 한다고 주장합니다. 선거권과 피선거권의 연령 제한은 입법자가 입법 목적을 달성하기 위한 선택의 문제이기 때문에 현저하게 불합리하고 불공정하지 않다면 입법자의 재량은 인정되어야 한다는 거죠.

보편적으로 선거 연령을 낮추는 문제는 민주주의 발달 과정과 같이 해 왔습니다. 영국의 경우 1918년 '국민대표법' 개정을 통해 남성 21세, 재산이 있는 여성 30세까지 선거권을 주었고, 10년 후인 1928년에 재산 유무와 관계없이 남녀 공통으로 21세부터 선거

권을 부여하였어요. 그리고 1969년에야 비로소 18세로 낮췄죠. 선거 참여 범위를 넓히고 보편화한 것입니다. 이 과정에서 선거권에 내재되어 있는 계급과 성 및 세대 간의 차별을 없애 선거권을 자연권으로 인식하게 되었어요.

우리나라의 경우 1948년에 선거제도를 도입하면서 선거 연령을 21세로 정했습니다. 영국의 선거 연령을 그대로 받아들인 거죠. 그리고 2년 후에 20세로, 50년 만인 2005년에 19세로 낮추었습니다. 이렇듯 선거 연령를 낮추는 문제는 민주주의 확대의 역사가 그대로 담겨 있습니다. 선거 연령 한두 살 낮추는 데 영국은 60여 년, 한국은 50여 년이 걸린 거죠. 지금이야 나이 한 살 정도 낮추는 것이 뭐가 그리 어렵냐고 물을 수 있지만 사실 그것이 쉬운 일은 아닙니다.

최근 생애 첫 투표운동(First Time Vote: FTV)이 시작되고 있는 것은 주목할 만한 것입니다. 생애 첫 투표는 정치적 시민권을 행사하는 첫 번째 경험인데, 세월이 지나도 애틋한 느낌으로 남아 있는 첫사랑 같은 특별한 경험입니다. 생애 첫 투표는 민주시민으로서의 첫 번째 권리 행사이며, 대의제 민주주의의 뿌리를 튼튼하게 하기 위한 첫 번째 공적 의무의 실천이지만 그 기억과 느낌이 오래도록 남아 있다는 점에서 특별하고도 의미 있는 투표입니다.

실천만이 변화를 이루어 낼 수 있습니다. 한국 정치의 변화를 원한다면, 한국 민주주의의 만개를 희망한다면 반드시 투표에 참여해 주권자로서 책임 있게 행동해야 합니다. 그것이 생애 첫 투표라면 더욱더 의미 있을 것입니다.

QUESTION 10

양치기 소년 같은
정치판에 관심 없어요!

한때 사회 정의를 위해 시위에 참여를 많이 했던 대학생입니다. 하지만 제 가슴에 남은 건 상처와 실망뿐이었습니다. 정의는 반드시 이긴다는 신념으로 살아왔던 저에게 정치가 준 허탈감에 대한 복수심은 무관심이었습니다. 그래서 지금은 자포자기 심정으로 내 일이나 제대로 하자는 식으로 정치와는 연을 끊었습니다. 이런 제가 틀린 건가요?

1 정치 참여

A
정치에 관심을 끊을수록
이 나라는 점점 더 어두워진다.

정치 참여는 선택이 아닙니다. 피한다고 피할 수 있는 것도 아니죠. 그러니 더욱 적극적으로 행동하는 것이 옳지 않을까요? 우리가 지금과 같은 권리와 자유를 얻게 되기까지 수많은 사람이 피와 땀을 흘렸습니다. 권리와 자유는 그냥 얻을 수 있는 것이 아니었죠. 정치 참여를 요구하고 피와 땀을 흘려 투쟁해야만 겨우 얻을 수 있었어요. 자유와 민주주의를 향한 인류의 끊임없는 고민과 실천이 없었더라면 정치는 여전히 돈이 많고 지위가 높은 사람들의 전유물이 되어 있을 거예요. 우리나라의 현대사만 보더라도 이를 금방 알 수 있죠.

국민국가라는 것은 자연스럽게 형성되는 것이 아닙니다. 국민이 국정 운영에 참여하는 국가를 만드는 데는 수많은 사람의 희생이 있어야 했어요. 신민에서 시민이 되는 과정은 순탄하지 않았습니다. 식민지도 겪어야 했고, 전쟁과 분단도 경험해야 했고, 좌우의 이념 갈등을 격렬하게 치러야 했죠. 이렇게 어려운 과정을 통해 국민국가가 형성되었다고 하더라도 시민으로서의 보편적 권리가 주어진 것은 아니었습니다. 우리 사회의 정치를 좌지우지하는 기득권 세력과의 끊임없는 싸움을 통해 시민의 권리를 획득한 거죠. 기득권 세력은 스스로 권력을 양보하지 않아요.

민주화 이후 많은 사람이 한국에서 민주화는 이제 완료된 것이 아니냐고 말하는데, 그렇지 않습니다. 지금도 우리 사회 곳곳에 정치적·사회적 불평등이 많이 남아 있어요. 그들에게도 정치적 권리를 온전히 행사할 수 있도록 하는 조건을 만들어 주어야 합니다. 그렇게 하지 못하면 끝나도 끝난 게 아닌 것이 됩니다.

민주주의는 분명 명사이지만 그 내용을 보면 명사가 아닌 동사입니다. 민주주의의 내용과 형식은 시대에 따라 끊임없이 변화되어야 합니다. 그런데 변화는 자동으로 이루어지는 것이 아니죠. 정체되어 있다면 그 가운데에 기득권이 생기게 되고, 그로 인해 정치적으로 차별받고 소외받는 국민이 생겨나게 되죠. 민주주의가 끊임없이 작동하게끔 하는 것은 국민들의 행동과 실천입니다. 그렇기 때문에 '동사'라고 할 수 있는 거죠.

우리 사회에는 여전히 경제적으로 어려운 사람이 많습니다. 국민의 먹고사는 문제를 해결하는 것은 민주주의 실현의 일차적인 조건이에요. 경제적으로 어려운데 정치 참여나 민주주의, 정의가 무슨 소용이냐고 생각하는 순간 민주주의는 약화되는 것이니까요. 생활이 어렵고 힘들수록 국민들은 더 많은 것을 요구하고 이를 얻기 위해 실천에 나서야 합니다. 정치에 무관심해지는 순간 정치는 더욱더 잘못된 방향으로 나아갈 것입니다.

시대가 바뀌고 국민들의 의식도 바뀌고 있습니다. 젊은층의 정치의식과 정치 참여 열망 또한 높아지고 있습니다. 그렇기에 참여를 원하는 국민들이 더 많이 정치적 자유와 권리를 향유할 수 있도록, 민주주의가 더 넓게 확산될 수 있도록 노력해야 합니다.

1 정치 참여

QUESTION 11

세 살 때의 정치 생각 여든까지 간다!

대학생들을 가르치는 교수입니다. 요즘 대학생들은 정치에 대한 양극화가 심한 것 같아요. 관심 있는 학생들은 적극적으로, 그렇지 않은 학생은 나 몰라라 하죠. 학창 시절에 정규 교육 과목에서 정치를 배운다고 하지만 부족한 것이 많습니다. 결국 투표권을 행사해야 할 나이가 되었을 때는 정치에 대한 어려움, 부담감, 무관심으로 전락하더라고요. 어렸을 때부터 근본적으로 정치와 친해질 수 있는 실천적인 방법은 없을까요?

A 지방자치 단체가 적극 나서서 공론화할 수 있는 장을 마련해야 한다.

어릴 때부터 생활 속에서 민주주의를 실천할 수 있는 방법을 교육해야 합니다. 지방자치단체의 역할이 중요하죠. 풀뿌리 민주주의를 실현할 수 있도록 지자체 중심의 생활 밀착형 민주주의 교육이 가장 유력한 대안이 아닐까 싶습니다.

과거 정치 사회화나 정치 학습이라고 하면 파시스트 정권이나 공산주의 정권에서 체제에 순응하는 국민을 길러 내기 위한 교육을 말했어요. 이른바 공민 교육! 우리나라도 군사정권 시절에 도덕이나 교련 시간에 예비군 교육, 민방위 교육 등과 같은 여러 가지 방식으로 이런 교육을 시킨 적이 있습니다. 지금 학교나 관공서에서 그런 교육을 시킨다고 하면 학부모와 학생들이 강력하게 반발할 거예요. 선뜻 참여하는 사람이 과연 있긴 할까요? 이미 그런 식의 교육은 시대에 맞지 않은 것이 되어 버렸죠.

정치사회화라고 하는 것은 시민의 정치적 성향과 정치적 자아를 발견하도록 하는 학습 과정입니다. 공동체의 한 구성원으로서 공동체를 유지하고 발전시키기 위해 반드시 필요한 공동체의 규칙과 제도들을 알아 가는 것이며, 시민으로서의 덕목과 윤리를 함양하는 것이라 할 수 있어요.

민주주의 사회에서 민주시민으로서의 덕성은 바로 민주주의를 발전시키고 정치를 발진시키는 대단히 중요한 요소입니다. 시민의 민주의식과 민주주의 실천 의지가 곧 그 나라의 민주주의 수준을 결정하는 것이기 때문이죠. 민주주의의 적은 바로 민주시민의 실천을 가로막는 것이기 때문에 불공평하고 불합리한 권력과 제도에 대해 시민 스스로 개혁하고 바꾸어 나갈 수 있어야 건강한 민주주의를 만들 수 있습니다.

형식적 민주주의, 민주주의의 제도와 절차 등과 관련된 교육은 학교에서 배우고 있지만 민주시민으로 갖추어야 할 민주주의 가치의 내면화와 실천 방법에 대한 교육은 허술하기 짝이 없습니다. 학교와 가정, 자신이 몸담고 있는 조직이나 단체, 더 나아가 우리 공동체 운영과 관련해 구성원 간의 갈등을 민주주의적 방식을 통해 해결하는 방법에 대해서는 거의 교육을 받고 있지 않죠. 민주주의가 무엇인지는 알지만 갈등과 조정의 원리로서의 민주주의가 갖는 의미가 내면화되어 있지 못한 것입니다. 그것을 체득하는 교육을 받지 못하고 있다는 말이죠.

민주주의는 머리가 아닌 생활에서 실현되어야 하는 것입니다. 실제에 적용하고 생활 속에서 경험하면서 자신의 것으로 내면화되고 재구성되도록 교육을 할 필요가 있습니다.

민주주의하에서의 시민 교육은 사회적 책임감을 기르는 것이어야 합니다. 권리와 의무, 참여와 연대감도 중요하지만 그 이전에 타인에 대한 배려, 사회의 상호 연관성 등을 깨닫게 해 주는 시민성과 도덕성 함양을 필요로 합니다. 그렇기 때문에 학교나 관공서에서처럼 주입식으로 익힐 수 있는 것이 아니죠. 계기가 필요합니다.

선거 시기가 되면 선거가 무엇이고, 선거는 민주주의와 공동체를 유지하는 데 어떤 의미가 있으며, 선거를 통해 시민으로서의 권리를 어떻게 행사해야 하는지, 자신의 정치적 판단은 어떻게 해야 하는지를 현실적인 사례를 들어가며 교육 체감도를 높여야 합니다.

이것은 중앙정부에서 일괄적으로 할 수 있는 일이 아니죠. 시민들의 생활의 중심인 지방자치 단체가 적극적으로 나서서 시민단체나 전문 교육 기관 등과 함께 시민들이 참여하고 공론화할 수 있는 장을 마련하여 토론하면서 배울 수 있는 교육프로그램을 마련해야 합니다.

학교에서 진행되는 민주시민 교육 역시 실효성 있는 교육이 될 수 있도록 프로그램을 바꿀 필요가 있습니다. 시험을 위한 교육이 아닌 삶을 위한 교육으로, 현실에서 적용하고 실천할 수 있는 교육으로 바뀌어야 합니다. 민주시민 없는 민주주의는 불가능하며, 민주주의가 없는 시민(市民)은 신민(臣民)에 불과합니다.

PART 2

경제 문제를
말하다

2 경제

QUESTION 12

취업 생각만 하면
자다가도 벌떡 일어나요~

내년이면 대학을 졸업하고 사회에 뛰어들어야 하는 예비 사회인입니다. '이 넓은 세상에 나 하나 일할 곳 없을까.'라는 생각을 하다가도 하도 여기저기에서 청년실업이 문제라는 말을 하니 불안감이 사라지지 않습니다. 백수로 있을 바에는 한 학기 더 학교를 다니며 학점을 올리겠다는 친구도 있고요. 저도 그럴까 생각했지만 엄청난 등록금 부담이……. 나라에서는 진정 청년실업 문제를 해결해 줄 수 없는 걸까요?

A 취업 문제, 지식기반적 방식으로 접근해야 한다.

우리나라의 경제 발전 단계는 이미 8~11%의 성장률을 기록하는 고성장 단계가 지났습니다. 우리가 아무리 열심히 한다 해도 앞으로 4~5% 정도의 성장밖에 하지 못할 것입니다. 더구나 경제가 계속해서 성장을 한다 해도 기대만큼 일자리가 생기지 않을 겁니다. 왜냐고요? 지식기반 사회로 진입하면서 고부가가치, 기술집약적, 지식집약산업 쪽에서 매출이 늘고 있기 때문이죠. 따라서 매출이 높아져도 일자리가 많이 생기지 않는 것입니다.

매출이 느는 만큼 일자리가 많이 생기는 업종은 따로 있습니다. 예를 들면 토목과 관련된 일자리지요. 집 한 채를 지으려면 없던 일자리 수십 개가 생기죠. 그런데 문제는 그런 토건 시대는 이미 지났다는 겁니다.

이명박 정부는 2008년에 엄습한 경제 위기를 극복하고 실업난을 타개하기 위해 4대강 사업이라는 토목 사업을 벌였죠. 그리고 그렇게 해서 수십만 개의 일자리를 만들었다고 떠들어댔어요. 하지만 사실 그 일자리를 좋은 일자리라고 생각하는 사람은 한 명도 없습니다. 청년들 입장에서 볼 때 그런 건 제대로 된 일자리가 아니죠. 성장률도 둔화되고 성장이 되어도 일자리가 많이 늘지 않는 그런 시대로 접어들었다니 참으로 씁쓸하지 않습니까?

새누리당과 민주통합당이 내놓은 대책을 보면 이런 변화된 경제 사회 상황을 반영하지 못하고 있습니다. 새누리당은 지난 총선에서 청년 실업 대책으로 '학력과 스펙을 초월하는 취업 시장 형성', '청년인재은행 설립', 'One-Stop 일자리 정보망 구축' 등을 통해 구직과 취업 시스템을 정비하겠다고 밝혔습니다. 참으로 좋아 보이죠? 하지만 이는 근본적인 대책이라고 할 수 없습니다.

반면 민주통합당은 제도적으로 강제하는 조치를 통해 청년 실업 문제를 해결한다고 하고 있습니다. 300인 이상 사업체(공공기관 포함)에 매년 3% 신규 고용 의무를 부과한다든지 '청년고용부담금제'를 만들어 3년 평균 의무 고용 인원에 미달하는 사업주에게 미달 인원만큼의 고용 부담금을 부과하고 이를 중소기업 청년 취업 지원 재원으로 활용하게 한다든지 하는 제도를 고민하고 있죠.

중요한 것은 단기적인 대책도 필요하지만 중·장기적인 대책을 제대로 세워야 한다는 것입니다. 청년 일자리 문제는 두 가지 방식으로 해결하는 수밖에 없습니다.

첫째, 사회적 일자리를 많이 만들어 내는 것! 그렇게 하기 위해서는 국가 경영을 바꿔야 합니다. 제조업 쪽이 아니라 사회 서비스 쪽에서 일자리를 많이 만들어 내야 하는 거죠. 사회 서비스는 복지 영역에서 많이 필요합니다. 사회복지 영역은 노인들을 돌보는 사업들이라든지, 사회적 약자인 장애인들을 돌보고 지원하는 사업이라든지, 보육·의료 쪽으로 계속해서 넓어질 것입니다. 그로 인해 예산도 더 많이 배정되고, 국민적 요구도 점점 높아질 것입니다. 많은 사람이 더욱 질 좋은 사회복지 서비스를 원하면 그에 맞는 전문적인 사회복지 서비스가 필요해지지 않겠어요?

사회복지 영역에서는 계속해서 새로운 일자리가 생길 수밖에 없습니다. 이것이 바로 사회적 일자리입니다. 그렇다면 이것이 단순히 소비적인 것이냐고 질문할 수 있을 것입니다. 그렇지 않습니다. 복지 예산이 사회적 일자리로 연결되면 사회적 일자리에서 소득을 얻은 사람들이 다시 그 돈을 소비하게 되죠. 그 결과 내수 시장이 점점 넓어지면서 선순환 구조가 만들어지는 것입니다.

이렇게 되기 위해서는 국가의 경영 방식이 바뀌어야 합니다. 청년들도 사회적 일자리에 대한 관심을 높여 그 영역에서 기술과 노하우를 쌓기 위해 노력해야 합니다. 지금의 학교 체제는 20세기 산업 시대에 맞게 만들어져 있습니다. 하지만 우리 사회가 요구하는 실제적인 기술은 다르기 때문에 졸업을 하고 취직을 하면 또 다시 교육을 받아야 하는 상황이죠. 말로만 하는 것이 아니라 실질적으로 맞춤형 교육이 가능하도록 교육 시스템을 바꿀 필요가 있습니다.

둘째, 청년 창업 쪽으로 초점을 맞추는 것! 20대 때 수학이나 과학, 천문학, 물리학 등의 영역에서 무언가 획기적인 것을 발견하지 않으면 안 된다는 말을 많이 하죠. 지식기반 사회가 되고, 창의적인 아이디어가 가장 큰 부가가치를 생산하는 사회로 진입하면 상상력과 창의력이 활발하게 작동하는 10대 후반부터 30대 초반까지가 가장 활동적일 수 있어요. 그때가 바로 가장 생산적인 시기인 거죠.

사실 30대 후반인 사람들을 보면 이미 이루어 놓은 것을 관리하는 것에 여념이 없어 획기적이고 새로운 것을 만들어 내기가 참 힘듭니다. 아주 천재적인 사람, 즉 스티브 잡스 같은 사람이 아니면 매우 어렵죠. 청년들이 선망하는 직종 중 하나인 펀드 매니저만 보더라도 그래요. 그들은 대부분 20대 후반에서 30대 초반에 몇 년간 집중적으로 일을 하고 그 후에는 다른 일을 해요. 그 정도의 집중도를 갖고 평생을 살 수 없거든요.

바로 그 시기, 역동적이고 창의력이 풍부하고 무슨 일이든지 모험심을 가지고 도전해 볼 수 있는 20대 후반에서 30대에 창업을 하게끔 만들어 주어야 합니다. 단순히 청년 몇 사람을 취직시키는 차원이 아니라 우리 경제가 역동성을 가지고 계속해서 발전하게 만드는 굉장히 중요한 요소이지요. 그러니까 과감하게 창업할 수 있게 해주고, 창업을 해서 실패를 하더라도 채무자로 살지 않게 국가가 지원을 해 주어야 합니다.

4대강 사업을 통해 한 달에 70~80만 원 받는 공공근로 일자리를 몇 개 나눠 주는 것이 아니라 청년 창업을 권장하고, 혹시라도 실패해 빚이 생기더라도 모럴해저드가 아니라는 것만 입증되면 국가가 과감하게 '그건 국가가 부담한다.'는 믿음을 주어야 같은 돈을 투자해도 의미 있는 투자가 되고, 미래를 위한 투자가 되는 거죠. 그렇게 해서 진짜로 성공한 회사가 생기면 그것이 바로 국가의 자산이 되는 것입니다. 이렇게 해서 한두 건이 터지면 수백, 수천, 수만 명의 일자리가 생기는 거죠.

이것이 바로 토건적 방식이 아니라 지식기반적 방식으로 청년 실업 문제에 접근해야 하는 이유입니다. 대통령은 바로 이런 것을 해야 합니다. 대통령이 "앞으로 이렇게 갑시다. 우리나라를 이렇게 발전시켜 나갑시다."라고 외치며 국가의 발전 방향을 잡아 줘야 합니다. 그런 것이 대통령의 역할입니다.

QUESTION 13

일자리를 고르는 것이 배부른 소리라고?

전 대학을 졸업한 지 2년이나 되었지만 내 모든 것을 쏟아부을 만한 일을 찾지 못해 백수 생활을 하고 있습니다. 마음 같아서는 하루빨리 일을 하고 싶은데……. 주위 사람들은 "널린 게 일자리인데 요즘 젊은 사람들은 힘든 일은 하지 않으려고 한다.", "아직 배가 불러서 그런 거다." 등의 말을 하곤 합니다. 그런 말을 들으면 한숨만 나옵니다. 당장의 생활을 위해 제 생각을 바꿔야 하는 걸까요?

A 좋은 직장을 만나는 일은 인생 전체를 좌우할 중요한 문제이다.

많은 사람이 "널린 게 일자리인데 요즘 젊은 사람들은 도무지 힘든 일은 하지 않으려고 해."라는 말을 합니다.

이 말은 분명 잘못되었습니다. '이 일이라면 내 인생을 걸어 볼 만한 가치가 있는 일이다.'라는 생각을 가지고 있는 청년에게 "그 일을 하려면 한 달 동안은 집에 갈 생각은 하지 말아야 하고, 밤샘 작업을 밥 먹듯 해야 한다. 앞으로 2~3년은 정말 힘들게 일을 해야 하는데,

해 볼 텐가?"라고 질문했다고 가정해 봅시다. 이 질문에 "그렇게 힘든 일이라면 하지 않겠습니다."라고 답할 사람은 얼마 되지 않을 것입니다.

대부분의 청년은 아무리 일이 힘들다 해도 자신의 인생을 걸 만한 가치가 있다고 판단하면 그 일을 선택할 것입니다. 그러니까 기성세대들이 "젊은 사람들은 힘든 일은 하지 않으려고 한다. 너무 쉬운 길만 찾으려 한다."고 말하는 것은 편견이죠. 정말 인생을 바쳐서 할 만한 가치 있는 일을 제공한 뒤에 그래도 그 일을 하지 않겠다고 하면 그때 비판해도 늦지 않습니다.

요즘 대중문화 쪽에서 꿈을 찾는 청년이 많습니다. 연예인들이 종종 방송에 나와 "나는 7년 이상 연습생 생활을 했다.", "5년이 넘는 시간 동안 죽어라 연습했다." 등의 말을 하는 것을 본 적이 있을 것입니다. 직접 해 보지 않아 느낌이 덜할 수도 있겠지만 하루에 15시간씩 춤추고 노래하는 것이 어디 보통 일이겠습니까? 그들은 태릉선수촌에 입촌한 국가대표 선수들 이상으로 훈련에 훈련을 거듭하죠. 그들은 왜, 어떻게 그런 시간을 견뎌 낸 것일까요? 그 일에 자신의 인생을 걸 정도의 가치가 있다고 생각했기 때문입니다. 그런 청년들에게 "힘든 일을 피하려고 한다.", "3D 업종은 생각조차 하지 않으려고 한다."고 비난해선 안 되죠.

"현장에서는 사람을 구하지 못해서 난리이고, 청년들은 실업난에 난리이다."

이런 식의 편견을 가지고 보면 문제를 해결할 수 없습니다. 그렇기 때문에 발상의 전환을 할 필요가 있습니다. 전통적인 의미에서

이명박 대통령은 CEO 경험을 한 사람입니다. 이것이 무슨 말이냐! 무슨 일이든지 수치로 성과가 나타나야 마음이 편한 사람이라는 말입니다. 그러니 '일자리 창출' 문제에 대해 "올해 일자리 ○○개가 늘어났습니다."라는 보고를 받아야 마음이 편할 것입니다. 그런 보고를 받으면 뿌듯해하며 "열심히 했네. 수고했어." 하고 장관들을 칭찬하고 일자리 문제의 심각성을 제기하는 야당에게 이렇게 큰소리치겠죠.

"우리 정부가 올해 일자리 ○○개를 창출했는데 무슨 소리를 하는 거야!"

그러나 지식기반 사회의 일자리는 그렇게 숫자로 카운트되는 것이 아닙니다. 지식기반 경제의 연관 효과는 굉장히 복잡해서 "4대강으로 인해 일자리가 ○○개 나왔다." 하는 식으로 계산할 수 있는 일이 아니죠.

'일자리가 최대의 복지'라는 말도 있듯이 일자리는 모든 세대에게 가장 중요한 문제입니다. 그중에서도 특히 청년 세대에게 일자리는 단순한 생존의 문제를 넘어 꿈과 미래가 걸린 문제입니다. 청년 시절에 자신에게 맞는 좋은 일자리를 만나면 열정과 헌신이 일에 투입되어 자신에게도, 기업과 사회에게도 좋은 결과를 만들어 낼 가능성이 높습니다. 반면에 어쩌다가 시작한 일이 자신과 잘 맞지 않으면 기쁨을 느끼지 못하고 결국 소모적인 시간만 보내다가 다른 일자리를 찾게 될 가능성이 높습니다. 그렇다고 해서 다시 찾은 일자리가 자신과 잘 맞는다는 보장도 없어요. 한 번 직장을 옮기면 두 번째 직장에서도 옮길 가능성이 크죠. 그렇게 되면 일자리는 자신을 실현하고 표현하는 장이 아니라 어떻게 해서든지 마쳐야 하는 어렵고도 지루한 숙제 같은 것이 되어 버립니다.

자신에게 맞는 직업·직종을 선택하는 일, 자신과 잘 맞는 좋은 직장을 만나는 일은 인생 전체의 행로를 좌우하는 매우 중요한 문제입니다. 청년들이 일자리를 놓고 깊이 고민하고 다양한 각도에서 검토하는 것은 무척이나 당연한 일이죠. 이러한 청년들의 어려움을 이해하지 못하고 청년들에게 "힘든 일을 피하려 한다."

고 일방적으로 비난하고 매도하는 것은 청년들을 막다른 골목으로 몰아넣는 것과 다름없습니다. 이런 방식으로는 '기업은 일할 사람이 부족하고 청년들은 일자리를 찾지 못하는' 수급불균형 구조를 근본적으로 고치지 못합니다.

대선주자들도 청년층의 표를 의식해 청년 일자리 문제를 깊이 고민하고 있습니다. 최근 새누리당의 박근혜 캠프에서는 청년 일자리 창출을 위한 방안의 하나로 이스라엘의 벤처 투자 펀드인 '요즈마 펀드'의 성공 사례를 연구 중이라고 합니다. 대기업이 가진 수백조 원의 유보금을 활용해 창업 지원을 통한 청년 일자리를 획기적으로 늘릴 수 있다는 거죠. 정부와 기업이 함께 돈을 내 매칭 펀드 방식의 벤처 캐피탈을 만들어 청년들의 창업을 지원한다는 복안이라고 할 수 있습니다. 충분히 검토해 볼 만한 공약 아닌가요? 기업에도 좋고 청년들에게도 좋은 윈-윈 해법을 만들어 나가는 모델이 될 수 있을 거라 생각합니다.

이 과정에서 국가가 선도적이고 적극적인 역할을 해야 합니다. 국가는 전망이 있는 직종이나 기업을 좀 더 적극적으로 개발하고 지원하여 능력 있는 청년들을 양성할 필요가 있습니다.

QUESTION 14

청년인턴제! 완전 사기당한 기분이야!

청년인턴제를 통해 일자리를 가졌지만 일정 시간이 지나면 다시 백수 생활을 해야 하는 예비 사회인입니다. 청년인턴제를 통해 일자리를 얻고 얼마나 기뻤는지 몰라요. 그런데 말이 좋아 청년 인턴이지, 사실 취업으로 잘 연계가 되지 않는 것 같습니다. 인턴제 기간이 끝나면 다시 아르바이트라도 알아보아야 하는데, 벌써부터 가슴이 답답합니다. 청년인턴제, 이를 현실화시킬 방안은 없는 걸까요?

A 성과 올리기에서 벗어나 충실한 정책 집행을 해야 한다.

'청년층 미취업자를 대상으로 정부가 임금의 전액 또는 일부를 부담함으로써 공기업 또는 민간 기업에서의 인턴 채용 기회를 제공하여 정규직으로서의 취업 가능성을 꾀하는 청년 고용 촉진 지원 사업을 말한다. 이를 통해 신규 대졸자 또는 실업 상태에 있는 만 30세 미만의 청년층에게는 직장 경험을 쌓을 수 있는 기회를 제공하고 중소기업 및 민간 기업에게는 부족한 인원과 자금을 지원하는 제도이다. 급여 수준은 당사자 간 약정으로 정하되 임금의 전부 또는 일부를 노동부가 지원하며 6~10개월간 청년들을 채용하게 된다.'

인터넷 사전을 통해 알아본 청년인턴제에 대한 내용입니다. 정말 환상적이지 않습니까? 하지만 현실은 다릅니다.

일자리 정책의 성과를 숫자로 측정하겠다고 하니 공무원들은 청년인턴제를 많이 만들었습니다. 그것도 일자리로 계산되니까요. 그리고 각 부처에서 "청년인턴 자리를 ○○개 만들었습니다." 하고 보고하고, 산업인력공단 같은 곳에서 "해외인턴 ○○개 만들었습니다." 하고 보고했습니다. 왜냐고요? 대통령이 그런 숫자를 요구하니까요. 그러나 그렇게 만들어진 청년인턴제는 비정규직 아르바이트 자리에 불과했습니다.

중요한 것은 청년인턴제를 통해서 청년들이 사회에 적응하는 훈련을 충분히 받고, 기업 입장에서도 좋은 자원을 미리 발굴해서 질 높은 안정적인 일자리로 연결시키는 것 아니겠습니까? 하지만 관료들은 청년인턴제를 통해 일자리를 얼마나 만들었는지에만 초점을 맞췄습니다. 그 수가 곧 자신들의 성과니까요. 그들은 청년인턴제를 질 높은 일자리로 완결시킬 적극적인 이유를 찾지 못했습니다. 그러니 애초부터 청년인턴제는 그냥 그 수준으로 끝날 수밖에 없는 것이었죠.

사정이 이렇다 보니 청년인턴제에 상당한 기대를 걸고 도전한 청년들은 몇 달 동안 아르바이트보다 조금 나은 월급을 받고 경험을 한 것 외에는 그다지 얻은 것이 없습니다. 인턴 기간이 끝나면 국가가 아무것도 해 주지 않고 그냥 집으로 가라고 하니 얼마나 속은 기분이 들겠어요? 국가는 겨우 이런 걸 가지고 일자리를 만들었다고 선전만 해대고 있으니 답답할 노릇이죠.

이런 문제들을 극복하기 위해서는 인턴제의 본래 취지에 충실한 정책 집행을 해야 합니다. **일자리를 몇 개 만들었는지에 그치는 것이 아니라 질 좋은 일자리에 얼마나 많은 청년이 배치되어 안정적인 직업인으로 발전해 가는가를 살펴야 합니다.**

대선 후보들도 이 문제에 대해 적극적으로 고민해야 합니다. 외국에서 청년 실업과 취업을 위해 실행했던 제도들에 관심을 가질 필요가 있습니다. 벨기에의 사례를 참고하면 좋겠네요. 벨기에에서는 '청년의무고용제'와 '임금피크제'를 연계시켜 청년 취업 문제에 접근하고 있습니다. 기업으로 하여금 임금피크제로 인해 줄어든 노동 비용으로 청년들을 고용하게 유인하는 정책이죠. 50인 이상 기업들에 대해 전체 피고용자의 3%를 청년들로 신규 채용하도록 강제하고 있습니다. 또한 스페인과 같이 정규직 근로자들의 해고를 더욱 용이하게 하되 정규직의 비중을 높이거나 네덜란드와 같이 비정규직의 처우를 정규직 수준으로 개선하는 방안도 있습니다.

대통령과 정부가 진정성을 가지고 문제 해결에 나선다면 할 수 있는 정책 방안이 많습니다. 그들에게 좀 더 적극적인 자세를 주문하고 싶네요.

QUESTION 15

정당한 돈을 받고 일하고 싶어요

학교 앞에서 아르바이트를 하고 있는 대학생입니다. 사실 전 법으로 정해진 최저임금보다 적은 임금을 받으며 일하고 있습니다. 불합리한 대우를 받고 있다는 것을 잘 알지만 어쩌겠습니까? 아르바이트 구하는 것이 쉽지 않으니 이렇게라도 돈을 벌어야죠. 순간순간 울컥할 때가 있지만 꾹 참고 있습니다. 아르바이트를 하고 있는 곳의 사장님도 최저임금이 얼마인지 잘 알고 있는 것 같은데……. 최저임금을 지키지 않는 회사들! 나라에서 더욱 강력한 조치를 취해야 하는 거 아닌가요?

내 돈 주기 아깝다?
이런 사고가 나라를 망친다.

최저임금제는 법률적 강제 조항입니다. 우리나라에서 일하는 사람이면 비정규직이든, 일시적으로 고용된 사람이든, 아르바이트생이든 시간당 최소한 얼마까지 임금을 받아야 한다는 강제 규정이죠. 그것에 미치지 못하는 임금을 지급한 사람은 불법을 저지르는 것입니다.

국가가 의지만 가지고 있다면 최저임금을 강제하는 일은 얼마든지 가능합니다. 하지만 그동안 국가는 말로만 강제 조항이라고 할 뿐 실제로는 처벌을 하지 않았습니다. 기업들로부터 원성을 들으니 얼마나 머리가 아팠겠습니까? 기업들은 최저임금제를 지키지 않아도 처벌을 받지 않으니 그냥 지키지 않는 것이죠.

최저임금을 받지 못하는 노동자들이 고용노동부나 정부기관에 항의를 하면 고용노동부는 노동자의 편이 되어 잘못된 것들을 시정하기 위해서 노력해야 하는데, 실제로는 기업 편일 때가 많습니다. 노동자들이 시끄럽게 하지 않으면 그냥 무시하고 넘어가는 거죠. 그러니까 노동자들이 이 문제를 사회화하기 위해서는 어쩔 수 없이 시위도 하고 파업도 하는 것입니다.

최저임금제는 노동자가 노동을 재생산하기 위해서 꼭 필요한 최소한의 임금입니다. 노동자가 혼자서 소처럼 일하다가 노동력이 다 해서 자손을 낳지 않고 그냥 죽으면 그 다음 대에는 누가 노동을 하겠습니까? 그래서 최저임금 안에는 노동자가 자신의 노동력을 회복하고, 다음 세대를 훌륭한 노동자로 교육시키는 비용까지 포함되어 있습니다. 학교를 보내 교육을 시키고, 지적 향상을 위해 문화생활을 하게 해 주는 등의 비용이 모두 들어가 있는 거예요. 그것이 바로 노동의 재생산 비용이라는 것입니다.

이건희 회장이 돈을 번 만큼 이재용도 돈을 벌기 위해서는 이건희 회장 밑에서 일하던 노동자들만큼 이재용 밑에서 일하는 노동자도 있어야 하죠. 노동자들을 안정적으로 확보하기 위해서는 최저임금을 지불하여 안전하게 일을 할 수 있도록 해 주어야 합니다. 궁극적으로 최저임금제는 기업을 위한 것이기도 하죠.

근시안적으로 당장 내 돈 더 주는 것이 아까워서 최저임금제를 지키지 않으면 어떻게 될까요? 결과적으로 노동자들의 생활이 점점 더 어려워지고, 건강이 나빠지는 등 노동자의 수가 줄어들 것입니다. 그런 상황이 되풀이되면 다음 세대에서는 회사를 위해 일할 노동자의 절대 수가 줄어들게 되겠죠. 그렇게 되면 시장 원리에 따라서 임금은 더 올라가게 되어 있습니다. 따라서 최저임금제야말로 노동자가 주장을 해야 하는 것일 뿐 아니라 기업도 앞장서서 반드시 지켜야 합니다.

이러한 배경 때문에 최저임금을 사회적 합의로 결정하는 것입니다. 최저임금은 노동자가 일방적으로 결정하는 것이 아닙니다. 최저임금은 기업 대표, 노동자 대표, 공익 대표 3자가 모여서 회의를 하고 의결하여 결정하는 것입니다. 이것은 최저임금이 기업에도 도움이 되고 노동자에게도 도움이 된다는 인식이 있기 때문이죠. 하시만 우리 기업들은 그러한 성숙한 의식을 가지고 있지 못해서 최저임금제 회의에 나가 어떻게 해서든 임금 수준을 낮추려고만 합니다.

기업 쪽에서 단 한 번이라도 노동자들이 제시하는 최저임금보다 더 높은 임금을 제안하면 어떻게 될까요? "노동자들은 1,000원 인상을 주장하지만 우리가 보기에는 1,500원 인상을 해야 한다고 생각합니다."라고 말한다고 생각해 보세요. 한 번이라도 그런 발언을 한다면 혁명적인 상황이 발생하지 않겠어요?

미국 기업에서는 종종 그러한 모습을 보이기도 합니다. 그렇기 때문에 미국인들은 미국의 기업인들에게 존경심을 가지고 있죠. 미국의 공화당이 기업에 상속세를 깎아 주겠다고 하니 워런 버핏과 빌

게이츠는 이렇게 말했다고 합니다.

"그렇게 하지 않아도 됩니다. 돈을 벌면 그만큼 더 세금을 내야 하지 않겠습니까? 우리는 세금을 깎아 주는 것을 원하지 않습니다. 우리가 이렇게 잘사는 것이 다 누구 덕인데……. 세금을 덜 낸다는 것은 말이 되지 않습니다."

이러한 모습을 보이기 때문에 워런 버핏과 빌 게이츠가 존경을 받는 것입니다. 그렇다면 이건희 회장은 왜 그렇게 하지 못하는 걸까요? 형제 간에 재산 분할 소송을 끝까지 가겠다는 말이나 하고……. 이러니 우리 국민들이 기업인을 존경하지 않는 것입니다.

2013년 최저임금이 시급 4,860원으로 정해졌습니다. 이는 OECD 국가 중에서 가장 낮은 임금입니다. 가까운 중국 같은 경우에도 2010년 대비해서 2015년까지 두 배로 올린다는 얘기가 있습니다. 지금 우리나라의 최저임금 수준은 프랑스의 절반도 되지 않고, 일본의 30% 수준에 불과하죠. 동일한 수준은 아니더라도 280원 인상은 지나치다고 할 수 있습니다.

최근 여당의 경선 과정에서 최저임금 문제가 잠깐 이슈가 된 적이 있는데, 본선이 진행되면 여야 후보들은 이 문제를 피해 갈 수 없을 것입니다. 자신의 분명한 입장과 대안을 제시해야 할 것입니다.

QUESTION 16

나는
일만 하는 기계가 아니다!

제가 다니는 회사의 근무 시간은 9시부터 6시까지입니다. 하지만 이건 그냥 나라에서, 회사에서 정해 놓은 시간일 뿐이죠. 이제는 밤 9시, 10시에 퇴근하는 것이 일상이 되었습니다. 일주일에 가족들과 저녁 식사를 함께하는 날이 손에 꼽을 정도이고 퇴근 후에 무언가를 배운다는 것은 상상도 할 수 없습니다. 우리나라는 OECD 국가 중 최장 노동 시간을 기록하고 있다고 하는데 노동 시간을 감축해 삶의 질을 높일 수 있는 대책은 없는 걸까요?

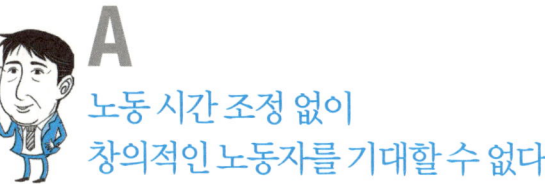

노동 시간 조정 없이
창의적인 노동자를 기대할 수 없다.

자본주의사회를 이루는 구성 요소는 자본과 노동입니다. 노동은 지속적으로 창의성을 발휘할 수 있는 노동력으로 재생산되어야 합니다. 노동자들이 얼마나 창의성을 가지고 있고 주체적인 존재가 되느냐에 따라서 그들이 생산하는 상품의 질이 결정되죠.

현대사회는 단순 노동만 무한히 반복하는 산업 시대 노동자가 아니라 창의성을 발휘하여 부가가치를 많이 올려 주는 노동자를 필요로 합니다. 그런 존재가 되기 위해서 노동자들은 자기 계발을 하는 시간이 절대적으로 필요해요. 하지만 매일매일 장시간 노동이 반복되는 상황에서 자기 계발은 꿈도 꾸기 어렵죠. 노동이 끝나면 집에 가서 먹고 자는 것 말고 할 수 있는 일이 없잖아요? 상황이 이러한데 어떻게 갑자기 창의적인 노동자가 되기를 기대할 수 있겠습니까? 노동 시간을 줄이는 문제를 단순히 노동자들이 일하기 싫어한다는 식으로 접근하면 해결 방법이 없습니다.

산업주의 시대, 대량생산 시대에는 노동자들이 기계 부품과 마찬가지였기 때문에 노동자는 시키는 대로 일만 하고, 고장 나지 않고 장시간 동안 잘 버티기만 하면 됐어요. 그런데 지금은 그렇지 않습니다. 노동 시간을 최소화시키고, 확보한 시간을 이용하여 자기 계발을 할 수 있도록 배려해야 합니다. 질 좋은 노동력을 재생산할 수 있도록 문화 활동을 비롯하여 모든 조치를 해 주어야 하죠.

이것은 자본시장의 관점에서도 반드시 필요합니다. 자본이 산업 시대에 머물러 있어도 좋다고 하면 할 말이 없지만 지식기반 사회에 걸맞은 자본으로 도약하고 싶다면 이와 같은 창의적 노동이 꼭 필요합니다. 이것이 바로 노동 시간을 줄이고, 여가 시간을 노동력의 창의적인 재생산으로 전환시켜 내는 데 자본시장이 직접적으로 관심을 가져야 하는 이유입니다.

세계 일류 기업들은 대부분 그렇게 하고 있습니다. 삼성만 하더라도 출퇴근 시간제를 유연하게 하고 스포츠가 됐든, 문화생활이 됐든, 여가 활동이 됐든 아주 적극적으로 지원해 주고 있어요. 삼성뿐 아니라 많은 대기업과 중소기업이 그렇게 하려고 하고 있죠. 이러한 사회 분위기를 좀 더 적극적으로 확산시켜 나갈 필요가 있습니다. 이 문제는 아주 실존적이고 철학적인 측면으로도 생각해 볼 수 있습니다.

"인간은 살기 위해서 먹는가, 먹기 위해서 사는 건가."

이는 농담처럼 이야기할 문제가 아닙니다. 우리는 정말 살기 위해서, 자기 성취와 자아실현을 위해서 먹고 있잖아요. 우리는 먹는 것을 충당하기 위해 노동을 합니다. 그러니까 노동은 그것이 아무리 신성한 것이라고 해도, 노동을 하는 과정에서 자아를 실현할 수 있는 여러 계기가 주어진다고 해도 본질적으로는 수단인 것이죠. 노동 자체가 목적이 될 수는 없어요. 수단은 최소화할수록 좋은 것이겠죠. 가장 행복한 인간은 적은 시간 동안 노동하고 나머지 시간에 자신이 정말 하고 싶은 일을 하는 인간이지 않겠어요?

사회가 발전하면 할수록 노동 시간이 줄어드는 것은 당연한 일입니다. 이와 같은 철학적 관점을 견지하는 것이 중요합니다. 지금까지의 인류 역사를 살펴보면 노동 시간은 점점 줄어들고 있어요. 생산성이 아주 낮았던 원시시대에는 하루 종일 뛰어 다녀도 그날 먹을 것을 간신히 얻었죠. 24시간 중 잠자는 시간을 제외하고는 모두 노동 시간이었다고 할 수 있어요.

그런데 생산력이 발전하고, 기술이 발전하고, 경제가 발전하면서 노동 시간이 15시간으로 줄고, 10시간으로 줄고, 8시간으로 줄었습니다. 인류의 역사는 곧 노동으로부터 해방되는 역사이기도 하죠. 노동으로부터 해방되어서 뭔가 인간 본연의 자아를 실현할

수 있는 시간을 더 많이 확보하는 것, 이것이 인류 발전의 목표였다고 할 수 있습니다.

사회가 산출해야 할 생산의 양이 일정하다면 노동자들이 장시간 노동을 할 경우, 나머지 노동자들은 일을 하려고 해도 할 수가 없습니다. 한편에는 장시간 노동에 허덕이는 피곤에 지친 노동자들이 있고, 한편에는 일하고 싶지만 일자리가 없어서 놀 수밖에 없는 실업자들이 있는 것이죠. 사회적·정치적으로 이 불균형을 해소하기 위한 노력을 해야 합니다. 일자리 나누기가 바로 그것입니다. 일자리 나누기는 노동조합은 물론 노동자, 기업, 정부도 하고 있습니다. 그러니까 장시간 노동을 줄이려는 노력을 '일하기 싫어하는 노동자들의 이기적인 욕구'로 매도하면 안 됩니다. 노동 시간을 줄이고자 하는 노력은 인류 발전의 역사 속에서 정당화되어야 하고, 당장 우리가 처해 있는 실업 문제나 사회적 불균형 문제를 해소하는 데 유용한 수단입니다.

전 세계적으로 이 정도 이상의 노동을 하면 노동의 단순 재생산에 지장을 준다고 정해 놓은 노동 시간이 있습니다. 그것이 바로 1일 8시간, 일주일 40시간이죠. 모든 나라에 적용되는 것은 아니지만 선진국은 대부분 이를 따르고 있습니다. 선진국일수록 노동 시간을 더 줄이려고 하고 있고요.

우리나라도 하루 8시간만 노동을 하는 것이 맞지만 회사의 사정 때문에 불가피하게 노동을 더 해야 한다면 추가 임금을 지급해야 한다고 규정하고 있죠. 하루 8시간 노동, 주 40시간 노동은 토요일과 일요일은 휴무라는 것을 전제로 하는 것입니다. 얼마 전까지만 해도 토요일은 격주로 근무를 하거나 오전에만 근무를 했습니다. 하지만 최근 몇 년 사이에 완전한 휴일이 되었죠. 이러한 것만 보아도 노동 시간 단축을 위한 사회적 합의가 계속해서 발전하고 있음을 알 수 있습니다.

2 경제

QUESTION 17

도대체 물가는 누가 잡는 거야?

장을 보러 시장에 나가면 한숨이 푹푹 나옵니다. 한 끼 식사 재료만 담아도 만 원이 훌쩍 넘어 버립니다. 월급은 그대로인데 물가는 왜 이렇게 점점 오르는 건지……. 이명박 정부는 MB물가지수 등을 만들어 물가를 관리하겠다고 했지만 물가안정이 제대로 실현되고 있지 못합니다. 그 근본 원인은 어디에 있는 것일까요? 물가가 안정되기를 바라는 것은 국민들의 욕심일 뿐인가요?

A 대통령과 정부는 구시대적인 방식으로 물가 문제에 개입해선 안 된다.

'MB물가지수'는 잘못된 정책 방식입니다. "대통령이 관심을 갖는 물가만 집중적으로 관리하여 목표치를 달성하겠다."는 말과 다를 것이 없죠.

대통령이 함부로 개입하여 "이것의 가격은 이 정도 선에서 정하라."라고 가이드라인을 정해 주면 기업은 아무 말도 하지 못하고 가이드라인을 따라야 하겠죠. 통제적인 경제 체제, 이것이야말로 시대착오적인 방식 아니겠어요? 지금은 그런 시대가 아닙니다. 아무리 대통령의 힘이 세다고 해도 대통령 눈치 보느라 적정 가격보다 낮게 책정할 기업이 어디 있겠습니까? 그럴 바에는 차라리 외국에 나가서 기업을 운영한다고 하지 않겠어요?

　이명박 정부는 이렇게 말도 안 되는 방식으로 물가를 통제하겠다고 한 것입니다. 그런 식으로 정책을 집행했기 때문에 대통령은 국민들에게 "나는 국민들을 위해서 열심히 했다."고 말하지만 실제로 국민들은 그런 정책의 효과를 피부로 느끼지 못하는 것입니다. 이제는 국민들도 그런 방식으로 국가를 운영하는 것은 잘못되었다고 생각하게 된 것이죠. 이명박 정부에 대한 비판 여론이 높은 것은 이러한 이유 때문입니다.

　물가 문제를 해결하는 방법은 두 가지입니다. 첫째, 경제 정책을 잘 사용하여 시장의 움직임을 통해 물가가 적정 수준으로 관리되도록 노력하는 것! 국가가 직접 하지 않고 시장을 통해서 해야 하기 때문에 국가는 머리가 굉장히 좋아야 해요. 그리고 현명하고 유연해야 하죠. 국가가 "물가는 얼마로 해."라고 말하면 참 간단하지만 이제 그런 방식은 통하지 않습니다. 시장의 동향을 면밀하게 살피고 기업의 내외적 환경들을 잘 살펴 "이번에 이라크 정정이 심상치 않은 것 같아. 아무래도 원유가가 좀 올라갈 것 같으니까 미리미리 비축해 두자."라는 식으로 예측하면서 물가 관리를 해야 하거든요. 굉장한 능력이 필요한 일입니다.

　둘째, 한국은행이 제 역할을 잘 하는 것! 한국은행의 첫째 임무는 안정적인 물가 관리입니다. 한국은행은 물가 문제와 관련해서는 대통령 말도 듣지 않을 정도로 배포 있게 독립성을 유지해야 합니다. 물가를 관리하는 가장 중요한 수단은 바로 금리입니다. 한국은행이 기준금리를 인상할 것이냐, 인하할 것이냐를 결정하는 거죠. 한국은행에서 시중금리를 결정하고 금리가 올라가면 예금주들이 저금을 하여 돈이 은행에 모이면 물가가 상대적으로 안정화되는 것입니다.

옛날 권위주의 시대 때는 재경부 장관이 "올해 금리는 ○○이다."라고 결정했지만 이제 더 이상은 그렇게 할 수 없는 시대가 되었습니다. 그래서 물가를 관리할 주무 기관으로 한국은행을 설정한 것이죠. 한국은행은 금융통화위원회를 구성해 물가의 기본이 되는 금리를 결정해요. 금융통화위원회 위원들은 장관급입니다. 그만큼 중요한 일을 한다는 것이죠.

금융통화위원회는 민간의 전문가들로 구성해서 운영하는데, 외형상 독립적으로 운영하도록 해 놓았는데도 불구하고 정부는 시도 때도 없이 금융통화위원회 회의에 기획재정부 차관이 참석해서 발언하는 식으로 간섭을 합니다.

"물가를 잡기 위해서는 금리를 조금 올려야 하는데 금리를 인상하면 아무래도 기업들의 금융 비용 부담이 늘어나 투자가 위축될 수 있다. 하지만 경제 위기에서 완전히 벗어나지 못했기 때문에 조금 더 투자를 해야 한다. 물가가 좀 걱정은 되지만 이번 달은 그냥 동결하고 갔으면 좋겠다."

이런 식으로 말이에요. 표결권은 없지만 법률적으로 그 자리에 참석하여 발언할 수는 있기 때문에 기획재정부 차관이 그런 발언을 하는 것입니다. 그러니 그 자리에 있는 금융통화위원회 위원들이 영향을 받지 않을 수 없겠죠. 독립적으로 운영되어야 할 물가 관리 기관인 금융통화위원회가 기획재정부 차관의 의도에 따라서, 결국 대통령의 의도에 따라서 임의로 운영되다 보니 물가를 안정적으로 관리할 시점을 놓치는 잘못을 범하는 것이죠.

우리 국민들은 물가 때문에 큰 고통을 받고 있습니다. 한국은행이 자기 역할을 제대로 못한 데 대해서 책임을 물어야 합니다. 물가 문제는 굉장히 중요한 사안이에요. 국민들의 생활상 어려움이 물가로 표현되기 때문이죠. 앞으로는 한국은행 금융통화위원회가 정부로부터 완전한 독립성을 가지고 물가를 안정적으로 관리해 나갈 수 있도록 만들어 가야 합니다. 대통령과 정부도 구시대적인 방식으로 물가에 함부로 개입하지 않도록 자제해야 해요.

금융통화위원회야말로 은행을 잘 알고 금융을 잘 알고 또 서민 경제도 잘 알고 기업들의 움직임도 잘 아는, 말 그대로 전문가들로 구성해야 합니다. 물가 관리를 하는 한국은행 금융통화위원회만큼은 정권에 휘둘리지 않고 독자적으로 일할 수 있는 전문성과 권위를 가진 사람들로 구성해야 합니다.

2 경제

QUESTION 18

잘사는 사람만 행복한 이 세상, 더럽다 더러워!

저는 대기업에 부품을 납품하는 중소기업에 다니고 있습니다. 그런데 대기업 노동자와 같은 일을 하면서도 임금은 훨씬 적고, 주변에서도 대기업 하청업체에 다닌다고 안쓰러운 눈빛으로 쳐다보는 것 같아 속상할 때가 많습니다. 말이 자체 경영이지 실제로는 대기업 방식을 따르지 않을 수 없는 처지라 저희 사장님도 저랑 다름없는 처지로 보이고요. 국가에서 중소기업 자체로 경쟁력이 생길 수 있도록 실질적인 연구, 개발 지원을 해 줄 수는 없는 건가요?

A 같은 노동을 하면 같은 대우를 받는 사회가 진정한 경제민주화 사회이다.

경제민주화는 두 가지 의미가 있습니다. 첫 번째는 대기업과 중소기업 간의 현격한 차이로 인해 여러 가지 비민주적인 관행과 역학 관계가 관철되고 있는 문제들을 해소하는 것입니다.

똑같은 경제 주체이지만 대기업 앞에서 중소기업은 한없이 작아지죠. 중소기업들은 대기업이 요구하는 부당한 요구를 받아들이지 않으면 경제활동이 어렵기 때문에 눈물을 머금고 노예 계약서와도 같은 종이에 도장을 찍거나 어음 같은 것을 받으며 일을 하죠. 대기업과 중소기업 사이에 존재하는 불공정하고 불균형적인 관계는 중소기업과 영세상인들 사이에서 그대로 반복됩니다. 대기업의 오너들과 대기업에 근무하고 있는 노동자 사이에서도 그런 역학 관계의 불균형이 발생하고, 정규직 노동자와 비정규직 노동자 사이에서도 그런 차이가 발생하고 있습니다. 이러한 불균형적 관계와 여러 가지 불공정한 관행과 억압, 은폐된 폭력 등을 바로잡는 것! 이것이 바로 경제민주화라고 할 수 있습니다.

두 번째는 경제 주체의 균형을 잡아 주는 것입니다. 경제 행위의 주체는 기업, 노동자, 소비자입니다. 정부도 경제 주체의 하나라고 할 수 있죠. 기업, 노동자, 소비자, 정부는 평등하게 활동할 수 있어야 합니다. 하지만 현실에서는 정부와 기업의 힘이 센 반면 노조와 소비자는 매우 약합니다. 이러한 불균형 상태를 잡아 주어야 할 필요가 있습니다. 약한 쪽의 힘을 북돋워 주어야 하죠. 소비자의 권리를 좀 더 보장하고 강화해 주어야 하고 노동자들의 권리와 목소리가 좀 더 잘 반영될 수 있는 환경을 조성해 주어야 한단 말입니다.

힘이 센 기업과 정부를 상대로 소비자와 노동자의 권익을 지키기 위해서는 노동조합 등과 같은 노동자 조직의 적극적인 활동이 중요합니다. 노동자들이 조직을 통해 자신의 목소리를 낼 수 있도록, 그리고 기업과 정부를 상대로 하여 노동자들의 협상력을 높일 수 있도록 노동 3권을 철저히 보장해 주어야 해요. 우리나라의 노조 조직률과 단체 협약률은 세계 어느 나라보다 낮은 수준입니다. 또한 기업 규모별, 고용형태별 조직률의 격차가 커서 90%에 가까운 노동자가 노동 3권을 누리지 못하는 형편입니다. 노동자의 권리가 보장받지 못해 노동자의 힘이 약해지면 경제민주화를 달성하기가 더 어렵습니다.

그동안 재벌들이 힘을 키워 온 방식이 있습니다. 불법은 아니지만 편법으로 해 왔던 것 중 하나가 순환 출자를 통한 지배 구조의 강화였죠. 이런 것들을 더 이상 못하게 하자는 것이 경제민주화입니다. 어느 정도 규모의 경제는 필요하니까 재벌은 해체하더라도 대기업은 용인하자는 주장도 있고, 말이 좋아 대기업이지 본질적으로는 힘의 독점의 결과이므로 대기업까지도 상당한 정도로 제한을 가해야 한다는 주장도 있습니다.

이 문제에 대해 여야 간에 입장 차이가 있는데, 지금 단계에서는 그 차이를 구체적으로 설명하기가 쉽지 않아요. 새누리당과 민주통합당, 통합진보당의 주장이 제대로 정립되어 있는 상태가 아니기 때문이죠. 현재 새누리당이나 민주통합당 내에서 경제민주화의 방법을 두고 논쟁이 진행되고 있는 상태입니다.

새누리당은 재벌의 소유구조 문제 개선보다는 대기업 집단(재벌)의 하도급 업체와의 부당 거래, 계열사 일감 몰아주기를 통한 사익 추구 등 공정 경쟁을 저해하는 대기업에 대한 제재에 방점을 두고 있습니다. 반면 민주통합당은 재벌의 출자총액제한제도 재도입이나 순환출자 금지 그리고 지주회사 요건 강화, 금산 분리 강화 등을 통해 재벌의 지배구조 개선과 경제력 집중 완화 쪽에 정책의 초점을 맞추고 있죠.

이러한 양당의 공약들을 향후 대선에서 대선주자들이 어떻게 제시하느냐가 매우 중요해요. 이 문제는 차기 정부의 경제 정책 방향을 결정짓는 핵심적인 문제이기 때문에 좀 더 시간을 두고 심층적으로 짚어 볼 필요가 있습니다.

　문제는 재벌 길들이기식 경제민주화가 되어서는 안 된다는 것입니다. 공정한 시장경제, 선진화된 시장질서를 확립한다는 원칙을 정해야 합니다. 이를 위해서는 재벌의 횡포를 견제할 수 있는 소비자와 노동자의 힘을 강화할 필요가 있습니다. 새로운 정부는 소비자와 노동자가 시장질서하에서 재벌과 대기업을 견제할 수 있는 힘을 갖도록 법적·제도적 장치를 과감히 만들어 가야 할 것입니다.

2 경제

QUESTION 19

경제민주화가 이루어지면 경제가 좋아질까?

많은 정치인이 경제민주화, 재벌 개혁의 중요성에 대해 거론하며 목소리를 높이고 있지만 그에 대한 의견은 사람마다 상당히 다릅니다. 재벌개혁을 해야 우리나라 경제가 더욱 좋아질 거라고 말하는 사람이 있고, 반대로 일자리 감소와 경제 성장을 막을 위험이 있다고 말하는 사람이 있고……. 이 말도 맞는 것 같고, 저 말도 맞는 것 같고……. 대체 어느 쪽 말이 맞는 건가요?

A
불건강한 우리 경제를
건강한 체질로 탈바꿈시켜야 한다.

경제민주화가 이루어진다면 우리 경제는 좀 더 건강해질 것입니다. 우리나라 GNP의 80% 이상을 재벌들이 생산하고 있지만 대기업에서는 정작 일자리를 만들어 내지 못합니다. 일자리는 대부분 중소기업이 만들어 내고 있죠. 물론 중소기업 중 상당히 많은 회사가 대기업과 협력 관계를 맺고 있기 때문에 대기업의 일부처럼 움직이기는 하지만 어쨌든 여기에서 만들어지는 일자리는 대기업이 아닌 중소기업이 만든 것이라고 할 수 있습니다.

우리 국가 경제를 총매출로만 보면 대기업이 없으면 큰일 날 것 같지만 일자리라는 관점에서 보면 '대기업은 그렇게 중요한 존재가 아니다.'라는 인식도 가능합니다. 대만 같은 나라는 중소기업들이 경제의 핵심 역할을 하고 있죠. 일본도 과거에는 재벌들이 핵심 역할을 하는 나라였지만 지금은 중소기업들이 경제의 중추 역할을 하고 있습니다.

우리나라는 자원이 없는 상태에서 산업화를 시작했기 때문에 그나마 있는 자원, 외국으로부터 들여오는 차관을 한군데에 집중적으로 투자해서 키울 수밖에 없다고 생각했죠. 일종의 불균형 발전론, 특정 기업을 집중적으로 육성해서 이 기업들이 우리 경제 전체를 끌고 가는 방식의 경제 발전 전략을 짠 것입니다. 그렇게 해서 국가가 뒷받침해 주는 재벌 체제라는 것이 만들어졌죠.

문제는 이런 발전 전략이 앞으로도 유효할 것이냐 하는 것입니다. 도덕적으로 옳은 것인지, 그렇지 않은 것인지를 따져 보는 것도 중요하지만 이런 체제가 앞으로도 우리 경제를 효율적으로 발전시킬 수 있느냐가 중요하죠. 저는 이 문제에 대해 '아니다.'라는 생각을 가지고 있습니다. 이미 결론이 나 있는 거죠. 그러니까 대기업들도 재벌 체제를 해체하고 대기업군으로 가고 있는 것 아니겠어요?

과거에는 현대 재벌이었던 현대 그룹이 지금은 중공업 파트, 자동차 파트, 건설 파트로 다 나뉘어졌잖아요. 삼성도 재벌 해체를 통해서 계열화를 하고 있습니다. '이제 더 이상 재벌 체제는 안 된다.'는 사회적 합의가 있는 것이죠. 그럼에도 불구하고 대부분의 재벌은

'아, 옛날이여!' 식으로 겉으로는 재벌을 해체하지만 순환 출자 방식을 통해서 기업을 운영하고 있어요. 겉으로 보면 독립된 법인처럼 보이지만 '삼성'이라는 이름이 붙은 기업들은 이건희 회장이 한마디만 하면 일사분란하게 움직이고 있잖아요. 겉으로는 따로 떨어져 있는 것처럼 보이지만 실제로는 이건희 회장의 소유인 것이죠. 이렇게 형식과 내용이 일치되지 않는 부분이 아직 많이 있습니다. 제대로 재벌개혁을 하는 것은 이건희 회장에게도 좋고, 삼성에게도 좋고, 우리 국민에게도 좋습니다.

우리나라는 '재벌 오너의 못난 아들이 먹고는 살아야 할 것 같으니 웬만하면 일거리를 몰아주자.'라는 식으로 재벌에게 일감 몰아주기가 횡행하고 있습니다. 이런 식으로 하면 경쟁력 없는 기업이 경쟁력 있는 대기업에 기생해서 먹고살게 되는 거죠. 하지만 이런 것은 경쟁력이 없기 때문에 과감하게 퇴출해야 합니다. 이렇게 퇴출된 빈자리를 경쟁력 있는 중소기업이 치고 들어가야 합니다. 그렇게 되어야 대기업과 중소기업이 서로 경쟁력을 갖게 되고 경쟁력 있는 대기업과 경쟁력 있는 중소기업 간에 상생적인 협력 관계가 만들어집니다.

중소기업이 경쟁력이 있으면 대기업도 일방적으로 불리한 조건을 강제할 수 없게 되겠죠. 대기업도 강해지고 중소기업도 강해지는 방식으로 발전해 나가야 됩니다. 경제민주화의 궁극적인 목적이 여기에 있습니다. 재벌 중심의 불건강한 우리 경제를 건강한 체질로 완전히 탈바꿈시키는 것이 경제민주화의 목표입니다.

QUESTION 20

중소기업이 설 자리가
너무 좁아요

취업 준비를 하고 있는 제게 부모님이 삼성이나 현대 같은 대기업에 지원해 보는 것이 어떻겠냐는 말을 넌지시 던지십니다. 제가 들어가고 싶다고 들어갈 수 있는 것도 아니지만 사실 전 대기업보다는 규모가 작더라도 제 역할을 다할 수 있는 중소기업을 염두에 두고 있어요. 그런데 이것저것 알아보던 중 우리나라가 다른 나라에 비해 성공한 중소기업이 유달리 적다는 것을 알게 되었습니다. 왜 그런 걸까요? 우리나라에서는 중소기업이 성장할 확률은 크지 않은 걸까요?

A
자본가와 기업가의 기업 윤리가
내면화되는 것이 중요하다.

산업화 시대를 압축적으로 지나온 결과, 우리나라 기업가들은 기업가 정신의 내면화가 잘 되어 있지 않습니다. 노동자들 또한 노동자 윤리의 내면화가 잘 되어 있지 않고요. 양쪽 다 문제가 있습니다.

기업가 정신의 내면화라고 하면 '이윤 추구'와 '사회적 책임'을 동시에 고려해야 한다는 것입니다. 기업가로서는 이윤을 창출하는 것이 일차적인 목적입니다. 그러나 이것만으로는 기업이 살아남을 수 없습니다. 기업을 키우고 기업이 생존하기 위해서는 사회가 유지되어야 하니까요. 이윤이 많이 남으면 그 이윤을 사회를 유지하는 데 환원해야 합니다. 환원할 수 있는 방식은 매우 많습니다. 더 좋은 제품을 만들어 소비자들의 생활을 편리하고 풍요롭게 하는 것, 좋은 인재를 많이 길러 내기 위해 장학 사업을 하는 것, 근로자들의 작업 환경과 후생복지를 늘리는 것, 사회 취약 계층을 위한 복지 시설을 만들거나 지원하는 것 등 기업이 사회적으로 기여할 수 있는 방법은 상당히 많습니다.

노동자 윤리 또한 마찬가지입니다. 노동자의 노동은 개인적인 측면만 있는 것이 아닙니다. 노동을 통해 생산해 내는 상품과 산물은 인간 상호 관계를 이어 주는 것이며, 사회의 공통 이익을 위해 기여하는 것이죠. 노동을 통해 인간으로서의 자아실현이라는 측면도 있지만 사회 전체의 유지와 인간다운 삶을 만들어 가는 여건과 환경을 제공해 준다는 사회적인 측면도 있습니다. 노동은 언제나 사회와 다른 인간을 위해 존재하는 것이므로 노동의 사회성에 대한 인식은 매우 중요합니다.

서구 선진 자본주의 국가들은 200~300년 정도 산업화 시기를 거쳤습니다. 초기에 원시적 축적 단계라는 고통스러운 과정도 거쳤고, 우리나라보다 훨씬 심각한 노사 분규도 여러 차례 거쳤습니다. 그 결과, 노사가 함께 발전할 수 있는 상생의 길을 찾아냈고, 그 과정에서 기업은 건강한 기업 윤리를 내면화했습니다.

건강한 기업 윤리라고 하는 것은 열심히 정직하게 일해 부를 축적하고 그것을 독식하고 독점하는 것이 아니라 근로자

들과 함께 공유하고 사회적으로 기부함으로써 존경받는 기업 문화를 만들어 내는 것입니다. 특히 현실에 안주하지 않고 끊임없이 새로운 것에 도전하고 실패를 성공의 밑거름으로 삼는 벤처 정신을 내면화하는 것이 중요합니다. 그런 것들이 기업가들의 기업 윤리이죠.

사실 미국이 미국일 수 있는 이유도, 미국을 '기회의 땅'이라고 부르는 이유도 바로 그런 기업가 정신이 살아 있기 때문입니다. 워런 버핏이나 빌 게이츠가 본보기로 보여 주고 있죠.

"나의 노동은 신성하다. 나는 정당한 노동의 대가를 받고 있다. 이 노동은 내가 할 수 있는 최상의 것이기 때문에 누구에게 내놓아도 부끄럽지 않다."

노동자들 역시 이렇게 당당하게 외칠 수 있는 노동 윤리를 내면화 해야 합니다.

우리나라는 국가 권력이 앞에서 끌어 주고 뒤에서 밀어주는 그런 압축적인 산업화 과정에서 재벌들이 빠르게 성장했습니다. 그 때문에 재벌들이 제대로 된 기업가 정신을 내면화할 여유가 없었죠. 우리 국민은 재벌을 볼 때 부정적인 시각으로 보는 경향이 있어요. 특히 오너의 2세, 3세들을 매우 부정적으로 보죠. 노동자들이 재벌들을 정치권력에 빌붙어서, 운이 좋아서 돈을 번 사람들 정도로 생각하기 때문에 자본가를 존경하지 않고 자신을 고용한 기업주를 존경하지 않는 것입니다. 기업가에 대한 존경이 없는 상태에서 먹고살기 위한 수단으로 노동을 하는 것이기 때문에 생산력에 맞지 않는 과도한 임금을 요구하면서도 도덕적으로 전혀 부담을 느끼지 못하는 것입니다. 기업부터 기업주의 능력을 훨씬 뛰어넘는 부당한 이익을 부당한 방법으로 취한 것을 알기 때문이죠.

벤처 기업도 '잘만 하면 떼돈을 벌 수 있다. 하지만 한 번 실패하면 끝이다.'라는 식의 인식이 팽배해요. 미개척지를 개척해 보려는 도전 정신과 모험 정신을 비롯해 그러한 과정을 거쳐 성공한 사람들에 대한 존경심 등이 벤처 정신, 벤처 문화로 정착되어야 합니다. 그래야만 경영 전문가들이 벤처 기업을 도와주고 같이 키워 나갈 테니까요. 이 과정에서 작지만 강한 기업들, 핵심 부품 기술을 보유한 세계적으로 경쟁력 있는 중소기업이 커 나가는 것인데, 우리는 벤처 정신과 기업가 윤리가 사회적으로 공유되어 있지 않기 때문에 점점 대기업 중심, 재벌 중심으로 가고 있는 것입니다.

중소기업이 열심히 해서 기술을 개발해도 대기업이 가만히 보고 있다가 바로 모방해서 훨씬 싼값으로 만들고는 그 벤처 기업에게 "원천기술을 팔지 않으면 넌 망할 수밖에 없어. 알아서 해!"라고 협박해 헐값으로 사들이는 경우가 많습니다. 기업 사냥꾼처럼, 기술 사냥꾼처럼 막무가내로 행동을 하니 중소기업이 들어설 자리가 없는 것이죠.

여기서 문제는 우리 경제가 언제까지나 이렇게 갈 수 있겠느냐 하는 것입니다. 작지만 강한 기업들이 발전할 수 있는 환경이 만들어져야 합니다. 대기업들이 늑대처럼 기업 활동을 하는 것이 아니라 덩치에 맞게 절제하면서 기업 윤리를 내면화하여 동반 성장, 상생 경영을 실천해야 합니다. 대기업의 오너부터 그렇게 해야 기업이 그렇게 나아갈 수 있습니다. 기업 임원들이 상생 경영을 하고 싶어 해도 인사권을 행사하는 오너가 "야! 돈만 많이 벌면 됐지, 쓸데없이 그게 무슨 짓이야?"라고 말하면 그 순간 모든 것이 끝나는 것이죠. 오너인 자본가와 기업가의 기업 윤리가 내면화되는 것은 그만큼 중요합니다.

2 경제

QUESTION 21

우리나라 기업, 제발 정신 좀 차려!

요즘 제 배 불리기에만 안달이 나 있는 대기업들을 보고 있으면 절로 화가 납니다. 도대체 우리나라 대기업들의 욕심은 어디까지인지 모르겠어요. 대기업에서 운영하는 마트, 빵집 등으로 인해 서민들은 살아갈 힘을 잃고 한숨만 푹푹 내쉬고 있습니다. 우리나라 기업이 나아가야 할, 추구해야 할 것들은 어떤 것이 있어야 한다고 생각하시나요?

A

우리나라 기업, 청부의 정신을 가지고 윤리적으로 재무장해야 한다.

우리나라에는 '청빈의 전통'과 '청부의 전통'이 있습니다. 청빈의 전통은 '권력을 잡는 자가 돈까지 탐하면 안 된다.'라는 것이에요. 보통 우리는 세속적인 출세라고 하면 돈과 명예 두 가지를 이야기하는데 '명예를 추구할 거면 명예만 추구하라. 돈을 추구할 거면 돈만 추구하라.'라는 의미입니다.

이렇게 한쪽에 청빈의 전통이 살아 있으면 다른 한쪽에는 청부의 전통이 살아 있게 됩니다. 청부에 대해 이야기할 때는 경주 최 부자의 예를 많이 들죠. 최 부잣집의 효시는 최진립이라는 사람입니다. 무장이었던 그는 임진왜란 때 공을 세운 뒤 벼슬을 포기하고 재산을 모아 집안을 크게 일으켰습니다. 그는 세상을 떠나기 전에 후손에게 이런 말을 남겼어요.

"진사 이상의 벼슬은 하지 말라."

지금으로 보면 진사는 7급 공무원 정도 될까요? 어쨌든 선비라고 하는 자격증을 취득하는 것 정도 될 것입니다. 최진립은 후손들에게 머리가 좋아서, 시험 운이 좋아서 더 높은 자리를 얻을 수 있다고 해도 그렇게 하지 말아야 한다고 강조했어요. 부와 명예를 같이 갖게 되면 자세가 흐트러진다는 이유 때문이었죠.

그리고 또 이렇게 말했습니다.

"흉년에는 땅을 사지 말라."

흉년이 되어서 먹을 것이 없으면 가난한 농민들은 땅이라도 팔아서 호구지책(糊口之策)을 하게 됩니다. 그렇게 되면 땅이 헐값으로 많이 나오게 되겠죠. 물론 싼값에 땅을 살 기회가 있으면 무척이나 좋겠지만 그것은 헐값에 자기 땅을 내놓은 사람들의 피눈물을 사게 되는 것이고, 그것이 원한으로 쌓인다는 것입니다.

이뿐만이 아닙니다. 최진립은 이렇게 말했습니다.

"백 리 안에서 굶어 죽는 사람이 없게 하라."

당시에는 흉년이 되면 굶어 죽는 사람이 많았죠. 그래서 최 부잣집 사람들은 흉년이 되면 집 창고를 열어 사람들에게 곡식을 나눠주었습니다. 최진립의 말을 따른 것이죠. 물론 천 리 안에 굶어 죽는

사람이 없게 하면 더 좋겠지만 그것은 왕만이 할 수 있는 일이었습니다. 실제로 경주에 있는 최 부잣집에 가 보면 우리나라에서 가장 큰 쌀뒤주가 창고처럼 지어져 있습니다. 이것은 흉년으로 인해 굶주린 사람들, 유리걸식하는 사람들이 찾아오면 문을 열고 먹을 것을 나누어 주는 창고였어요.

최진립은 후손들에게 이렇게 가르치기도 했습니다.

"이윤이 생기면 3분의 1은 제사를 지내고 살림을 하는 등 집안을 위해서 사용하고, 3분의 1은 과객을 위해서 사용하라. 그리고 나머지 3분의 1은 어렵게 생활하는 이웃을 위해서 사용하라."
그리고 이런 가르침을 주었습니다.
"며느리가 시집을 오면 3년 동안 무명옷을 입혀라. 물론 비단옷을 입힐 수 있지만 그렇게 하는 순간 사람들이 손가락질한다."
정말 대단하지 않습니까? 더욱 대단한 것은 최진립의 후손들은 그의 말을 철저하게 지켰다는 것입니다. 우리 말에 '부자 3대 못 간다.'라는 말이 있죠. 부자가 손자 대에 가면 게을러지고, 돈을 허랑방탕하게 사용하여 3대째가 되면 거지가 된다는 것인데, 최 부잣집은 가훈을 잘 지켜서 12대째 부를 유지했습니다.
하지만 12대 째가 되던 해에 최 부잣집에 변화가 생겼습니다. 그 당시는 일제강점기였죠. 해방이 되고 나서 12대 마지막 자손은 이런 생각을 했습니다.
'우리나라가 일본의 식민지로 전락한 것은 우리 국민들이 제대로 교육을 받지 못했기 때문이다. 교육 사업을 펼칠 필요가 있다.'
그래서 최 부잣집의 후손들은 모든 재산을 털어 대학을 세웠습니다. 그 대학이 지금의 영남대학교입니다. 선산도 팔고 집에서 보관하고 있던 고서들까지 모두 대학에 기부한 뒤 그들은 서울로 떠나 가난한 소시민의 삶을 살았습니다.
그러던 어느 날, 12대 자손의 아들이 가족들에게 사법고시에 응시하고 싶다고 말했습니다. 하지만 진사 이상의 벼슬을 하지 말라는 최진립의 유훈 때문에 가족들은 고민을 하지 않을 수 없었습니다. 그렇게 고민을 한 끝에 가족회의를 통해 "우리는 더 이상 부자가 아니니 할아버지의 유훈 중에 진사 이상은 하지 말라는 말씀은 받들지 않아도 될 것 같다."는 결론을 내리고 자식한테 사법고시 응시를 허락해 주었습니다.

이러한 것이 바로 청부의 전통입니다. 모든 기업이 최진립을 따라 할 수는 없겠지만, 그의 정신만큼은 배워야 합니다. 우리 기업인들, 삼성의 이건희, 현대의 정몽구, SK의 최태원 회장 등이 청부의 정신을 가지고 윤리적으로 재무장한다면 국민들의 존경을 받지 않겠습니까? 그런 의미에서 기업 윤리의 내면화는 결정적으로 중요한 요소입니다.

QUESTION 22

FTA! 말만 들어도 머리가 지끈지끈~

지금도 그렇지만 한미 FTA로 인해 한동안 우리나라가 시끌시끌했죠. 자신의 생존을 위해 길에 몰려 나와 항의를 하는 국민들의 목소리가 들리지 않는 건지 정부는 국익에 도움이 된다며 독단적으로 FTA 협상을 진행했습니다. FTA에 대해 자세히 알지는 못하지만 우리나라에 불리한 조항이 많다는 것은 잘 알겠습니다. 개인들이 그렇듯이 한미 FTA와 관련하여 여야 각 당의 견해가 다른데, 왜 그런 건가요? 그리고 앞으로 한미 FTA는 어떤 방향으로 흘러가야 하는 걸까요?

A 우리가 처한 현실을 잘 파악해야 한다.

우리나라는 자원이 없고 수출과 무역을 통해서 경제를 발전시켜야 하기 때문에 다른 나라와의 무역 관계가 매우 중요합니다. 그래서 우리나라는 그동안 가급적이면 국가 간에 관세의 장벽을 낮추고 자유로운 무역이 가능하도록 하는 방향으로 노력을 해 왔죠.

그중 가장 발전된 형태가 바로 FTA입니다. 전 세계 모든 나라에서 관세가 없어지는 날이 올지 모르겠습니다. 지금은 나라마다 차이가 커서 전 세계가 일률적으로 관세를 없앨 수 없죠. 그래서 서로 이익이 될 것 같은 특정한 나라끼리 무관세 협정을 맺는 것입니다.

우리는 EU, 칠레와 FTA를 맺은 것에 이어 미국과 협정을 맺게 되었습니다. 이로써 우리는 가장 많은 나라와 FTA를 맺은 나라가 되었죠. 우리의 경제 규모는 세계 10위권인데, 세계 10위권 중에 우리처럼 자원도 없이 무역에만 의존하여 생활하는 나라는 없습니다. 무역 의존도가 높은 만큼 다른 나라와의 무관세 무역도 절실하게 필요한 상태입니다. 그래서 많은 나라와 FTA를 맺은 것입니다.

그런데 어느 날 갑자기 모든 물품에 관세를 없애자고 하면 피해를 직접 입는 산업 분야가 여기저기에서 생기게 마련입니다. 예컨대 우리나라는 농업 분야에 피해가 크니 농업은 몇 년 뒤에 관세를 없애자, 쌀은 좀 제외하자 이런 식으로 조건을 내걸게 되죠. 미국도 미국대로 FTA를 바로 시행하면 자동차 산업이 직접적으로 타격을 받을 것을 염려하여 그 분야에 대한 것은 나중에 논의하자는 식으로 협상을 하죠. FTA 협상은 결국 우리의 피해를 최소화하기 위해서 하는 협상, 우리의 이익을 최대화하기 위해서 하는 협상이에요. 미국도 마찬가지입니다. 그렇기 때문에 협상 기간이 오래 걸리는 거예요. 한국과 미국은 5년 이상 협상을 했죠.

그런데 미국 쪽에서 협상을 해 놓고 보니 무언가를 더 얻어 냈으면 좋겠다고 생각했는지 우리나라에 FTA와 별도로 쇠고기를 수입할 것을 요구했습니다. 그로 인해 쇠고기 문제가 사이드 이슈로 떠올랐죠. 하지만 임기 말이었던 노무현 정부는 미국이 제기한 쇠고기 문제에 마침표를 찍기 어렵다는 판단을 했어요. FTA는 이미 협상이 마무리되었지만 사이드 이슈인 쇠고기 문제에 대한 완전한 타결이 없으니 다음 정권에서 논의를 하는 것이 좋겠다며 이명박 정부에게 쇠고기 문제를 넘겼습니다. 그런데 이명박 정부가 이 문제를 넘겨받자마자 미국이 원하는 대로 일을 처리해 주었죠. 그래서 쇠고기 집회가 시작된 것입니다. 그런 상태에서도 FTA는 여전히 유효했어요. 그런데 미국이 FTA 중에서도 자동차 부분을 한 번 더 양보해 달라고 재협상을 요구했고, 결국 이명박 정부는 그것까지 받아들였죠. 그 바람에 노무현 정부에서 체결한 FTA와 다소 다른 수정된 FTA 협상안이 발효되었습니다.

이렇게 되자 보수 세력이나 새누리당은 "노무현 정부가 진행한 원래의 한·미 FTA 협정안과 이명박 정부가 체결한 협정안이 약간의 양보는 있지만 크게 다르지 않다."고 주장하였고, 야권은 "이명박 정부가 양보한 것은 굉장히 중대한 사안이다.", "하지 않아도 되는 양보를 했기 때문에 다시 원래대로 돌려놓아야 한다.", "재협상한 것을 뒤집어야 하니 재재협상을 해야 한다."라고 주장했어요.

이런 우여곡절을 거쳐 FTA가 발효되었습니다. 앞으로 관세가 낮아지거나 없어지면 당장 비싸게 먹던 식품들을 좀 싸게 먹게 되고 미국에 비싸게 수출하던 자동차도 다소 싸게 공급할 수 있기 때문에 수출이 늘 것이고, 이 과정에서 FTA 효과가 체감될 것입니다. 이렇게 되면 전체적으로 우리에게 도움이 된다는 새누리당의 주장이 맞는지, 우리가 너무 양보를 많이 해서 실제로 우리에게 좋을 것이 없다고 주장하는 야권 쪽의 주장이 맞는지 구체적인 실증 자료를 가지고 점검할 수 있겠죠.

사실 FTA 문제와 관련하여 드러내 놓고 이야기하기 어려운 문제가 하나 있습니다. 우리는 안보의 상당 부분을 주한미군과 미국 정부의 핵우산 약속에 의존하고 있는 상황입니다. 물론 이 안보 문제는 우리가 원해서 일방적으로 지원을 받는 것이 아닙니다. 미국이 우리나라의 전략적 중요성을 인정하여 자신들의 국익에 맞는 방향으로 주한미군을 주둔시키고 핵우산 약속도 하고 있는 거죠. 하지만 아무리 그렇다 하더라도 아쉬운 쪽은 우리입니다. 미국은 논의가 제대로 진행되지 않으면 손해를 보더라도 발을 뺄 수 있죠. 자기들의 직접적인 안보 문제가 아니니까요.

우리는 손해냐 이익이냐를 따지다가 자칫 미국이 발을 빼 버리면 안보에 직접적인 타격을 받기 때문에 리스크가 큽니다. 미국과 여러 가지 갈등 요소도 있고 이견도 있지만 안보 문제를 염두에 두고 미국과의 관계를 잘 유지해야 합니다. 미국으로부터 안보와 관련한 많은 지원을 받고 있으면서 경제 문제, 사회 문제로 대립하는 것은 미국을 다루는 좋은 방법이 아닙니다.

'5년 이상 시간을 들여서 마침내 타결한 FTA가 다소 우리에게 손해인 것 같아도 안보 문제를 생각하면 그 정도 손해는 미국의 안보 약속으로부터 얻는 이익에 비해 작은 것에 불과하지 않은가.'라는 안보 논리도 생각할 필요가 있습니다.

야권도 한·미 FTA에 안보 문제의 성격이 결부되어 있다는 사실을 부인하지는 않습니다. 그런데 "안보 문제가 있다면 국민에게 솔직하게 설명을 해야지 왜 이런 식으로 두루뭉술하게 넘어가려고 하느냐." 하고 문제 제기를 하는 것이죠. FTA의 상대가 EU일 경우에는 안보 문제가 없어요. 한국과 미국 간에는 안보 문제라는 보이지 않는 변수가 있다는 점을 염두에 두어야 합니다. 그것이 바로 우리가 처한 현실입니다.

PART 3

사회 문제를

말하다

QUESTION 23

낳느냐, 낳지 않느냐 그것이 문제로다!

결혼을 앞두고 있는 골드미스입니다. 결혼이 늦다 보니 결혼에 대한 고민보다 출산, 육아 문제에 대한 고민이 앞섭니다. 양가 부모님은 아기를 키워 주실 수 없다고 하고, 남편만 외벌이를 하자니 경제적 부담이 생기고……. 친구들 말을 들어 보면 어린이집에 보내기 위한 경쟁이 매우 치열하고, 설령 보낸다 해도 사고 소식이 자주 들려 안심을 할 수 없다네요. 상황이 이런데 정부는 대책도 없이 출산을 권장하고 있고요. 일과 육아, 두 마리 토끼를 잡을 수 있는 방법은 없을까요?

A 말보다는 실질적인 환경 개선이 시급하다.

나라가 망할 때 나타나는 현상이 있습니다. 바로 인구가 줄어드는 것! 지금 우리나라에도 망하고 있는 도시가 많습니다. 부산을 예로 들어 볼까요? 부산의 20년 전 인구는 450만 명이었는데, 지금은 370만 명이에요. 흔히 부산을 대한민국 제2의 도시라고 하는데 20년 동안 인구가 80만 명이 줄어들었죠. 이는 굉장히 심각한 문제가 아닐 수 없습니다.

산업화 사회, 지식기반 사회가 되면 사람들은 점점 도시로 몰리게 되어 있어요. 그런데 부산과 같은 도시의 인구가 줄어들고 있다니! 한숨이 나올 일이죠. 이는 도시의 공동화 현상이 벌어지고 있다는 의미입니다. 쉽게 말해 부산이라는 도시가 망하고 있다, 부산에 살고 있는 사람들의 삶의 질이 떨어지고 있다는 것을 의미합니다.

인구가 줄면 어떤 인구부터 줄까요? 바로 젊은층입니다. 경제활동을 하는 인구부터 줄어들게 마련이죠. 돈벌이를 위해 자신이 살고 있는 곳에서 벗어나기 때문에 그런 현상이 일어나는 겁니다. 그렇게 되면 그 도시의 총생산이 줄어들게 되죠. 대신 노령 인구는 대부분 자신이 살고 있는 곳을 떠나지 않습니다. 그래서 자연스럽게 도시가 노령화되는 것입니다.

인구가 줄어든다는 것은 무서운 것입니다. 지금 우리나라는 세계에서 가장 빠르게 고령화되고, 출산율이 가장 낮은 나라가 되었습니다. 만약 우리나라가 망한다면 바로 이 문제 때문에 망하게 될 거예요. 인구가 줄어드는데 무슨 수로 경제 성장을 계속할 수 있겠습니까?

인구 문제를 해결하는 방법은 딱 두 가지가 있습니다. 첫 번째 방법은 우리나라 여성들이 아기를 더 많이 낳는 것이고, 두 번째 방법은 외국인들의 이민을 허용하는 거죠. 지금 상황이라면 이 두 가지 방법 모두를 사용해야 합니다.

그러나 이민을 받아들이는 것이 주요한 정책 수단이 되어서는 곤란합니다. 물론 이민을 원하는 사람들을 적극적으로 받아들이고 국적법을 좀 더 개방적으로 고쳐서 다문화, 다인종 사회에 적응해 나갈 필요가 있습니다. 하지만 호주처럼 이민으로 인구 문제를 완벽하게 해결할 수는 없습니다. 우리의 발전 모델이 호주일 필요도 없고요. 인구 문제를 해결하는 본질적인 방법은 가임 여성들이 아기를 낳는 것입니다. 우리 국민들이 아기를 더 많이 낳은 뒤에 이민자들을 적극적으로 받아들여서 인구 증가율을 적정 수준까지 회복시키는 것이 가장 좋습니다.

그렇게 하기 위해서는 1차적으로 여성들이 아기를 낳을 생각을 할 수 있는 사회 환경을 만들어 주어야 합니다. 아기 낳는 문제를 애국심에 호소할 수는 없지 않겠어요? 과거에 우리 할아버지, 할머니 세대는 7~8명씩 아기를 낳았어요. 그 이상 낳은 분들도 계셨고요. 그런데 요즘은 3명만 낳아도 많이 낳았다고 생각하죠. 이러한 상황에서 "우리나라가 인구가 줄어드는 중대한 상황에 놓였으니 국가를 위해서 아기를 낳아 주십시오."라고 호소한들 '그래, 내가 이 나라를 위해 기꺼이 아기를 낳아야겠다!'라는 결심을 하게 만들 수 있겠습니까?

본래 인간은 자손 번식, DNA 복제에 대한 욕구가 강합니다. 그럼에도 불구하고 우리는 여러 가지 이유 때문에 본능을 자제하고 포기하며 살고 있죠. 그러니 그런 본능이 자연스럽게 잘 표출될 수 있는 사회적·경제적 환경을 만들어 주는 것이 인구 정책의 핵심이라고 할 수 있습니다.

간단하게 말해서 청춘 남녀가 아기를 낳으면 더 행복하게 살 수 있을 것이라고 생각하게 만들어 주어야 합니다. "아기 없이 우리 둘이서 행복하게 살자."가 아니라 "아기를 낳고 키우면서 사는 것이

 훨씬 더 행복할 것 같아.", "아기를 키우는 데 아무런 어려움이 없을 것 같아."라는 확신이 들게 만들어 주어야 한다는 것입니다.

 결국 보육 문제, 교육 문제, 노후 대책 문제에 대해서 사회적·국가적으로 최소한의 해결책을 제시하여 가임 여성들, 젊은 부부들이 아기를 낳았을 때 그 아기도 행복하게 살 수 있고, 그 아기들과 더불어 살면 우리의 삶도 훨씬 더 행복하고 윤택해질 것 같다고 생각하게 만들 필요가 있습니다. 그렇게 만들어 줘도 '나는 나 혼자 사는 게 행복해.'라고 생각하는 사람은 강제할 도리가 없겠죠. 그것은 개인적 특성이니까요.

인구 문제는 사회 환경을 만드는 것이 중요합니다. 대부분의 부부는 둘 중 한 사람, 대체로 여성이 직장을 그만두든지, 아기를 낳지 말든지 선택할 것을 강요당합니다. 열심히 일해도 먹고살기 어려운 사회에서 이런 식의 양자택일을 강요한다는 것은 육아를 포기하라고 강요하는 것과 다름없습니다. 그래서 '차라리 아기를 포기하겠다. 지금은 내가 행복하게 사는 것이 더 중요하다.'라고 생각하는 사람이 점점 늘어나고 있는 것입니다. 국가가 육아와 직장을 조화시킬 수 있는 솔루션을 제시해 주지 않으면 저출산 문제를 원천적으로 해결하는 것은 불가능합니다.

저출산 문제는 여야 정치권도 심각하게 받아들이고 있습니다. 2012년 총선에서 제시된 여야 공약을 살펴보면 무상 보육이냐, 국가 책임 보육이냐라는 차이가 있기는 하지만 5세 이하 어린이의 보육 문제는 국가가 책임져야 한다는 인식을 가지고 있다는 것을 확인할 수 있습니다.

이렇듯 저출산 문제야말로 우리 사회 전체가 가지고 있는 가장 심각한 문제 중의 하나입니다. 국가 차원에서 이에 대한 솔루션을 강구하여 장기적이고 근본적인 대책을 제시하고 국민들의 동의를 받아야 합니다. 일방적으로 설득하거나 애국심을 거론하여 문제를 해결하겠다는 것은 잘못된 생각입니다.

QUESTION 24

대체 누구를 위한
100세 시대란 말입니까~

저희 아버지는 6개월 전에 명예퇴직을 하셨습니다. 퇴직을 한 뒤 아버지는 이런 생각을 하셨다고 합니다. '앞으로 어떻게 해야 하지?' 그 말을 듣는 순간 울컥 했습니다. 제가 능력이 뛰어났더라면 아버지가 그런 생각을 하지 않았을 텐데……. 세상은 '100세 시대에 맞춘 노후 준비'를 외치고 있지만 사실 현실은 막막합니다. 청년 취업도 문제지만 무방비 상태로 세상에 떠밀린 재취업자들에 대한 현실적인 구제 방안은 없는 걸까요?

A

노후 준비, 개인의 노력을 넘어
국가 차원의 대책이 시급하다.

요즘은 인생 이모작이 아니라 삼모작이라고 말합니다. 우리가 100세까지 살 수 있는 날이 머지않았기 때문이죠. 100세까지의 인생을 설계하려면 인생 이모작으로는 힘들 수밖에 없겠죠. 인생 삼모작을 제대로 하기 위해서는 개인의 노력을 넘어 국가 차원의 중·장기적인 노령화 사회 대비 종합 대책이 필요합니다.

오래 사는 것이 중요한 게 아니라 건강하게 사는 것이 더 중요합니다. 그래야만 활력 있는 노후 생활을 할 수 있고, 사회적 비용도 줄어들겠죠. 대부분의 사람이 100세까지 사는데 70~80세부터 각종 질병에 시달린다면 어떻게 될까요? 아프니까 당연히 치료를 해야겠죠. 돈이 없다고 아픈 사람을 방치한다면 그것은 고려장과 다를 것이 없지 않겠어요? 결국 사회적 비용이 기하급수적으로 올라가게 될 것입니다.

노령화 사회에 대한 대비책의 핵심은 건강하고 의미 있는 노후 생활입니다. 활동이 가능한 연령까지 경제활동을 할 수 있도록 길을 터 주는 것이 핵심입니다. 경제활동이 어려운 경우에도 사회활동은 할 수 있도록 해 줘야 합니다. 사회적·경제적 존재로서 활동하게 될 때 노인들은 스스로를 관리의 대상이 아닌, 자신들이 평생 쌓아 온 생활의 지혜를 사회를 위해 활용할 수 있는 사람이라고 느끼고 삶의 의미를 찾을 수 있을 것입니다. 따라서 노인들이 변화하는 사회에 빠른 속도로 적응하고 재취업하여 활동할 수 있도록 하는 지속적인 교육이 필요합니다.

노인들에게 요즘 어려운 문제가 뭐냐고 물어 보면 돈 이야기를 가장 많이 합니다. 우리나라의 노인 빈곤율은 45%입니다. OECD 평균인 13%보다 훨씬 높은 수준이죠. 그런데 노인에게 지원되는 기초 노령연금은 9만 원입니다. 노인들의 경제적 어려움이 크다는 것을 잘 알 수 있겠죠?

시간이 흐를수록 독거노인이 많아지고 있습니다. 기본적인 생활조차 힘겨운 노인이 많아지고 있다니 참으로 씁쓸한 일이 아닐 수 없습니다. 자식들에게 용돈을 받아서 생활을 하는 노인들 역시 고충이 많습니다. 용돈을 받을 때마다 자식들의 눈치를 봐야 하고, 용돈이 떨어졌다고 더 달라고 말하기도 힘드니 얼마나 불편하겠어요?

따라서 국가가 노인들이 최소한의 생활을 유지할 수 있는 수준으로 노령연금을 높이거나 젊은 사람들처럼 제대로 된 일자리는 아니더라도 생활이 가능한 정도의 돈이라도 벌 수 있는 일자리를 많이 만들 필요가 있습니다.

어머니들이 아이들 등하굣길에서 교통 안내를 하는 것을 본 적이 있을 겁니다. 그런 일을 노인들에게 맡겨 약간의 수고비를 준다든지, 각 지역마다 노인 방범 활동을 강화하면서 약간의 활동비를 지급하는 방식으로 운영하면 사회 전체적으로 안전의 질도 높이고 눈에 보이지 않는 사회적 서비스를 계속해서 확대해 나갈 수 있을 거라 생각합니다.

경륜도 있고 경험도 많은 노인들이 육체적으로 감당할 수 있는 일자리를 국가가 계속해서 제공해 주고, 자생력을 가질 수 있도록 지속적으로 재교육을 하면 노인들이 연령대에 맞는 일자리를 스스로 찾아가는 분위기가 만들어질 겁니다.

여당과 야당 모두 고령화 문제를 중요하게 생각하고 있습니다. 2012년 총선에서도 여야는 비슷한 공약, 즉 정년을 60세로 연장하고 노인들에게 적합한 일자리를 확대하겠다는 공약을 내놓았습니다. 고령화 대책은 국가 차원에서 종합적으로 계획을 잘 세워서 집행해야 합니다.

3 사회

QUESTION 25

대한민국은 성범죄로 펄펄 끓고 있는 도가니?

초등학생 딸을 둔 엄마입니다. 며칠 전 모임에 가서 기가 막힌 이야기를 들었습니다. 초등학교 4학년 여자아이가 같은 학교 남학생에 의해 임신을 했다는 것입니다. 순간 소름이 돋으면서 아이를 계속 학교에 보내도 되는지 걱정되었습니다. 외부인 출입을 금지하기 위해 학교마다 잠금 센서를 부착해도 학교 안에서 그러한 일이 발생하면 무용지물이고, 거리는 어디에서 터질지 모르는 성범죄 지뢰밭이고……. 아이나 어른이나 안심하고 거리를 다닐 수 있는 그런 사회는 언제 오는 겁니까?

A 성범죄를 솜방망이 처벌을 한 국가야말로 처벌받아야 한다.

최근 경기도 여주에서 아동 성폭행 사건이 발생했습니다. 41세의 남성이 집 근처 수돗가에서 물놀이를 하던 네 살짜리 여자아이에게 접근한 뒤 아이스크림을 사 주겠다고 유인해 근처 야산으로 끌고 가 성폭행을 했습니다.

경찰에 붙잡힌 남성은 "수돗가에서 물놀이를 하는 아이를 보는 순간 욕정을 느껴 범행을 저질렀다."고 진술했습니다. 그 일로 인해 아이는 생식기 등을 크게 다쳤고, 정신연령이 29개월 수준으로 퇴행했으며 남성기피증이 생겼다고 합니다. 충격을 받은 아버지는 뇌출혈로 쓰러져 수술을 받았지만 반신 마비가 되었고, 어머니는 가게 운영을 중단했다고 하네요. 파렴치한 한 사람의 행동으로 인해 한 가정이 파탄되었다는 소식을 들으니 가슴속에 뜨거운 것이 치밀어 올랐습니다.

공지영 작가의 소설《도가니》가 영화화되면서 더욱 널리 알려진 것처럼 장애를 가진 어린이를 대상으로 한 반인륜적인 패륜 범죄도 우리 사회 곳곳에서 일어나고 있습니다.

국가의 일차적인 존재 이유는 국민의 생명과 안전을 보호하는 것입니다. 국민 스스로 자신의 생명과 안전을 위협하는 모든 요소를 차단하거나 예방할 수 없기 때문에 국가가 적극적으로 나서서 이를 해결해 주어야 합니다. 국가의 공권력은 국민의 안전을 위협하는 것에 대해 강력하게 행사되어야 합니다.

대통령과 정부는 국민들의 안전을 보호할 책임이 있습니다. 특히 여성, 어린이, 장애우 등 약한 사람을 대상으로 행해지는 범죄는 더욱 엄하게 처벌해야 합니다. 유엔은 1993년에 '여성에 대한 폭력 철폐 선언'을 채택하고, '사적·공적 영역에서 일어나는 여성에 대한 신체적·성적·심리적 해악을 비롯하여 여성에게 고통을 주거나 위협하는 강제와 자유의 일반적 박탈 등 성별에 기반을 둔 모든 행위'를 폭력으로 간주하고 이를 철폐하기 위한 노력을 전개해 오고 있습니다.

정부 통계에 의하면 우리나라에서 최근 4년간 총 74,186건의 성

폭력 범죄가 발생했다고 합니다. 하루에 평균 50건 이상의 성폭력 범죄가 일어나고 있다니 상황이 얼마나 심각한지 알겠죠?

　일부 이슬람 국가나 중국은 성폭력 범죄자에게 사형을 선고합니다. 미국이나 유럽과 같은 선진국에서도 성범죄에 대해서는 일반 범죄보다 훨씬 무거운 형벌을 가하고 있습니다. 그러나 우리나라는 어떤가요?

　2008년에 발생한 '나영이 사건'을 기억하시죠. 가해자는 사건 당시 만취 상태였던 것이 참작되어 심신미약 판정을 받고 12년형에 처해졌습니다. 그 소식을 들은 국민들은 솜방망이 처벌이라며 성폭력 범죄자에 대한 강력한 법 집행을 요구했죠. 이에 정부는 서둘러 '아동, 여성 보호 종합 대책'을 마련했고, 정치권은 아동 성범죄에 대해 최고 무기징역에 처할 수 있도록 형법 개정을 추진했습니다. 또한 성폭력 범죄자에 대한 취업 제한과 신상 정보 공개가 강화되었고, 재발 방지를 위해 전자발찌 부착 및 화학적 거세 제도 등을 도입했습니다.

범죄 심리학자들은 이러한 범죄는 범죄자들이 성적 욕구를 제어하지 못해서 범해지는 것이 아니라고 합니다. 성폭력 범죄의 99%는 범죄자의 정신적 애정결핍, 정신병리학적 행태에서 일어나는 것이라고 해요. 성적 욕구를 제어하지 못해서 일어난 범죄는 전체 성폭력 범죄의 0.3%에 지나지 않는다는 것입니다.

그렇기 때문에 '성매매특별법' 제정이 성범죄율을 높이고 있다든지, 여성의 노출이 성범죄와 관련 있다든지 하는 주장은 전혀 근거 없는 주장이라고 할 수 있습니다.

성폭력 범죄 예방을 위해 국가가 치안력을 높이고 범죄자를 발본색원하는 것도 중요하고 필요하지만 더욱 중요한 것은 국가와 지역 사회가 성폭력 범죄를 사전에 예방하는 안전망을 구축하는 것입니다. 경찰과 민간단체 등이 유기적으로 연계된 촘촘한 네트워크를 구축하여 학교 주변을 비롯한 범죄 예상 지역과 다발 지역에 대한 특별 관리를 강화해야 합니다.

또한 성폭력 피해자에 대한 보호와 지원 시스템도 강화해야 합니다. 피해 여성이 겪은 신체적·정신적 고통에 더해 또 다른 고통을 받지 않도록 보호와 치료, 지원에 이르기까지 신중하면서도 체계적인 대응이 이루어져야 합니다.

여성은 우리 공동체를 유지하고 존속시키는 가장 든든한 토대입니다. 국가가 우리 사회를 떠받치고 있는 여성을 지키지 못한다면 국가는 자격을 상실하게 되는 것입니다.

QUESTION 26

하늘의 별 따기보다 어려운 서울에서 집 사기!

평범한 가정을 꾸리고 행복하게 사는 것이 꿈인 결혼 적령기 남자입니다. 5년 동안 직장생활을 했는데 내 집 마련을 위한 돈은 모아도 모아도 부족하네요. 노후 준비를 하는 부모님에게 손을 벌릴 수도 없고 아주 죽을 맛입니다. 여자 친구는 자꾸 결혼 이야기를 꺼내고……. 이러다가 여자 친구도, 집도 모두 얻지 못할 것 같아요. 정말 이 많은 아파트, 주택, 건물에 내가 가정을 꾸리며 살 공간은 없는 건가요?

A 주택은 사고파는 상품이 아니다.

주택 문제를 근본적으로 해결하기 위해서는 발상의 전환이 필요합니다. 토지와 주택을 모두 시장에 맡겨서는 부족한 토지와 주택 문제를 해결할 수 없죠.

한 조사에 따르면 토지 소유자의 5%가 전 사유지의 65%를 소유하고 있다고 합니다. 그것도 개인이 아니라 재벌이나 대기업 사장 등 돈 많은 사람이 소유하고 있다면 토지는 이미 자연이 준 공공재가 아닌 것이겠죠.

대한민국의 국민이라면 대한민국 영토에서 편안하게 거주할 권리가 있습니다. 쾌적한 환경에서 아기를 낳아 기를 권리가 있단 말입니다. 국가는 이를 보장해 주어야 합니다. 따라서 국가는 독점적 토지 소유 구조를 바꾸기 위해 노력해야 합니다. 주택 문제는 인간의 생존권, 생활권과 직접적인 관련이 있기 때문에 사회 안전망이나 사회 보장과 같은 복지 차원에서 접근하는 것이 필요합니다. 관점을 달리하면 대안도 달라지고, 새로운 해법도 나옵니다.

부모에게 물려받은 것이 많은 사람은 그렇지 않겠지만 대부분의 사람은 주택 가격이 오른다고 하면 일단 절망합니다. 결혼을 하자마자 아기를 낳아 기를 수 있는 삶의 터전을 마련한다는 것은 '하늘의 별 따기'입니다. 전세, 월세 값은 또 어떻습니까? 우선 목돈을 마련하기가 쉽지 않죠.

월급은 쥐꼬리만한데 주거에 지출되는 비용은 날로 늘어가니 얼마나 속이 터지는 일입니까? 이렇게 되면 결국 가처분 소득이 줄어들게 됩니다. 가처분 소득이 줄어들면 저축도 줄고 그에 따라 주택 마련에 드는 시간은 갈수록 늘어나게 되죠.

부동산 투기는 어제오늘 일이 아닙니다. 여윳돈으로 혹은 여기저기에서 빌린 돈으로 부동산 투기를 하는 사람이 참 많죠. 어떤 사람은 노후 자금을 투기에 모두 쏟아부었고, 어떤 사람은 퇴직금을 모두 쏟아부었어요. 은행들도 덩달아 주택을 담보로 한 대출을 쏟아냈죠. 그 대출을 상품으로 한 파생 상품이 만들어지고 그 파생 상품으로 또 다른 파생 상품이 만들어져 부동산 가격을 몇 배나 상회하는 실체 없는 '유령 자산'까지 생겨났습니다.

그로 인해 주택 가격이 상승하고 투기의 악순환이 반복되었습니다. 경기 침체로 부동산 경기가 나빠지자 대출에 의존해 부동산 시장에 뛰어든 사람들은 대출금 이자도 상환하지 못하고 빚더미에 앉게 되었습니다. 이는 은행의 부실로 이어지고 결국 금융 파국을 초래했죠. 이렇게 발생한 것이 바로 2008년 글로벌 금융위기입니다. 주택이 투기 상품화된다는 것이 얼마나 위험한 것인지를 단적으로 보여 준 사례였죠.

정부는 주택을 돈 벌기 위한 상품이 아니라 사람답게 살기 위해 반드시 필요한 생활필수품이라는 차원에서 주택 정책을 수립해야 합니다. 정부는 부동산 가격 안정화를 최우선 목표로 삼고 투자를 하더라도 은행 이자 이상의 이득은 결코 남길 수 없다는 것을 국민들에게 알려 주어야 합니다. 부동산을 시장에만 맡기면 결국 '실패'가 뒤따릅니다. 국민의 주거권과 주거복지를 보장하기 위해서는 시장에 대한 국가의 과감한 개입이 필수입니다. 국가가 나서서 공공임대주택을 대폭 확대하고 저소득층을 위해 장기임대 아파트를 늘려야 합니다.

일반 근로자의 소득으로 주거 문제를 해결하지 못하는 나라는 뭔가 잘못 돼도 크게 잘못된 것입니다. 대한민국 국민이라면 누구나 큰 어려움 없이 거주할 공간을 마련할 수 있도록 국가가 도와주고, 주택에 지출할 비용을 삶의 질을 높이거나 여가를 즐기는 데 사용할 수 있도록 해 주는 것이 정부와 대통령이 해야 할 일입니다.

QUESTION 27

산 입에
거미줄 치게 생겼습니다

동네에서 작은 슈퍼마켓을 운영하고 있는 자영업자입니다. 처음 장사를 시작했을 때는 벌이가 꽤 괜찮았는데, 주변에 대형마트가 들어서면서 가게 수입이 확 줄어들었습니다. 가게 운영비, 아이들 학비, 생활비 등으로 저축은 꿈도 못 꿉니다. 당장 사는 것에 급급하니 노후 준비는 전혀 할 수 없고요. 대형마트 유치 반대 시위에 나가 보기도 했지만 고래와 새우 싸움이더군요. 힘든 사람은 갈수록 더욱 힘들어지고, 배부른 사람은 나날이 살이 찌는 이놈의 세상! 바꿀 방법이 없을까요?

A
모두가 잘살고 싶다면
S라인보다 항아리형을 선호해야 한다.

우리나라를 떠받치고 있는 중산층의 양극화는 일시적인 것이 아닙니다. 시장경제라고 하는 경쟁 구조에서 부익부 빈익빈은 경향적으로 나타날 수밖에 없는 현상이죠.

경쟁을 하면 탈락자가 생기게 마련입니다. 10명이 경쟁하면 2~3명은 이겨서 승자가 되어 부자가 되지만 실패한 7~8명은 경쟁하기 이전보다 더욱 악화된 환경에서 살아갈 수도 있습니다. 자본주의사회에서 양극화가 나타나는 것은 필연적인 것입니다. 자본주의사회에 살고 있는 사람들은 누구나 그 위험에 대해 잘 알고 있죠. 그럴 줄 몰랐다는 말은 자기변명에 불과합니다.

최근 세계화와 세계적 경제 위기의 내습으로 고용 불안정성이 높아지고, 저임금직과 비정규직이 늘어나고 있습니다. 또한 근로 빈곤 계층이 늘어나면서 중산층이 급격하게 하향 분해되고 있죠. 우리나라는 1997년 IMF 위기와 2008년 글로벌 경제 위기를 겪으면서 중산층 해체가 매우 빠른 속도로 진행되고 있어요.

상황이 이러한데 우리나라는 서구 선진국들과 달리 사회·경제적 위험에 대비한 안전망 구축이 미비하고, 있다고 하더라도 빠르게 복원시킬 수 있는 복지 전달 체계가 비효율적이라는 문제를 안고 있습니다. 이런 상태에서는 새로운 위험 요인이 등장하면 그 충격을 완충하거나 복원력을 높이는 데 한계가 있습니다. 우리나라 경제구조의 변화 역시 중산층을 해체시키는 원인으로 작용하고 있고요.

대기업 편중의 성장으로 인해 중소기업의 성장 여건은 취약하고 서비스업과 자영업에 종사하는 사람들은 과당 경쟁으로 소득이 감소하고 있습니다. 거기에 더해 학벌 위주의 사회 구조 때문에 사교육비와 주택 비용을 과도하게 지출함으로써 가처분 소득이 줄어들고, 저축은 어렵고, 빚은 늘어가는 악순환이 반복되고 있죠.

양극화가 계속되면 그 사회는 결국 1%의 부자와 99%의 가난한 사람들로 나누어지게 됩니다. 이 상태에서는 사회적 갈등과 정치적 갈등이 걷잡을 수 없게 됩니다. 이런 사정을 누구나 알기 때문에 모든 국가가 양극화를 적극적으로 해소하고 완화하기 위한 정책을 만드는 것입니다.

양극화를 해소하기 위해서는 동반성장 정책과 복지 정책을 새롭게 고민해야 합니다. 우리 정부는 그동안 소홀했던 동반성장 정책을 해 보겠다고 하고 있지만 제대로 하고 있지는 못합니다. 복지 정책도 이미 못 살게 된 사람들, 국가가 구조하지 않으면 생계가 어려운 사람들에 대한 사회 안전망을 정비하고 있는 단계라고 할 수 있죠.

김대중 정부 때 사회 안전망을 구축했는데 지금은 그것을 약간 넘어서는 정도의 복지를 하고 있을 뿐입니다. 다시 말해 시장경제 체제에서 필연적으로 나타날 수밖에 없는 사회적 양극화를 근원적으로 극복하고 그 흐름을 되돌릴 정도의 강력한 복지 정책은 실시하고 있지 못하는 상태라고 할 수 있죠.

우리나라 사회 계층 구조는 점점 밑변은 넓어지고 위의 정점은 좁아지는 기형적으로 가파른 피라미드형으로 가고 있습니다. 이는 사회적 갈등이 계속 심화되고 있다는 것을 의미하죠. 최근 한 경제연구소가 조사한 결과에 따르면 국민의 50.1%가 자신을 저소득층으로 인식하고 있다고 해요. 최근 몇 년 사이에 자신의 소득 계층이 하락했다고 생각하는 사람은 5명 중 1명 꼴이나 되고요. 이는 양극화가 심화되고 있다는 것을 보여 주는 예라고 할 수 있습니다. 소득은 감소하는데 생활비, 교육비, 주택비 등은 증가하고 그에 따른 부채가 늘어나니 그렇게 생각하지 않을 수 없겠죠.

청년 실업은 개선의 여지가 없어 보이고, 은퇴한 베이붐 세대 역시 안정된 일자리를 찾을 수 없어 비정규직이나 창업으로 내몰리고 있습니다. 그런데 창업 성공율은 지극히 낮아 성공하지 못한 사람들

이 계층 하락 혹은 빈곤층으로 전락하고 있죠. 거기에 대기업들이 빵집, 피자집, 치킨집, 떡볶이집까지 진출하고 동네마다 대형마트가 들어서면서 먹고살 만하던 자영업자들 역시 빈곤층으로 떨어지고 있습니다.

양극화가 심화될수록 사회적 갈등과 반목은 확대됩니다. 사회를 건강하게 유지시킬 수 없는 것이죠. 세대마다 직면해 있는 현안이 조금씩 다르지만 어느 세대에 속하든 이같은 양극화의 어려움으로부터 자유롭지 못합니다. 국가는 2만 달러 시대 개막이니 3만 달러 시대로의 도약이니 떠들어대지만 국민은 너 나 할 것 없이 가중되어 가는 생활고에 힘들어하고 있습니다.

국가는 더욱 적극적으로 계층 구조를 개선하기 위해 노력해야 합니다. 가파른 피라미드형의 계층 구조를 다이아몬드형, 항아리형으로 바꾸기 위해 나서야 한다는 말이에요.

국민의 98%가 계층 상승이 어렵다는 비관적인 생각을 가지고 있습니다. 사회적 이동(social mobilization)의 가능성이 닫혀 있는 사회라고 할 수 있죠. 이런 상태라면 중산층을 넓힐 수 없습니다. 특단의 노력이 필요한 시점이죠. 양극화를 완화하고 중산층을 복원시킬 수 있는 대안이 마련되어야 합니다.

그 첫 번째 대안은 과감한 복지 정책을 추진하는 것입니다. 사회 안전망을 구축하여 중산층이 복원되는 시점까지 국가가 복원의 기반을 만들어 주어야 하죠. 두 번째 대안은 좋은 일자리를 만들어 국민들이 안정된 소득으로 생활할 수 있도록 해야 하는 것이고, 세 번째 대안은 빈곤이 대물림되지 않도록 교육제도와 교육지원제도를 대대적으로 개편해야 하는 것입니다. 빈곤층 자녀도 좋은 교육을 받아 계층 상승을 이룰 수 있는 기회의 문을 열어 줘야 합니다.

중요한 것은 대통령과 정부 그리고 정치권의 의지입니다. 대통령이 '비즈니스 프렌들리(business friendly)'를 외치는 한 서민들의 생활 안정과 중산층 복원은 요원할 수밖에 없습니다.

사회 계층 구조를 다이아몬드형이나 항아리형으로 만드는 데는 시간이 걸립니다. 한두 개의 정책으로 단시간에 할 수 있는 일이 아니죠. 중산층의 나라가 되기 위해서는 국가 경영의 방향, 국가 정책 운영의 기준, 사회 계층 구조를 피라미드형에서 항아리형으로 바꾸는 것으로 가장 핵심적인 정책 기조를 분명하게 설정하고 달려들어야 합니다. 각오를 하고 달려들어도 어려운 마당에 '그냥 시장에 맡기면 어떻게 되겠지.' 하는 식으로 접근하면 절대 이루어 낼 수 없는 문제입니다.

QUESTION **28**

환경 종말의 열쇠,
내 손 안에 있소이다!

평소 환경에는 전혀 관심이 없던 일반인입니다. 하루는 동네 어르신께서, 개발한답시고 하천 주변에 높은 건물들을 세워서 도심으로 들어오는 바람을 막은 것이 문제라며 혀를 끌끌 차시더라고요. TV에서 환경의 심각성을 외쳐도 피부로 느끼지 못했는데, 직접 경험하니 정신이 번쩍 들더라고요. 세상은 갈수록 첨단화니 개발이니 해서 무언가를 자꾸만 뜯고 고치는데, 환경이 어떻게 될지 두렵네요. 온난화로 인한 질병도 생기던데, 좋은 대응 방법이 없을까요?

A

솔선수범이 나라를 살리고
지구를 살린다.

환경 문제에 접근하는 가장 좋은 방법은 지금의 생태 환경을 미래 세대들에게 잠깐 빌려서 사용하고 있다고 생각하고, 그에 맞게 행동하는 것입니다. 옆집에서 그릇을 하나 빌려도 돌려줄 때 깨끗하게 잘 씻어서 돌려주잖아요.

자연 생태 환경은 한 번 쓰면 없어지고 다시는 재생되지 않습니다. 환경, 생태, 지구는 전 우주에서 하나밖에 없는, 잘못 쓰면 언제든지 사라질 수 있는 존재예요. 우리는 이런 소중한 지구와 생태와 환경을 미래 세대들에게 잠깐 빌려서 사용하고 있는 것이니 소중하게 사용하고, 깨끗하게 돌려줘야 합니다. 그런 관점을 가지고 이 문제에 접근해야 합니다.

녹색성장이니 뭐니 여러 정책이 있는데 그런 정책이 부족하다고 해서 환경이 나빠지는 것은 아닙니다. 정책보다 중요한 것은 바로 의지와 행동이죠. 미국이 교토의정서에 서명하지 않고 몇 년을 버티는 바람에 지구온난화를 방지하기 위한 CO_2 저감 정책이 글로벌 차원에서 실천되지 못하고 허송세월한 것이 10년이 넘습니다. 이 문제는 본질적으로 의지의 문제예요. 조지 워커 부시가 미국 대통령 자리에 앉아 있는 동안 지구 환경은 엄청나게 악화되었을 것입니다. 그런 대통령을 뽑은 것은 결국 미국 국민들의 의지였죠. 이처럼 환경 문제는 의지의 문제이고 행동의 문제입니다. 의지와 행동을 올바르게 하기 위해서는 환경 문제를 어떤 관점에서 바라보느냐가 가장 중요합니다.

1970년대에 로마클럽이라는 지식인 클럽이 이런 내용의 보고서를 발표한 적이 있어요.

'인구는 점점 늘어가고, 자원은 고갈되어서 이 지구는 언젠가 망한다.'

매우 간단한 논리죠? 인구는 늘어나는데 자원은 한정되어 있으니 지구는 망할 수밖에 없죠. 언젠가 석탄이든 석유든 다 떨어질 텐데 어찌하겠습니까? 그런데 실제로는 어땠나요? 인구는 늘어났지만 통제 가능한 수준으로 조절되고 있고, 자원은 분명히 점점 줄어들고 있지만 새로운 자원이 개발되고 있죠. 우리는 40년 전에 로마클럽이 경고한 위기를 나름대로 슬기롭게 극복해 왔습니다.

그런데 만약 로마클럽의 보고서를 보고 많은 사람이 '결국 지구는 망하는데, 뭘 그렇게 머리 아프게 고민을 해? 5년 후에 망하나 10년 후에 망하나 뭐가 달라. 그냥 대충 살면 되지.'라는 생각을 가지고 환경 문제에 접근했다면 어땠을까요? 현재 우리는 훨씬 더 열악한 지구에서 살고 있을 것입니다.

국제사회가 환경 문제의 심각성을 인식하고 행동에 나서기 시작한 것은 1992년부터입니다. 브라질 리우데자네이루에서 열린 국제회의에서 세계기후변화협약(UNFCCC)이 채택된 거죠. 154개국 정부가 이 협약에 서명했고, 현재는 190여 개국이 가맹되어 있어요. 리우 회의에서 논의된 것은 지구의 생태계를 교란시키는 요인을 사전에 차단하자는 것입니다. 갑자기 온실가스를 줄일 수는 없으니 일정한 기간을 두고 점차 줄여 나가자는 거죠. 이를 실현하기 위해 환경 보호를 위한 대응 조치를 즉각 시작하고, 기후 변화에 따른 책임은 모든 국가가 지지만 그 비용의 부담은 온실가스를 많이 배출한 국가가 더 많이 지불하자는 것입니다.

이러한 원칙에서 시작된 국제사회의 공동 노력은 우여곡절을 거친 끝에 1997년 교토의정서까지 이어졌습니다. 앞에서 지적한 대로 미국이 교토의정서에 서명하지 않으면서 실효성에 의문이 제기된 적도 있지만, 2005년 러시아가 비준함으로써 공식적으로 가동하게 된 거죠. 교토의정서에서는 의무 감축국 38개국이 1990년과 비교하여 2012년까지 온실가스 총 배출량을 평균 5.2% 감축해야 한다는 것을 명시했습니다. 교토의정서는 이산화탄소 감축을 위해 배출권 거래제라든지 청정개발체제 도입 등을 의무화하고 있어요. 이 중에서 배출권거래제는 유럽을 중심으로 하여 활발히 이루어지고 있죠.

한국의 에너지 사용량은 세계 11위, 온실가스 발생량은 세계 9위입니다. 한반도의 평균 기온은 지난 100년 동안 1.7°C 상승했다고 해요. 한국도 기후 변화 문제에 어떤 형식으로든 책임져야 합니다. 이명박 정부가 녹색성장위원회를 설립하여 추진하고 있는 녹색성장 5개년 계획이란 발전 전략은 이러한 국제 규범 속에서 지속 가능한 성장을 어떻게 이룰 것인가라는 고민 속에서 나온 것이에요. 다만 아쉬운 점은 '녹색'에 방점을 두기보다는 '성장'에 초점을 두고 권위주의 시대에 경제 발전을 추진하듯 한다는 것입니다. 인류가 공존과 공영을 위해 고민했던 애초의 문제의식이 약화되었다는 의미이죠.

누가 대통령이 되든 이 문제를 피해 갈 수는 없습니다. 새누리당은 2020년까지 온실가스 배출량을 배출전망치(BAU) 대비 30% 절감하고, 2015년부터 온실가스 배출권거래제를 도입하겠다고 밝힌 바 있습니다. 민주통합당 역시 비슷한 공약을 제시하고 있고요.

우리나라는 중소기업, 농어촌 등 이 문제에 적극적으로 대응할 수 없는 환경 취약 계층이 존재합니다. 이들에 대한 국가의 지원이 절대적으로 필요합니다. 미래 세대를 위한 정책도 중요하지만 현 세대의 부담을 국가가 어떻게 줄여 줄 것인가도 매우 중요한 정책 과제입니다.

지구온난화의 위험성을 경고하는 〈북극의 눈물〉 같은 다큐멘터리나 보고서들을 보며 문제의식을 심화시키는 것은 좋지만 절망감에 빠져서는 안 됩니다. 어쩔 수 없다는 절망감에 빠져 자포자기해 버리면 안 됩니다. 지금까지 그렇게 생각해 왔다면 우리 지구는 이미 수십 번 망하고도 남았을 것입니다.

 우리는 위기를 극복하고 끊임없이 도전해 지금 이렇게 잘살고 있습니다. 문제를 해결하겠다는 용기와 의지 그리고 행동만이 문제를 해결하는 길입니다.

3 사회

QUESTION 29

이제 그만
같은 한국 사람으로 봐 주시어요

농사일로 늦게까지 장가를 가지 않았던 제 삼촌이 몇 년 전에 국제결혼을 했습니다. 그래서 제겐 베트남 숙모와 혼혈 사촌이 있죠. 하루는 삼촌이 조카가 학교에서 따돌림을 당하는 것 같다며 걱정을 하더라고요. 말로만 들었던 일이 내 조카에게! 저 역시 과거에는 피부색이 다른 사람들을 무시한 경험이 있어요. 순간 너무 부끄러웠어요. 그들도 그들 가족에게는 귀한 아들이고 딸일 텐데……. '세계화', '다문화'라고 목소리만 높일 것이 아니라 근본적인 방안이 필요하지 않을까요?

**A 입장을 바꾸어 생각하면
답이 보인다.**

우리 민족은 5,000년 단일민족으로 민족적 자부심이 아주 강합니다. 900여 회가 넘는 외국의 침략에도 살아남은 우리나라가 독립을 유지하기 위해서는 자긍심을 고취하고 자부심을 키우는 것이 굉장히 중요했죠. 그러다 보니 우리의 마음속에는 알게 모르게 민족적 우월주의가 배어 있습니다. 굉장히 배타적이라고 할 수 있죠.

이런 부정적 측면이 지금의 다문화 상황에 그대로 투사되고 있습니다. 많은 사람이 우리나라로 이민을 와서 살고 있는 동남아시아인들을 우리보다 한 급 낮은 사람으로 보는 경향이 있습니다. 우리나라에서 중요한 역할을 하고 있는 그들을 그런 시각으로 바라보면 문제가 발생할 가능성이 큽니다.

통계청 발표에 따르면 2010년에 우리나라에서 국제결혼을 한 사례가 35,098건이라고 합니다. 이는 우리나라의 전체 결혼 건수의 10.8%에 해당해요. 10명 중 1명 이상이, 특히 농촌 총각 10명 중 4명이 외국인 여성과 결혼을 했다고 생각하면 됩니다. 또한 다문화가정의 출생아 비율이 전체 출생아의 4.3%를 차지하고 있고, 그 비율은 매년 증가하고 있습니다. 몇 년 후면 농촌 지역에서 태어나는 신생아의 절반이 다문화가정에서 태어날 것으로 예상됩니다.

만약 우리가 "그들은 우리보다 뒤떨어진 민족이다. 하류 국민이다." 하고 천대하면 어떻게 될까요? 우리 사회의 공동체는 완전히 해체되어 버릴 겁니다. 갈가리 찢어지는 거죠. 이런 **잘못된 인식은 사회적 갈등을 양산할 뿐이에요.**

그들은 우리 사회가 필요로 해서 우리나라에 와 있는 것입니다. 우리 사회가 필요로 하지 않고, 우리 사회가 문을 열어 주지 않았다면 그들이 우리나라에서 어떻게 살 수 있었겠어요? 그래 놓고 그들을 차별한다는 것은 말이 안 되죠. 하루빨리 잘못된 생각을 바로잡지 않으면 그들은 우리 사회가 요구한 역할을 제대로 감당해 내지 못할 것입니다. 말 그대로 이중 삼중의 고통과 비용이 따르는 거죠.

그들이 자신의 역할을 제대로 하지 못하면 경제적·사회적 부담이 발생할 것이고, 그 과정에서 생기는 불필요한 소모적 갈등으로부터 오는 사회적 비용도 우리가 감당해야 합니다.

이 문제를 해소하는 가장 좋은 방법은 스스로 편견을 없애는 것입니다. 사실 정부가 아무리 다문화 정책을 실시하고 홍보를 한다 해도 편견을 없애는 것은 쉬운 일이 아니에요. 평생 살아오면서 생긴 인식을 바꿔야 하는 건데 어떻게 쉬울 수가 있겠어요?

그렇다면 어떻게 인식을 바꿀 수 있을까요? 많이 겪어 보는 수밖에 없습니다. 그들과 함께 생활해 보지 않으면 '그들도 우리와 똑같은 사람이다.', '그들도 우리와 똑같은 감성을 가지고 있다.', '우리와 똑같이 존중되어야 할 인격이 있는 인격체이다.'라는 것을 피부로 느낄 수 없습니다. 함께하는 경험이 참으로 중요하죠. 도덕 교육이나 국민 교육, 방송을 통한 캠페인 등이 전혀 도움이 되지 않는 것은 아니지만 그런 방법만으로는 넘어설 수 없는 벽이 있습니다.

어릴 때부터 외국인들과 함께 생활하는 경험이야말로 의식 변화를 위한 가장 효과적인 방법입니다. 해외여행, 국제 캠프…… 무엇이든 좋아요. 편견이 자리 잡기 전인 어린 시절부터 외국인과 다문화를 경험할 수 있도록 국가와 지방자치단체가 좀 더 적극적으로 나서야 합니다.

여야 정치권이 다문화 사회로의 이행에 대비해 다문화가정의 취업 교육, 한국어 및 한국 문화 교육, 다문화 자녀의 교육권 보장을 위한 특별 학급과 대안학교 설치 등과 관련한 지원 정책을 내놓고 있지만 다문화가정에 대한 사회적 편견을 없애려는 국민적 노력 없이는 이 문제를 근본적으로 해결할 수 없습니다. 이 문제는 기본적으로 그들을 공동체의 일원으로 받아들이느냐 마느냐의 문제거든요. 문제의 본질이 그렇기 때문에 사회적 편견을 없애려는 국민 모두의 자각이 유일하고도 완전한 해결책인 것입니다.

특히 지자체의 역할이 굉장히 중요합니다. 지자체는 다문화가정과 직접적이고 밀접하게 연계될 수밖에 없습니다. **지자체가 다문화가정과 이주 외국인을 정책의 대상으로 인식하는 것이 아니라 생활 공동체의 일원으로, 상호 소통해야 할 주민으로 인식하는 것이 중요합니다.** 지자체를 중심으로 이루어지고 있는 다양한 교육 프로그램 역시 다름에 대한 인정으로부터 시작해 상호 존중과 이해를 넓히는 것이어야 합니다.

영화 〈완득이〉에서 완득이 엄마 역할을 맡았던 이자스민을 기억하시나요? 외국인으로서 최초로 국회의원이 된 이자스민의 활동을 주목해 볼 필요가 있습니다. 이자스민은 '국회다문화정책포럼'을 만들어 다문화와의 공생과 다문화 가족에 대한 편견 극복을 위해 적극적으로 활동하고 있습니다.

여기에 많은 국회의원이 함께함으로써 다문화가정에 대한 국민들의 인식 전환을 위한 방안을 모색하고 통합의 모범을 보여야 합니다. 다문화가정과의 공생공영을 위해 어떻게 다양한 문화가 형성되는 것이 건강하고 바람직한 것인지 근본적으로 점검해 볼 수 있는 장이 마련되어야 합니다.

3 사회

QUESTION 30

'고소영'이 여배우 '고소영'이 아니었다고?

MB정부가 들어서면서 시끄러웠던 '고소영 스캔들'이 저는 여배우의 스캔들인 줄 알았습니다. 하지만 다른 뜻이 있더라고요. 특히 '고소영'의 '소'자가 소망교회를 뜻한다는 말을 듣고 놀랐습니다. 저는 종교와 정치, 종교와 대통령은 별개로 생각했거든요. 종교가 정치에 영향을 미칠 것이라는 생각은 하지 못했어요. 올바른 종교와 정치의 관계는 어떤 걸까요? 종교의 자유가 있다고는 하지만 한 나라의 수장이 가지고 있는 종교는 어떻게 해석해야 할까요?

A
정교분리(政敎分離)는 엄격하게 지켜져야 한다.

근대 현실주의 정치학의 아버지라고 할 수 있는 마키아벨리는 정치와 종교의 분리를 주장했습니다. 종교나 도덕으로부터 분리된 정치의 독자성을 강조한 것이죠. 마키아벨리 이전에 서양의 정치사상은 정치를 도덕과 종교에 부속된 것으로 보았지만 마키아벨리는 이를 강력하게 반박했습니다. 그는 이런 문제의식에서 당시의 수도사 사보나롤라에 대한 비판을 가했죠. 사보나롤라는 메디치 가문의 추방을 주장한다거나 그리스도를 왕으로 받드는 신정정치를 주장하고 금욕적인 신앙을 강조하는 등의 선동적인 설교를 통해 메디치 가문을 비난했어요. 이에 마키아벨리는 종교에 기초한 도덕주의적 통치나 정치는 현실의 문제를 해결하는 데 아무런 도움이 되지 않고 오히려 혼란만 부추길 뿐이라고 주장한 거죠.

우리나라는 모범적인 다종교 국가예요. 많은 종교가 공존하고 있으면서도 유럽이나 중국과 같이 종교적 갈등이나 종교에 의한 전쟁을 단 한 번도 겪은 적이 없어요. 정교분리가 대체적으로 지켜지면서 국민들 역시 종교 문제와 정치 문제를 별개로 생각하고 있고, 국가 지도자가 어떤 종교를 가지고 있는지 크게 신경 쓰지 않았죠. 이명박이 대통령이 되기 전까지는요.

이명박이 대통령이 된 이후 최근 몇 년간 종교계와의 갈등과 불화가 유난히 많았습니다. 이명박 대통령은 서울시장 재임 시절에 "수도 서울을 하나님께 봉헌한다."라며 특정 종교에 편향된 발언을 했고, 인수위 시절과 정권 초기 인사 때 특정 종교 인맥을 중용했죠. 또한 교통 정보 시스템에서 사찰 위치를 누락한다거나 촛불시위 때 조계종 총무원장의 차량을 검문했고, 최근에는 불교 관련 방송을 공영 미디어랩에서 제외하는 등 특정 종교에 대한 편향 논란이 끊이지 않고 있어요. 그것이 사실이든 그렇지 않든 종교가 국정 운영에 영향을 미치고 있다는 비판을 받고 있습니다.

대통령과 정치인의 종교적 신앙과 신념은 일반 국민과 다름없이 존중되어야 합니다. 종교의 자유는 정치인이든 일반 국민이든 보편적인 자유이며 권리이죠. 종교적 편향을 우려하여 정치인의 개인적 종교 활동을 제한할 수는 없어요. 다만 국가 운영이나 의정 활동과 같은 공익 활동에 있어서는 종교적 신념과 가치가 개입되어서는 안 됩니다.

물론 개인의 종교적 신념과 정치적 활동을 완전히 분리할 수는 없습니다. 무언가를 결정할 때는 알게 모르게 자신이 가지고 있는 종교적 신념과 가치가 어느 정도 영향을 미치게 되어 있죠. 종교에 대해 객관적이고 균형 있는 정책 결정을 했다 하더라도 그 결정에 불만을 가진 사람은 정책을 결정하는 사람의 종교에 따라 결정이 이루어지지 않았는지 의심하게 되기도 쉽죠.

적지 않은 서구의 국가에서는 종교와 정치를 완전히 분리하기보다 특정 종교인들의 이익을 대표할 수 있도록 정치적으로 제도화함으로써 이 문제를 해결하고 있습니다. 중세 종교 국가의 폐해를 시정하기 위해 정치와 종교를 엄격하게 분리하되 종교 단체들이 자신의 신앙을 옹호하기 위해 정당을 만들어 의회에 진출하는 것을 허용한 것이죠. 종교 정당이 최초로 결성된 국가는 미국이에요. 19세기에 '아메리카당'이라고 하는 종교 정당이 결성되었는데, 유대교와 가톨릭교 세력의 확대를 막고 프로테스탄티즘을 보호하고 확산하기 위해 결성되었죠.

이 밖에도 19세기 독일의 '중앙당'은 비스마르크의 반가톨릭 정책에 대항하기 위해서 결성된 정당입니다. 제2차 세계대전 이후에 유럽 여러 나라에서 사회주의 정당에 대응하기 위해 여러 정당이 출현하였는데, 독일에는 '기독교민주동맹', '기독교사회동맹'이, 이탈리아에는 '기독교민주당'이 단독 또는 연합을 통해 집권한 사례도 있습니다. 가까운 일본에서도 일련정종 계열의 종교 단체인 '창가학회'가 결성한 '공명당'이 종교 정당으로 활동하고 있어요. 그 밖에도 대의제를 시행하고 있는 많은 나라에서 종교 정당들이 정치 활동을 하고 있습니다.

종교적 목적을 가지고 결성된 정당 역시 국정 운영을 담당하게 될 경우, 정책 결정자들이 신중하고 사려 깊은 결정을 해야 합니다. 같은 종교를 가진 사람이나 단체뿐 아니라 그렇지 않은 사람들이 자신의 결정을 어떻게 받아들일지 깊이 고민해야 하죠.

정치에 의한 종교 편향 문제는 국가를 통합시키기보다 분열과 갈등을 조장할 가능성이 큽니다. 종교적 신념은 비타협적인 요소가 많기 때문에 정치의 종교 편향이 가져다 주는 파급력은 어떤 이익 단체들의 갈등보다 심각해질 수밖에 없습니다.

대통령이나 국회의원, 지자체 단체장이나 의원과 같은 선출직 공직자들은 암암리에 종교계의 지지를 호소하는 경우가 많습니다. 그러나 정치인에게 종교단체와의 관계는 양날의 칼이라는 것을 명심해야 해요. 지나치게 종교단체에 의존해 선거를 치르면 언젠가는 부작용이 일어날 수 있다는 것을 알아야 합니다.

대선을 앞둔 여야의 대선주자들 역시 예외는 아닙니다. 대통령은 국민 통합의 상징이지 않습니까? 대통령이 국민 통합을 저해하는 정치 활동을 한다는 것은 대통령으로서의 자질이 부족하다는 것을 드러내는 것입니다. 이명박 대통령의 사례는 앞으로 대통령이 될 사람들에게 좋은 교훈이 될 겁니다.

PART 4

교육과
복지 문제를
말하다

4 교육과 복지

QUESTION 31

아이들 학교 보내기가 무서워요~

중학생, 고등학생 건장한 남자아이만 둘을 키우고 있어 딸 가진 부모보다 걱정이 덜한 것은 사실이지만 요즘 TV에서 조직적으로 움직이는 학교 폭력 장면을 보니 남의 일 같지 않습니다. 아들들과 대화를 해 보니 학교 폭력이 주위에서 비일비재하게 일어나고 있지만 보복이 두려워 못 본 척할 때가 많다고 하네요. 선생님들의 대응도 적극적이지 않다고 하고……. 즐거운 학교는 옛말이 된 것 같아요. 학교 폭력을 뿌리 뽑을 수 있는 방법은 없는 걸까요?

A 학교 폭력 단절, 진정한 국민운동이 필요하다.

요즘 학교 폭력에 괴로워하다가 스스로 생을 마감한 학생들의 소식이 자주 들립니다. 그런 소식을 들을 때면 한숨이 절로 나옵니다. 최근에는 멤버 사이의 불화로 인해 문제가 되었던 걸그룹 티아라를 본뜬 '티아라 놀이' 즉 '왕따 놀이'가 인터넷 검색어 1위에 오르기도 했습니다. 티아라 놀이는 왕따로 지목된 한 아이를 다른 아이들이 돌아가며 문자나 SNS로 따돌림시키는 아주 고약한 놀이라고 합니다. 참 기가 막히지 않습니까? 이렇듯 학생들 사이에서 벌어지고 있는 학교 폭력 문제는 매우 심각한 상황입니다.

학교 폭력은 대부분 친구 사이에서, 학교 안에서 벌어집니다. 학교 폭력의 1차 가해자도 학생이고, 1차 피해자도 학생이에요. 따라서 학교 폭력 문제의 1차적인 해결자는 학교의 주체, 즉 학생, 교사, 학부모입니다. 학교의 3주체인 학생, 교사, 학부모가 해결자가 되지 못하고 외부의 힘, 예컨대 경찰이 동원되거나 또 다른 방법이 동원된다면 교사는 학교 폭력을 방조한 사람, 학생은 피해자 혹은 가해자가 되는 거죠. 학부모 역시 문제를 해결할 사람이 아니라 경찰의 사건 해결을 지켜보고 발만 동동 굴러야 하는 그저 그런 사람이 되어 버리는 것입니다. 이것은 학교가 가지고 있는 고유한 공동체적인 성격이 완전히 무너지는 것과 다름없습니다.

한 통계에 의하면 서울시의 학교 폭력 가해 학생 수는 4,165명이고, 피해 학생은 3,346명이라고 합니다. 더 심각한 것은 이 숫자가 매년 증가하고 있다는 것입니다. 최근 학교 폭력이 더욱더 심각해지니 '일진경보제' 같은 것을 만들어 경찰을 동원해서라도 학교 폭력을 근절해야 한다는 말이 나오고 있습니다. 그러나 그것은 근원적인 해결책이 될 수 없습니다. 꼭 요청하지 않더라도 심각한 폭력이 발생하면 학교 밖에서든, 안에서든 경찰력은 당연히 개입해야 하죠. 일진이 조직적으로 금품을 갈취하는 정도로 심각한 수준의 협박이나 상습적 폭행은 형사사건이기 때문에 경찰이 신속하게 개입해야 합니다.

그러나 그 이전 단계, 왕따를 시키거나 빵셔틀을 시키는 정도의 문제는 교육 현장에서 교육적 방식으로 해결하는 것이 좋습니다. 담임 선생님이나 상담 교사들이 학생 한 사람 한 사람을 충분히 카운셀링하고 해당 학생들과 상황을 살펴볼 수 있는 정도의 여유만 있다면 학교 폭력의 대부분은 학교 차원에서 해소될 수 있습니다.

문제는 선생님들이 그럴 수 있는 여력이 없다는 거예요. 학교 폭력 상황이 어떠한지 알면서도 문제가 심각하지 않으면 대충 넘어가는 선생님도 있다고 하죠. 시간이 부족하기도 하고, 관여하는 순간 엄청난 가외의 부담이 생기기 때문 아니겠어요? 많은 선생님이 '나 혼자 이런다고 학교 폭력이 근원적으로 해결되는 것도 아닌데······.' 하고 생각하는 것도 문제입니다.

학교 폭력을 예방하고, 사건이 발생했을 때 즉각적으로 대처할 수 있는 훈련을 받은 카운셀링 교사들을 고용할 필요가 있습니다. 학교마다 카운셀링 교사들을 배치하기 위해서는 교육 예산이 필요합니다. 이는 국가가 책임져야 할 문제이죠. 일반 교사들도 가해 학생과 피해 학생 모두가 피해자라는 관점에서 학교 폭력에 대한 대처 방안을 숙지하고 있어야 합니다. 나아가 학생들에게 학교 폭력이 얼마나 심각한 불행을 가져다주는지 교육을 시켜야 합니다.

핀란드에서는 국가와 전 국민이 나서서 1년 이상 캠페인을 진행하여 학교 폭력을 완전히 근절시켰어요. 우리도 그런 방식으로 학교 폭력 문제를 해결해 나가야 합니다.

학교 폭력에 의해 피해를 입은 학생이 자살하는 사건이 빈번해지자 정부는 지난 2012년 2월에 '학교폭력종합대책'을 부랴부랴 발표

했습니다. 근본 대책이라고 제시한 내용은 다음과 같아요.

'학교 폭력 예방을 위한 인성 교육을 강화하겠다.'

'사회와 가정의 역할을 늘리겠다.'

'폭력성이 높은 인터넷 게임을 규제하겠다.'

하지만 이러한 대책으로 학교 폭력을 해결할 수는 없습니다. 학교 폭력을 해결하기 위해서는 국가, 학교, 사회와 학생이 모두 결단하고 나서는 진정한 국민운동이 필요합니다.

QUESTION 32

언제쯤이면 마음 놓고 아이들 교육을 시킬 수 있을까?

아기를 낳고 직장을 그만둔 지 1년 정도 되었습니다. 아기를 어린이집에 맡기고 회사에 다니는 것보다 차라리 직접 키우는 게 돈이 적게 들겠다 싶어 눈물을 머금고 사표를 냈습니다. 최근 대선 후보들이 고등학교 무상교육 실현을 공약으로 내걸고 있는데, 이런저런 상황을 보았을 때 고등학교까지 의무교육이 될 날이 머지않은 것 같습니다. 그런데 영유아 의무 보육 문제는 언제쯤 해결될까요? 국가가 모든 보육을 책임질 날이 오긴 할까요?

A
대한민국 국민이라면 합당한 교육을 받을 권리가 있다.

보육을 국가가 책임진다는 원칙은 의무교육의 실현이라는 측면도 있지만 저출산 극복이라는 점에서 반드시 관철되어야 한다고 생각합니다.

MB정부는 2011년부터 소득 하위 70%의 영유아에게 무상보육을 실시한다고 했다가 이내 바꾸어 모든 소득 계층을 대상으로 0~2세 그리고 5세까지 지원을 확대하겠다고 한 바 있어요. 19대 총선에서는 여야 모두 0~5세까지 모든 계층에 보육비를 지원한다는 공약을 제시했고요.

문제는 재원 조달입니다. 총선을 앞두고 무상보육 정책을 급하게 만들다 보니 재원을 어떻게 마련할 것인지에 대해서는 국회나 정부나 제대로 된 대책을 마련하지 못했습니다.

현재 0~2세 영아를 대상으로 한 전면 무상보육 정책도 예산 고갈로 어려움을 겪고 있는 상황입니다. 이 사업은 지방정부가 40~50%의 재원을 분담해야 하는데, 여당이 지방정부와 사전 협의를 하지 않고 급하게 정책을 추진해 이런 결과가 나타났어요. 2012년 6월 서울 서초구를 시작으로 여러 자치구가 예산 문제로 이 정책을 철회하겠다고 하고 있습니다. 지방자치단체에서는 무상보육의 확대에 따른 재원 약 6,600억 원을 모두 국비로 지원해 줄 것과 영유아 보육 사업은 보편적 복지이므로 2013년부터는 전액 국비로 시행해 줄 것을 요구하고 있는 상황이죠. 아무튼 여당과 정부가 내세운 정책이니 책임의식을 가지고 재원 확보에 노력해야 할 것입니다.

보육 시설 및 보육 프로그램과 같은 인프라와 콘텐츠 그리고 인력 지원이 부족한 것도 문제입니다. 아무리 지원을 한다 해도 시설이 열악하고 보육의 질이 나쁘다면 정책 효과가 미미하지 않겠어요? 보육비를 지원하는 것만으로 의무교육이라 할 수 없는 점은 여기에 있습니다.

이뿐만이 아닙니다. 보육 시설에 보내는 영아를 대상으로 한 지원 체계는 문제가 있습니다. 0~2세 영아의 보육은 가정 양육을 우선해야 한다는 주장도 있기 때문이죠. 보유비 지원도 중요하지만 그것이

전부일 수는 없습니다. 영아들이 보육 시설이든 가정이든 좋은 보육 환경에서 건강하게 자랄 수 있는 여건을 조성하는 것이 첫 번째이고, 이를 위해 보육비를 지원하는 것이 두 번째입니다.

따라서 정부는 보육의 질을 어떻게 확보할 것인가, 영아들이 어떤 보육 환경에서 보육을 받게 할 것인가를 가장 먼저 생각하지 않으면 안 됩니다. 정부가 제대로 된 보육 도우미를 지원한다든지 전업주부나 프리랜서 등의 엄마들이 아기를 안심하고 맡길 수 있는 '영유아 플라자'와 같은 시설 확충에 노력을 기울여야 합니다.

고등학교까지 의무교육을 한다는 것은 투표권이 있는 19세부터 성인이기 때문에 그때부터는 각자가 알아서 행복을 만들어 나가야 한다는 생각에서 비롯한 것입니다. 고등학교에 다닐 나이까지는 학교에 다니지 못할 사정이 있다 하더라도 그것을 국가가 감당해 줘야 하죠.

육지에서 아주 멀리 떨어진 섬에서 살고 있다 해도 대한민국 국민이라면 국가가 정상적인 교육을 받을 수 있는 서비스를 해 줘야 합니다. 그래서 학생이 서너 명밖에 되지 않는 곳에도 교사가 배치되는 거예요. 그것이 바로 국가의 의무입니다.

QUESTION 33

살인적인 등록금이
내 목을 조르고 있어요!

저는 동생과 한 살 차이밖에 나지 않습니다. 내년에 동생이 대학에 입학하면 저희 집에서는 한 학기에 1,000만 원의 등록금을 내야 합니다. 벌써부터 걱정을 하시는 부모님을 보면 마음이 무겁습니다. 등록금을 마련하지 못해 휴학을 하고 아르바이트를 하는 학생도 있고, 중도에 학업을 포기하는 학생도 있고, 심지어는 이러한 상황이 싫어 세상을 등지는 학생도 있습니다. 대체 이 지긋지긋한 등록금 문제를 해결할 방법은 없는 걸까요?

4 교육과 복지

A
대학 등록금,
국가 차원에서 접근해야 한다.

대한민국 국민이라면 등록금이 지나치게 높다는 것을 모두 알고 있을 것입니다. 한 학생당 1년 등록금이 1,000만 원 정도이니 한 달에 100만 원 가까이 들어가는 셈이죠. 어디 등록금뿐이겠습니까? 책값에, 교통비에, 용돈까지 필요하니 아무리 적게 잡는다 해도 한 달에 150~200만 원 정도가 필요할 거예요. 한 가정에 대학생이 2명 이상이면……. 생각만 해도 숨이 턱턱 막힙니다.

PART 4. 교육과 복지 문제를 말하다 ・149

어떤 형태로든 등록금 부담을 경감시켜야 합니다. 정치권에서는 충격 효과를 노려 '반값 등록금'이라는 용어를 만드는 바람에 부담이 더욱 커져 버렸죠.

박근혜 후보가 한나라당 대표였던 2006년 지방선거에서 한나라당의 정책위원회에서 국공립대 등록금을 반값으로 내리는 정책을 마련한 바 있습니다. 이후 2007년 한나라당 대통령 후보 경선 과정에서 박근혜 후보와 이명박 후보 모두 반값 등록금을 공약으로 내세웠죠. 하지만 이명박 정부가 들어선 뒤에도 이 정책은 실행되지 못한 채 폐기되었고 무수한 비판을 받고 있습니다.

다시 대선이 다가오면서 반값 등록금 문제가 뜨거운 이슈로 등장했습니다. 새누리당의 대선 후보로 확정된 박근혜 후보는 2012년 8월 23일 39개 대학교 총학생회장과의 면담에서 반값 등록금 실현을 다시 한 번 약속했습니다.

이제는 등록금을 반값으로 내리지 않으면 거짓말하는 게 되어 버렸습니다. 정치권이 자승자박한 꼴이죠. '등록금이 지나치게 부담된다. 어떤 형태로든 줄여야 한다. 그것이 대학생을 둔 가정 모두의 공통의 문제이다.'라는 것까지는 이견이 없습니다. 중요한 것은 어떤 방식으로 줄일 것이냐는 거죠.

박원순 시장이 서울시립대 반값 등록금을 실시하고, 최문순 강원도지사가 도립대 반값 등록금을 추진하고 있는 것은 상당히 큰 의미가 있습니다. 그런데 그 대학들은 다른 사립대학교에 비해 등록금이 비싸지 않았습니다. 학생들 숫자도 그렇게 많지 않고요. 그로 인해 등록금을 반이나 내려도 큰 부담이 되지 않는 것이죠. 그래서 서울시나 강원도에서 실제로 재정을 추가로 부담하는 것이 그렇게 크지 않습니다.

박원순 시장은 "서울시립대의 반값 등록금 실현은 큰 일이 아니다."라고 말했습니다. 실현하고자 하는 의지가 중요했다는 거죠. 서울시청 신청사를 짓는 데 2,000억 원, 동대문 디자인 플라자를 짓는 데 5,000억 원이 들었는데 서울시립대 반값 등록금을 실현하는 데는 182억 원밖에 들지 않았다고 해요. 그러나 그 비용에 비해 효과는 굉장하죠. "시장을 바꿨더니 등록금이 반값이 됐어! 정말 대단해."라고 말하는 사람이 많습니다. 최근에 서울시립대가 등록금을 내고 휴학한 후 2학기에 복학한 학생들에게는 '0원 고지서'를 발송했다고 해서 화제가 되었어요.

이렇듯 상징성이 큰 일이지만 앞에서 말했듯 여러 상황으로 인해 서울시립대의 반값 등록금 실현은 생각보다 부담이 크지 않았습니다. 따라서 "박원순 시장은 했는데, 당신네들은 왜 못하는 거야?"라고 일반화시키는 것은 옳지 않습니다.

서울시립대나 강원대와 같이 대학 한 곳, 그것도 시나 도에서 재정의 투명성을 감시할 수 있는 체계하에서는 반값 등록금 실현이 비교적 쉽지만 전국의 모든 대학교를 포괄하는 반값 등록금 실현은 그 전에 해결해야 할 문제가 산적해 있기 때문에 장기적 계획을 가지고 추진해야 합니다.

반값 등록금 문제는 선거 때마다 등장하는 이슈입니다. 대선 후보들은 대학생들의 표를 의식해 등록금과 관련된 공약을 내놓고 있습니다. 박근혜 후보는 그동안 반값 등록금과 관련해 "국민의 혈세를 낭비하지 않으면서 학생과 학부모의 부담을 줄여 줄 수 있는 교육 정책을 실현하겠다."라고 말했습니다. 직접 등록금을 경감시키겠다는 것이 아니라 교육 정책 전반에 대해 손을 보겠다는 것이었죠. 하지만 과거 약속을 어겼다는 대학생들의 비판에 직면하게 되자 반값 등록금 실현을 재차 확인하고 있습니다.

민주통합당의 문재인 후보는 보육과 교육에 대한 국가 책임을 강조하면서 반값 등록금을 반드시 관철시키겠다는 입장을 밝혔습니다. 민주통합당이 추진하는 반값 등록금은 '고등교육재정교부금법' 법제화와 대학 재정의 투명성을 강화해 재원을 마련하고 등록금 자체를 반으로 줄이겠다는 것입니다. 민주통합당은 19대 국회 1호 법안으로 반값 등록금 실현을 위한 '고등교육재정교부금법안'을 발의해 놓은 상태입니다.

무엇보다 중요한 것은 재원 확보입니다. 정부는 대학 교육의 지원을 늘려 고통을 분담해야 합니다. 정부는 국공립대학뿐 아니라 사립대학의 생사여탈권을 가지고 있죠. 정부가 좀 더 적극적으로 지원해서 대학의 부담을 줄여 주어야 합니다. 정부가 먼저 움직이며 대학에 자구적인 노력을 강력하게 요구할 필요가 있습니다. "우리가 더욱 적극적으로 지원하겠다. 대신 너희도 허리띠 졸라매고 학생들의 등록금 부담 경감에 적극적으로 나서라!"라고 말예요.

OECD의 한 연구 결과 보고서에 따르면 경제 규모가 10위권인 한국의 대학생 1인당 공교육비 지원 수준은 OECD 34개 국가 중 22위이며, 국가가 지원하는 고등교육비 수준은 국내총생산의 0.6%로 OECD 국가 중 최하위라고 합니다. OECD 평균 수준에 도달하기 위해서는 약 6조 원가량의 추가 재원이 필요한데, 이를 내국세의 일정 부분을 대학 교육 교부금 형식으로 확보할 수 있죠. 이 재원을 국공립대에 투입한다면 교육의 질이 높아질 뿐 아니라 지방 국공립대의 발전도 꾀할 수 있을 것이라 생각합니다.

현재 많은 학생이 학자금 대출을 받아서 학교에 다니고 있습니다.

등록금이 앞으로 얼마나 줄어들지는 모르지만 학자금 대출이자를 줄이는 대책 또한 필요합니다. 현재 학자금 대출이자는 5~6%입니다. 학생들을 상대로 이자놀이를 하는 것도 아닌데 이렇게 높은 이자를 받는다는 것은 말이 안 됩니다.

정부와 금융기관, 대학이 고통 분담을 하여 등록금을 계속 낮추어야 합니다. 모두가 머리를 맞대고 노력하면 등록금을 50%가 아닌 30%까지도 낮출 수 있지 않을까요?

죽어라 공부하여 높은 경쟁률을 뚫고 대학에 입학한 학생들이 학과 커리큘럼을 보고 수업 시간표를 짜는 것이 아니라 등록금 마련을 위해 아르바이트 시간표를 짜는 파행적인 상황은 없어져야 합니다. 이것이야 말로 엄청난 국가적인 손실 아니겠습니까? 대학등록금 문제는 국가적 차원에서 접근해야 합니다.

QUESTION 34

될성부른 나무는
부모 재산 보면 알 수 있다?

고3 수험생 딸을 둔 주부입니다. 예전에는 공교육만 잘 받아도 대학 입학은 걱정이 없었는데 지금은 너무 다른 것 같아요. 4당 5락으로 공부를 한다 해도 어렸을 때는 비싼 영어 유치원을 다니고, 커서는 해외 연수와 강남의 유명한 학원이란 학원은 모두 다니며 물심양면으로 지원받는 아이들을 따라갈 수 없는 것 같아요. 태생부터 그들과 다르다며 박탈감을 느끼는 딸에게 할 말이 없네요. 이런 입시 스트레스를 해결할 방법은 없을까요?

A
학력 되물림의 고리!
완벽하게 끊어 내야 한다.

한국개발연구원이 발표한 결과에 따르면, 부모의 사회적·경제적 지위가 자녀의 상위권 대학 진학에 막대한 영향을 미친다고 합니다. 이는 부모의 사회적 지위나 학력이 자녀에게 대물림된다는 것을 다시 한 번 확인시켜 주는 결과라고 할 수 있어요. 국가는 대학 진학에서 나타나고 있는 지역 간, 계층 간의 현격한 격차를 직시하고 이를 해소하기 위해 노력해야 합니다.

그렇다면 어떻게 해야 하느냐! 역시 교육을 통한 해결이 가장 시급합니다. 우리 사회는 학력 사회라고 하죠. 학력 사회의 문제점을 극복해야 하지만 그렇게 하기 위해서는 상당한 시간이 필요합니다. 우리 사회 구성원들의 인식이 조금씩 바뀌어 가고 있다고 해도 여전히 부족한 상태이죠.

좋은 대학에 입학하기 위해서는 강남 8학군과 강남 대치동에 있는 학원에 다녀야 한다고 생각하는 사람이 많습니다. 여러 상황을 살펴보았을 때 사실 그리 잘못된 생각도 아닙니다. 서울대에 입학한 학생들의 비율을 보면 강남 대치동 출신 학생들의 비율이 증가하는 것을 확인할 수 있거든요. 그런데 8학군 대치동 학원은 아무나 갈 수 있는 곳이 아닙니다. 상당한 재력이 있어야만 가능하죠. 종종 형편이 되지 않는데 자식을 대치동 학원에서 공부시키려고 빚을 내는 등 무리를 하는 부모도 있습니다.

상황이 이렇다 보니 부의 편중이 학력의 편중으로 연결되고, 부의 대물림이 학력의 되물림으로 연결되는 악순환 고리가 만들어지고 있습니다. 우리가 타파하려고 노력하는 학력 사회가 오히려 더욱 공고화되고 있는 거죠.

부의 대물림을 막는 1차적인 방법은 학력 되물림의 고리를 끊는 것입니다. '서울대 가지 말기', '대치동 가지 말기' 운동을 벌이는 것? 이러한 방법은 당연히 효과적이지 않습니다. 본질적 해결책은 대입제도와 고등학교 입시제도를 근본적으로 바꾸는 것입니다. 먼저 MB정부가 추진한 고교 서열화와 특목고, 자사고 정책에 대한 재검토가 필요합니다.

좋은 고등학교를 가야 좋은 대학에 갈 수 있다는 의식이 확산되면 일반고는 슬럼화되고, 점점 계층 간의 사교육 비중 격차가 생길 수밖에 없습니다. 사교육비의 계층 간 격차는 2003년에는 6.04배였지만 2010년에는 8.11배로 수직 상승했습니다. 부의 대물림이 교육의 대물림으로 이어지고 있다는 단적인 예지요.

대학입시제도를 바꾸는 것이 핵심입니다. 지금 대부분의 지방 대학이 죽어 가고 있습니다. 지방의 국공립대와 서울대를 하나로 묶어 통합 운영하여 지방 대학도 살리고 대학 서열화에 따른 고교 서열화도 혁파하는 대학 제도 개편을 검토해 보아야 합니다.

서울대를 대학원 전문연구대학으로 성격을 바꾸는 것도 생각해 봐야 합니다. 국립대학의 특성을 잘 살려서 지역별로 추천을 받는 학생들의 비중을 대폭 늘린다든지 아예 서울대를 없애자는 주장도 검토해 볼 필요가 있습니다.

이렇게 대학입시제도의 개혁을 통해 서열화되어 있는 학교 경쟁 구조를 전체적으로 재구성하는 고민이 있어야 부의 대물림과 학력 되물림의 악순환을 근본적으로 해소할 수 있습니다.

4 교육과 복지

QUESTION 35

아이들의 무상급식, 계속 확대될까?

춘천의 한 초등학교에서 아이들을 가르치고 있는 교사입니다. 제가 있는 학교에서는 무상급식이 시행되고 있지 않습니다. 종종 제대로 식사를 하지 못하는 아이들을 볼 때면 가슴이 시립니다. 어려운 가정에서 자라고 있는 아이들을 위해 하루빨리 모든 학교에서 무상급식이 시행되면 좋겠어요. 무상급식에 대한 찬반 논란이 끊이지 않고 있지만 무상급식, 앞으로 계속 확대되겠죠?

A
급식은 단순한 식사 개념을 넘어 교육의 연장선으로 생각해야 한다.

급식은 학교 교육 중에 있는 시간이기 때문에 교육의 연장선에서 이해할 필요가 있습니다. 특히 의무교육 기간 중의 급식은 교육의 연장선이라는 성격이 더욱 분명합니다.

급식을 단순히 먹는 문제라고 생각해서는 안 됩니다. 학생이 가정 형편이 좋지 않아 급식 신청을 하지 못하고, 도시락도 싸 오지 못해서 굶는다는 것은 교육적으로 말이 안 됩니다.

여당과 야당 모두 형편이 어려운 학생들에 대한 무상급식을 반대하지는 않습니다. 다만 재정 형편상 점진적으로 확대해야지 한꺼번에 시행하는 것은 무리가 있다고 생각하는 거죠. 무상급식 시행은 시간의 문제이지 결국은 모든 학생이 혜택을 받게 될 것입니다.

2012년 7월 기준으로 초·중학교에서 무상급식이 시행되고 있지 않은 학교는 76곳입니다. 229개 시군구 중 대구, 울산, 부산, 춘천에서 무상급식이 이루어지지 않은 학교가 많다고 하네요. 춘천시의 경우 초등학교 무상급식이 전혀 실시되고 있지 않은 상태입니다.

무상급식은 국비가 지원되지 않는 지방자치단체 사업이기 때문에 지방자치단체의 재정 사정에 따라 편차가 있지만 보편적 복지 차원에서 조만간 전국적으로 빠짐없이 실시될 것이라고 생각합니다.

무상급식에 대한 만족도는 매우 높습니다. 우리나라에서 가장 먼저 무상급식을 실시한 경기도가 2011년 말에 학부모와 학생, 교직원을 대상으로 설문조사를 실시한 결과, 학부모의 79.1%, 학생의 78.9%, 교직원의 69.2%가 무상급식에 만족하고 있는 것으로 나타났습니다. 그중에서 무상급식이 가정 경제에 도움이 된다고 생각하는 사람이 75.5%, 급식 운영을 잘하고 있다고 대답한 사람이 72.3%, 급식의 질에 만족한다고 응답한 사람이 70.5%였습니다. 정책의 목표와 운영 과정에 대한 정책 수요자들의 만족도가 높다는 것을 알 수 있겠죠? 또한 학생들의 자존감 향상에 도움이 된다는 평가 역시 높게 나타났습니다. 무상급식 정책은 대체적으로 성공적이라 생각합니다.

　사실 심각한 문제는 결식아동입니다. 주말에는 학교에 가지 않기 때문에 굶는 아이가 상당히 많습니다. 복지부 통계에 의하면 전국 아동 급식 대상자는 48만 명이라고 합니다. 서울시에서 약 5만 2천 명이 주말과 방학 중에 급식을 지원받아야 한다고 해요. 참고로 서울시의 결식아동 급식 지원 사업 내용을 보면, 현재 빈곤하거나 가정 해체 등 보호자의 사정으로 결식이 우려되는 아동을 대상으로 하여 1식에 4,000원 정도의 단체 급식이나 음식점 이용, 도시락 배달, 주부식 지원 등이 이루어지고 있습니다.
　이 아이들은 무상복지가 전면적으로 실시된다 하더라도 복지의 사각지대에 남게 됩니다. 밥을 제대로 먹지 못해 영양실조에 걸리는 아이들이 아프리카에만 있는 것이 아닙니다. 우리와 아주 가까이, 바로 내 옆에 배고픔으로 고통스러워하는 아이들이 있습니다. '단 1명의 아이라도 식사를 굶는 일이 없도록 하겠다.'라는 관점과 원칙을 가지고 복지 정책을 집행해야지 그것을 선별복지다, 무상복지다 논쟁만 하는 것은 아무 의미가 없습니다. 논쟁만으로는 문제가 절대 해결될 수 없습니다.

QUESTION 36

행복은
학교 서열순이 아니잖아요!

체험학습을 중요하게 생각하는 초등학교 교사입니다. 전국적으로 공개되는 학교 서열은 아이들에게도 적지 않은 충격을 줍니다. 게다가 학교 성적을 높이기 위해 온갖 수단과 방법을 쓰는 검은 모습을 보면 대체 이 제도는 누구를 위한 것인지 모르겠습니다. 평준화는 타이틀일 뿐, 그 뒤에서는 좋은 곳에 줄을 서려는 검은 손이 바삐 돌아가는 것 같아요. 이런 환경 속에서 아이들이 꿈을 꿀 수 있을까요? 정치인들이 입이 마르도록 주장하고 있는 제대로 된 입시제도는 왜 나오지 않는 겁니까?

A
현실적인 공약과 실천이
최우선이어야 한다.

학교 서열화를 없애기 위해서 평준화가 도입된 것은 1970년대 후반입니다. 지금 다시 서열화가 문제되는 것은 대치동 중심의 8학군 신흥 명문, 그러니까 평준화는 되었지만 사교육과 결합된 신흥 명문들이 부상하고 이 지역에서 서울대에 입학하는 학생이 많이 생기면서 발생한 것입니다. 왜곡된 형태의 서열화가 다시 이루어진 것이죠.

1970년대까지 '명문' 학교라는 서열화는 고등학교 입학 성적을 중심으로 이루어졌습니다. 어떤 면에서는 경쟁이 비교적 잘 반영된 서열화였죠. 그런 서열화도 문제가 많아서 평준화를 한 것인데, 입학 후에 학부모들의 경제력과 같은 요소들 때문에 결과적으로 더욱더 황당한 서열화가 이루어지고 있는 것이 지금의 교육 현실입니다.

MB정부가 추진한 '고교 다양화 300프로젝트'는 이런 황당한 서열화를 제도적으로 공식화한 것이라고 할 수 있습니다. 이 문제를 바로잡는 유일한 방법은 대학입시를 바꾸는 것입니다. 서열화를 근원적으로 해체할 수 있는 방식으로 입시제도를 바꾸는 수밖에 다른 도리가 없습니다.

정권은 입시제도를 바꾸는 문제를 굉장히 예민하게 생각합니다. 우리 국민 모두가 교육 전문가이기 때문에 입시제도에 한 번 손대기 시작하면 100인 100색의 엄청난 논란과 혼란이 있을 것이고, 어떤 경우에는 정권의 운명을 걸어야 될 수도 있기 때문이지요. 그래서 '웬만하면 입시제도의 근본적 개혁 없이 문제를 풀어 보자. 정 안 되면 5년만 잘 넘기자.'라고 생각하는 경향이 있습니다. 상황이 이러하니 문제가 근본적으로 해결될 리 없죠.

해방 직후 우리나라의 입시제도는 대학이 자율적으로 시험 문제를 출제해 입학생을 선발하는 방식이었습니다. 당시 이승만 정부는 대학의 학생 선발에 전혀 관여하지 않았습니다. 그 당시 대학은 학교 특성에 맞게 학생을 선발할 수 있는 자율성을 가지고 있었죠. 그러다가 1954년에 '국가연합고사'라는 제도가 생겨났습니다. 이 시험을 통해 대학 정원의 140%를 선발한 뒤 대학별로 본고사를 치르는 '연합고사+본고사'의 시험 형태가 도입된 것이죠. 하지만 이는 입시생들에게 이중의 부담을 준다는 이유로 한 해만 실시된 뒤 중단되었습니다.

1962~1963년에 '대학입학자격고사'가 도입되긴 했지만 정원 미달 사태가 벌어지고, 대학에서는 대학의 자율성을 침해한다고 주장했어요. 그래서 1964~1968년에 다시 대학별 단독 고사로 입시제도가 바뀌었습니다. 1968년에는 예비고사 커트라인을 통과한 수험생만 본고사를 치를 자격을 주는 '예비고사제'가 도입되었는데, 이 제도는 10여 년 동안 유지되어 오다가 1980년에 전두환 신군부의 국가보위비상대책위원회가 '교육정상화 및 과열과외 해소방안'을 발표하면서 완전히 없어졌습니다. 이를 '7·30 교육개혁 조치'라고 합니다.

이는 베이비 붐 세대들이 대학에 들어가게 되는 시점과 맞물려 있는데, 당시 대학 정원은 20만 명에 불과한데 대학 입시 희망자는 50만 명에 가까웠습니다. 그로 인해 입시 경쟁은 과열되었고 대입 과외가 극성을 부렸어요. 물론 재수생의 숫자도 늘어났죠.

이 조치 이후 1981년에 선발고사인 '학력고사'가 도입되었고, 입학정원제에서 졸업정원제로 바뀌면서 대학생의 수는 대폭 늘어났습니다. '학력고사' 제도는 단순암기식 대입제도라는 비판을 받으면서 이를 대체할 새로운 입시제도의 필요성이 제기되었고, 1994년도 입시부터 '대학수학능력시험'이 도입되어 지금까지 시행되고 있습니다.

입시제도의 근본적인 해법 없이는 대학의 서열화를 없앨 수 없습니다. 다음 정권은 이 문제를 그냥 넘겨선 안 됩니다.

여야의 대선 공약을 미리 볼 수 있는 19대 총선 공약을 살펴보면, 민주통합당이 더욱 적극적인 개혁을 주장하고 있는 것을 알 수 있습니다. 민주통합당은 MB의 고교 서열화와 자사고 정책에 대한 폐지, 공립형 대안학교 설립, 교육 격차 해소를 위한 저소득 계층 자녀에 대한 '교육안전망' 도입, 농어촌 학생을 위한 지원 강화 등의 정책을 제시하고 있죠. 반면 새누리당의 공약에는 고교서열화나 대입제도의 개혁과 같은 공약이 눈에 띄지 않습니다.

여당이든 야당이든 근본적인 개혁 차원에서 대학입시제도에 접근해야 합니다. 국민들도 이번에 나올 대선주자들에게 이 문제만큼은 아주 구체적이고 분명하게 입장을 밝힐 것을 요구할 필요가 있습니다.

QUESTION 37

알맹이 없는 복지, 대체 누굴 위한 거야?

몇 년째 직장 생활을 하고 있는 남성입니다. 요즘 자꾸만 세상은 잘사는 사람들을 위해서 움직이는 것 같다는 생각이 들어요. 매일 아등바등하는 느낌이랄까요? 정작 형편이 어려운 사람들은 그다지 많은 혜택을 받으며 살아가고 있는 것 같지 않습니다. 우리나라도 형편이 어려운 사람들을 위한 복지가 조금씩 좋아지고 있다고는 하지만 선진국과 비교하면 턱없이 빈약한 상태인 것 같습니다. 과연 복지란 무엇인가요? 복지가 잘 이루어지기 위해서는 어떤 대책이 필요할까요?

A 잘사는 나라는 복지가 잘 되어 있는 나라이다.

간단하게 말해서 사람이 행복하게 사는 것을 복지라고 합니다. 사회적·정치적으로 생각했을 때 어느 누군가만 행복하게 사는 것이 아니라 그 사회의 모든 구성원이 행복하게 살도록 하는 국가 정책을 복지라고 하죠. 그런데 이런 문제 제기를 하는 사람이 있습니다.

 "행복하게 사는 것은 개인이 알아서 할 문제인데, 왜 국가가 나서서 해 줘야 하는 거야?"

과거에는 모든 것이 개인의 책임이었습니다. 잘 먹고, 잘사는 것은 모두 자기 복이고, 무슨 일이 생겨서 죽는다 해도 명이 짧아서 죽은 것이니 누군가를 탓하지 않았죠. 모든 것이 개인의 문제, 개인의 책임이었어요.

과거 권위주의 시대, 전근대사회에서 국가는 서비스 기관이 아닌 국민들을 통치하고 군림하는 권력기관이었습니다. 따라서 국가가 국민의 행복을 실현시켜 주어야 한다는 책임을 지고 있지 않았죠. 전근대사회에서는 복지라는 개념 자체가 설명되지 않습니다. 복지는 철저히 현대적인 개념이라고 할 수 있어요.

복지에 대해서 이야기하려면 '국가는 국민들의 행복을 위해서 봉사하는 서비스 기관이다.'라는 인식이 전제되어야 합니다. 그런데 이러한 전제에서 보면 '도대체 국가는 어디까지, 얼마나 서비스를 해야 하나.'라는 또 다른 의문이 생기죠. 현대 복지국가의 역사를 보면 '가급적 많이 서비스하는 것이 좋다.'라는 방향으로 발전해 왔습니다. 동시에 '서비스를 많이 하는 것이 좋다. 그러나 지나치면 부작용이 있을 수도 있다.'는 인식이 자리를 잡았죠. 아마 여기까지가 사회적 합의일 것입니다.

그렇다면 '지나치면'이라는 것의 범위는 무엇일까요? 그것은 '국가의 재정 부담 능력에 비추어 볼 때 지나치면'이라고 해석하는 것이 정확합니다. 만약 국가가 엄청난 부자라서 상당한 복지 비용을 모두 부담할 수 있다면 '지나치면'이라는 표현을 쓸 필요가 없겠죠.

따라서 복지에 대해 이야기할 때 "유럽은 어떤데, 미국은 어떤데……."라고 말하는 것은 잘못된 것입니다. 다른 나라와 비교할 것이 아니라 우리나라의 재정 상태를 보고 감당할 수 있는 복지 수준인지를 따져 봐야 하는 것입니다. 다른 나라보다 복지 혜택이 부족하다 해도 그 나라의 재정 능력을 넘어서면 '지나치게'라는 표현을 쓸 수 있고, 다른 나라보다 복지 혜택이 많다 해도 그 나라의 재정 상태가 감당할 만한 수준이면 합당한 수준의 복지라고 할 수 있는 것입니다. 그런 판단 없이 무작정 복지 혜택이 "너무 많다." 혹은 "너무 적다."고 말하는 것은 잘못된 것이죠.

'잘사는 나라'는 '복지가 잘 되는 나라'를 의미합니다. 나라가 잘산다는 것은 국가의 재정이 풍부하다는 뜻이고, 풍부한 재정 범위 내에서 국민들에게 복지 서비스를 할 수 있는 나라라는 뜻이니까요. 결국 잘사는 나라는 국민이 잘사는 나라라고 할 수 있죠.

국가의 재정은 수입과 지출로 나뉘어 있습니다. 수입은 세금을 걷어서 만드는 것이고, 지출은 예산이라는 형태로 사용하는 것입니다. 우리는 이 양쪽을 모두 살펴봐야 합니다. 세금을 걷는 쪽에서는 국가가 필요한 재정 수요에 비추어 볼 때 국민들이 세금 부담을 덜하고 있는지, 아니면 과중하게 하고 있는지를 판단할 수 있습니다.

세금은 자신의 수입 중 일부분을 내는 것이기 때문에 대부분의 사람은 세금을 조금 내거나 내지 않기를 원합니다. 세금 없는 나라! 생각만 해도 좋지 않습니까? 하지만 우리나라는 어느 정도의 예산 재정 수요가 필요합니다. 우리나라는 북한과 대립하고 있기 때문에 60만 대군을 유지해야 하고, 군비도 지속적으로 증가시켜야 합니다. 또한 노령화 사회, 저출산 사회이기 때문에 출산율을 높이기 위해서도 신경 써야 합니다.

우리나라와 비슷한 수준의 경제 규모와 경제 수준을 보여 주고 있는 나라들의 국민이 어느 정도 세금을 부담하고 있는가를 살펴보면, 우리나라는 OECD 평균에 비해서 한참 낮습니다. 그들에 비하면 세금을 덜 내고 있죠. 특히 부자들이 세금을 덜 내고 있어요.

또한 우리나라는 비슷한 수준의 경제 규모를 가진 나라에 비해 복지 재정을 덜 사용하고 있습니다. 물론 덜 사용하는 부분은 이해할 만합니다. 다른 나라는 우리나라보다 국방비 같은

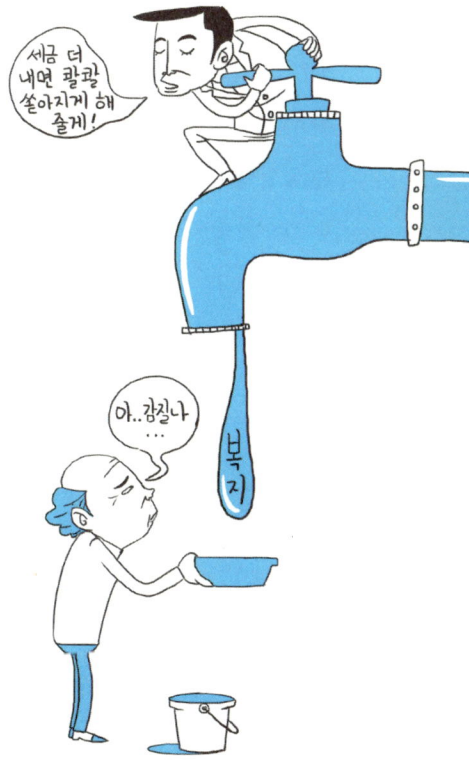

것을 많이 감당하지 않아도 되잖아요. 우리는 가외의 부담을 안고 있기 때문에 조건이 같다 해도 다른 나라보다 복지 재정을 덜 쓸 수밖에 없습니다.

문제는 그런 사정을 감안하지 않더라도 복지비 비중이 낮다는 것입니다. 국방비는 둘째치고 복지 쪽이 아니라 토목 쪽으로 자꾸 세금을 지출하기 때문이죠.

따라서 "OECD 다른 나라, 우리와 비슷한 경제 규모와 경제 수

준을 보이는 다른 나라 수준만큼 복지 비중을 올려야 하는 것 아니야?", "다른 나라 수준만큼 복지 비중을 올리기 위해서는 추가 재정이 필요하니 국민들이 세금을 더 내야 하는 것 아니야?", "특히 잘사는 사람들이 감당하고 있는 세금 비중이 상대적으로 낮으니까 그들의 세금을 좀 더 올리는 것이 가능하지 않아?"와 같은 논의가 제기되는 것이죠.

구체적으로 '어느 정도까지 재정 부담을 하는 것이 합리적이고 합당하다. 그 정도로 재정이 확보된다면 이 수준까지는 복지를 확대해도 좋다.'는 식으로 제시가 되어야 우리 수준에 맞는 복지 정책이냐, 그렇지 않은 정책이냐를 판단할 수 있습니다. 이른바 지속 가능한 복지가 되는 것이죠.

지속 가능한 복지는 일회성으로 한 번 해 보고 마는 것이 아니라 계속해서 이루어 나가는 복지를 뜻합니다. 한 번 시작하면 계속해 나갈 수 있을 정도로 우리가 감당할 준비가 되어 있어야 하죠. 재정 상태를 봐 가면서 그런 복지가 지속 가능한지를 판단해야 합니다. 복지는 이런 방식으로 접근해야 현실적이고 올바른 방향으로 결론을 이끌어 낼 수 있습니다.

QUESTION 38

누구에게나 절실한 복지 혜택!
너 정체가 뭐니?

결혼한 지 2년 된 예비맘입니다. 작년에 유산을 해서 올해는 쉬면서 아기를 가져 볼까 고민했습니다. 그런데 막상 회사를 그만두자니 망설여지네요. 아기를 키우려면 상당히 많은 돈이 필요할 텐데……. 저에게는 보편적 무상보육이 무척이나 절실한 상황입니다. 이 외에도 기초노령연금 인상, 의료보장 확대, 장애인 복지 확대 등 복지는 삶의 질에 굉장히 큰 영향을 미치는 것 같아요. 우리 행복의 밑바탕이 되는 보편적 복지와 선택적 복지에 대해 알려 주세요.

4 교육과 복지

A 어떤 형태의 복지이든지 누구나 같은 혜택을 받아야 한다.

대한민국 국민이라면 누구나 혜택을 받을 수 있는 복지, 그것을 바로 '보편적 복지'라고 합니다. 반면 '선별적 복지'는 대한민국 국민 중 특정한 사람에게만 적용되는 복지를 말합니다.

통상적으로 선별적 복지는 가정 형편이 어려운 사람들, 사회적 소수자 등에게 해당되는 복지입니다. 우리나라의 기초생활수급자는 300만 명 정도 됩니다. 그들은 우리나라 전체 국민 중에서 가장 어렵게 살아가는 사람들, 절대 빈곤 상태에 있는 사람들이죠. 국가가 매달 얼마씩의 돈을 지불해 주지 않으면 굶어 죽을 수도 있기 때문에 나라에서 지원을 해 주는 것입니다. 이렇게 선별하여 진행하는 복지를 선별적 복지라고 말합니다.

보편적 복지에 대해 이야기하자면 국민건강보험 같은 것이라고 할 수 있습니다. 대한민국 국민이라면 건강보험료만 내도 국민건강보험 혜택을 받지 않습니까? 삼성의 이건희 회장도, 기초생활수급자도 똑같이 혜택을 받죠. 이와 같이 대한민국 국민이라면 누구에게나 주는 복지이기 때문에 보편적 복지라고 말합니다.

그렇다면 여기서 한 가지 질문! 복지의 수준이 높아지면 보편적 복지가 확장될까요, 선별적 복지가 확장될까요? 보편적 복지가 확장됩니다. 누구나 받을 수 있는 복지 혜택이 넓어질수록 그 나라의 복지 수준이 높아지는 것입니다. 그런데 이 보편적 복지는 기본이라고 할 수 있기 때문에 우리는 '보편적 복지만으로는 생활이 어려운 사람들을 선별하여 선별적 복지 혜택을 주자.'는 식으로 생각해야 합니다.

이런 논쟁도 있습니다.

"무상급식을 보편적 복지로 봐야 하는 것이냐, 선별적 복지로 봐야 하는 것이냐?"

초등학교, 중학교, 고등학교에 다니는 학생이면 누구나 대한민국의 아이들이니 식사를 그냥 제공해 주어야 한다는 것이 보편적 복지이고, 특별히 더 어려운 학생들을 선별하여 식사를 제공해 주어야 한다는 것이 선별적 복지입니다. 무상급식 문제와 관련해서는 보편적 복지의 관점에 설 수도 있고, 선별적 복지의 관점에 설 수도 있습니다. 각자 생각하기 나름이지요. 다만 보편적 복지의 관점에 서서 모든 아이에게 식사를 제공해야 한다고 주장할 경우, 재정 부담의 문제가 생깁니다. 따라서 늘어나는 재원을 부담할 수 있는 재정 정책이 현실적으로 만들어질 수 있느냐를 따져 봐야 합니다.

만약 선별적 복지를 선택할 경우, 형편이 어려운 학생들을 선별하는 과정에서 아이들이 상처를 받지 않을까 하는 부작용을 고려해야 합니다. 선별적 급식의 의도와 전혀 상관없는 고민거리이죠. 더욱 형편이 어려운 학생들을 선별하기 때문에 돈은 덜 들겠지만 선별 과정에서 당사자들이 상처를 받을 수도 있으니까요. 그 상처, 그 낙인 때문에 많은 사람이 이런 주장을 하는 것입니다.

"이는 교육적으로 굉장히 좋지 않다. 다른 곳에서 그렇게 한다고 해도 문제인데, 학교에서 그렇게 하다니! 학교에서만큼은 절대 안 된다!"

반면 선별적 복지를 주장하는 쪽에서는 이렇게 말합니다.

"아이들이 상처를 받지 않게 학교에서 등록하게 하지 말고 부모들이 동사무소에서 몰래 하게 하자. 그러면 아이들은 사실을 알지 못해 상처 받지 않을 것이다."

하지만 선생님들은 "부모가 동사무소에 가서 몰래 신청을 한다 해도 아이들은 자기가 공짜로 밥을 먹는 건지, 돈을 내고 밥을 먹는 건지 금방 안다. 자신은 물론 친구들까지 다 알게 되기 때문에 낙인 찍기를 피할 수 없다."라고 말합니다. 낙인이 찍혀 받은 상처를 치료하기 위한 비용이 모든 아이에게 급식을 무상으로 제공했을 때 드는 비용보다 더 많이 들 수도 있습니다.

　과연 어느 쪽이 더 효율적인지 따져 봐야 합니다. 무상급식에 대한 논쟁이 심했던 것은 이 문제가 어려워서가 아니라 이 문제를 판단하는 여러 가지 철학적 근거가 다르기 때문입니다.

　경제적으로 어려워지고 양극화가 심해짐에 따라 이번 대선에 나온 후보들은 모두 보편적 복지에 입각한 공약을 발표하고 있습니다. 양당의 공약에는 국가가 책임져야 하는 복지의 범위를 둘러싼 차이만 있을 뿐입니다. 그리고 보편적 복지를 실현하는 데 드는 재원 마련 방안에 대한 논쟁이 있을 뿐 대한민국 국민이 누구나 같은 복지 혜택을 받아야 한다는 데에는 이견이 없습니다.

QUESTION 39

생애주기별 복지가
가장 이상적인 복지 모델?

박근혜 후보가 국민 개개인의 형편에 따른 복지, 즉 생애주기별 복지를 주장한다는 기사를 본 적이 있습니다. 머릿속에 잘 그려지지 않는데, 그러한 복지가 현실적으로 가능한 것일까요? 박근혜 진영이 인기몰이를 위해 경제민주화나 복지 등 진보와 어울릴 것 같은 담론을 펼치고 있는 것은 아닌가 하는 생각도 드는데……. 대권주자의 강력한 공약으로 떠오르고 있는 생애주기별 복지란 대체 무엇인가요?

A 생애주기별 복지는
선진적인 맞춤형 복지이다.

생애주기별 맞춤형 복지는 국가의 복지 서비스를 생애주기에 따라서 맞춤형으로 해야 한다는 것입니다. 박근혜 후보가 생애주기별 맞춤형 복지를 주장하고 있죠.

사람의 생애주기에 따라서 필요로 하는 복지 서비스가 달라지기 때문에 국가도 생애주기에 맞추어 복지 서비스를 맞춤형으로 제공해야 한다는 것입니다. 굉장히 수준 높은 복지를 제안한 것이라고 할 수 있습니다.

　이 복지 정책의 전제는 국가의 긴급한 보호가 필요한 저소득층뿐 아니라 모든 국민이 평생에 걸쳐 생애 단계별로 겪게 되는 여러 가지 위험에서 벗어나고, 위험에 처하더라도 복원될 수 있도록 소득과 복지 서비스를 함께 보장하여 일생 동안 국가가 생활 안전망을 구축해 주는 것입니다.

　새누리당의 정책 자료에는 이렇게 정리되어 있습니다.

　'생애주기별 복지는, 첫째, 누구나 필요한 출산, 보육, 교육, 일자리, 보건 의료, 주거, 노후 생활 등의 기본적 욕구에 대해 국가와 지자체가 책임지는 평생 복지. 둘째, 보편적 복지 영역에 대한 국민 기본 생활의 보장과 더불어 개별적으로 꼭 필요한 급여와 다양한 서비스를 필요에 따라 제공하는 맞춤 복지. 셋째, 국민이 사회적 위험에 빠지는 것을 미리 막아 주는 선제적·예방적 복지이다.'

　그렇다면 생애주기별 복지는 보편적 복지일까요, 선별적 복지일까요? 생애주기별 복지는 보편적 복지입니다. 박근혜 후보는 생애주기별 맞춤형 복지 정책을 주장할 때 "소득 하위 50%인 사람에게만 생애주기별 맞춤형 복지 정책을 실시하자."고 말하지 않습니다. "대한민국 국민이면 누구나 생애주기에 맞춰서 국가로부터 행정 서비스를 받아야 한다."고 주장하죠.

　대한민국 국민이라면 누구나 받는 복지 서비스이니 보편적 복지라고 할 수 있는 것입니다. 복지를 국가가 당연히 해야 하는 역할로 생각하고 있는 것이죠. 단순히 자본주의의 단점을 보완하는 것을 넘어서 국가가 국민으로부터 세금을 걷는다면 그 세금은 국민을 위해

써야 한다는 생각이 밑바탕에 깔려 있는 것이라고 볼 수 있습니다. 모든 국민이 세금을 내는데 누군가에게는 혜택을 주고, 누군가에게는 혜택을 주지 않는다면 그것은 불평등한 것 아니겠어요? 평등하게 실행되어야 한다는 것이 보편적 복지의 원칙이라면 박근혜 후보의 생애주기별 복지 역시 같은 맥락에서 생각할 수 있습니다.

지난 서울시장 선거에서 무상급식의 방법을 놓고 그것이 보편적 복지냐 선택적 복지냐 하는 논쟁이 벌어졌죠. 하지만 최근 이러한 논쟁이 의미가 없어졌습니다. 여야 모두 보편적 복지 정책을 제시하고 있기 때문이죠.

최근 민주통합당은 한 걸음 더 나아가 무상급식 외에 무상의료, 무상보육을 자신들의 중요한 복지 정책으로 제시했습니다. 무상복지나 생애주기별 맞춤형 복지나 모두 보편적 복지라는 틀에서 이루어졌다고 볼 수 있습니다.

생애주기별 맞춤형 복지 정책은 보수주의 정당에서 제시하기 어려운 상당히 선진적인 맞춤형 복지입니다. 박근혜 후보는 보수정당의 대권 주자이지만 상당히 진보적인 주장을 하고 있는 것입니다. 그러나 이러한 정책에 대해 새누리당 내외에서는 그 가능성을 의심하고 있기도 해요.

이를 반대하는 사람들은 "생애주기별 맞춤형 복지가 실현되기 위해서는 각 연령대별로 핵심적인 복지 욕구를 파악하고 이를 충족시켜야 하는데 이 단계까지 복지를 실현할 수 있는 재원과 인프라를 갖출 수 있냐."고 비판합니다. 국민 개개인이 필요로 하는 복지 욕구를 국가가 일대일 맞춤형으로 제공하기 위해서는 무엇보다 복지 전달 체계 및 복지 수요 파악 체계가 거의 완벽하게 구축되어야 비로소 가능하다는 말입니다. 생애주기별 맞춤형 복지 정책은 복지 모델의 거의 최종 단계의 정책인데 보수정당인 새누리당이 이를 실현할 자세와 의지가 있느냐는 점에 의구심을 보이고 있는 거죠. 일리 있는 지적이라고 할 수 있습니다.

그러나 당장 생애주기별 맞춤형 복지를 실현하겠다는 것이 아니라 복지 정책의 최종 목표로 설정하고 임기 내에 필요한 것을 채워나가겠다고 한다면 무작정 비판만 할 것은 아니라고 봐요. 더욱 좋은 복지 정책을 만들기 위해 여야가 또는 한 당 내에서 대안을 둘러싼 논쟁이 벌어진다는 것은 좋은 것이니까요.

QUESTION 40

국가가 국민 한 사람 한 사람을 세심하게 살핀다고?

선택적 복지, 보편적 복지는 춤추는 정책 목표에 따라 바뀌면서 국민들에게 혼란스러운 행정의 모습을 보여 주었습니다. 박근혜 후보의 공약으로 새롭게 대두된 생애주기별 복지는 이상적으로 여겨지지만 불투명해 보입니다. 국가가 국민 한 사람 한 사람을 세심하게 살피고 그에 맞는 복지를 제공해 준다는 것이 과연 가능한지 모르겠네요. 생애주기별 복지의 구체적인 방안은 무엇인가요?

A 통합 관리 시스템과 재원 마련, 조세제도 개혁이 관건이다.

생애주기에 따라서 제공되어야 할 행정 복지 서비스는 모두 다릅니다. 보육 서비스가 필요할 때가 있고, 교육 서비스가 필요할 때가 있고, 일자리 정책이 필요할 때가 있죠. 따라서 생애주기에 맞춰서 각각 다른 정책 수단이 계속해서 계발되어야 합니다.

앞으로 우리 사회가 발전하고 변화하면 생애주기도 조금씩 바뀔 것입니다. 그러니 그런 흐름에 따라서 새로운 복지 서비스가 지속적으로 개발되어야 하는 것은 당연한 것이겠죠?

그런데 이것이 말처럼 쉽지가 않습니다. 국가가 이런 것을 구체적으로 집행하는 과정에서 국민 한 사람 한 사람을 세심하게 보살피고 관찰한 뒤 어떤 기준에 맞추어 행정 서비스를 지속적으로 재조직해야 하는데, 실행 과제들이 얼마나 어렵겠어요.

우선 국가가 복지 정책을 통합 관리하는 시스템을 갖추어야 합니다. 먼저 현재의 복지 전달 체계를 대대적으로 정비하거나 바꾸어 모든 국민이 빠짐없이 서비스를 제공받을 수 있도록 사각지대를 최소화할 필요가 있습니다.

생애주기별 맞춤형 복지 정책을 실행하는 데 가장 중요한 것은 복지 재원을 어떻게 마련하느냐 하는 것입니다. 먼저 복지 전달 체계의 개혁으로 중복되거나 불필요한 복지 예산이 있는지를 점검해야 하겠죠. 현재는 복지 서비스가 여러 부처에 흩어져 있어 효율적으로 집행되지 못하고 예산을 낭비하고 있어요. 지금의 전달 체계를 바꾸어 더욱더 효율적으로 되게 하고 국민의 복지에 대한 체감도와 만족 수준을 높여야 합니다.

그리고 조세제도를 개혁해 재원을 확보해야 합니다. 우리나라의 조세 부담률은 OECD 평균에 미치지 못합니다. 양질의 서비스를 받기 위해서 국가가 조세 부담률을 조금 높이는 것을 국민이 이해해야 현실화시킬 수 있습니다.

마지막으로 복지 예산의 우선순위를 높여야 합니다. 시급하게 반드시 집행해야 하는 국가 재정 외에 복지 예산을 국가 재정 지출의 우선순위에 배치해야 합니다. 4대강 사업을 우선으로 할 것이냐, 무상급식을 우선으로 할 것이냐를 결정해야 한다는 것입니다.

국민들은 국가에게 수준 높은 복지 서비스를 제공하라고 요구할 권리가 있습니다. 국가를 공복, 즉 국민의 하인이라고 생각해도 좋습니다. 하인이 능력이 없어서 재빨리 따라오지 못한다 해도 우리가 필요한 것을 요구할 수 있죠. "주인이 피곤해 보이면 눈치껏 찬물도 가져다주고, 어깨도 주물러 주고 그러면 얼마나 좋아? 말하기 전에 알아서 해 줄 수는 없는 거야?" 하고 주문할 수 있는 것입니다. 설사 하인이 알아듣지 못한다 해도 국민은 그런 서비스를 요구할 권리가 있다는 것을 항상 생각해야 합니다.

이 지구상에 생애주기별 맞춤형 복지 정책을 제대로 구현하고 있는 정부는 없습니다. 왜냐고요? 그것은 굉장히 높은 수준의 복지 서비스이기 때문입니다. 다만 대부분의 국가가 생애주기별 맞춤형 복지 정책을 지향점으로 삼고 있습니다. 앞으로 우리나라가 어떤 식으로 이 복지 정책을 해결해 나갈지 날카롭게 지켜봐야 할 필요가 있습니다.

QUESTION 41

무조건 세금을
더 걷는다고 해결될까?

조금 있으면 아빠가 됩니다. 아빠가 된다는 사실은 매우 기쁘지만 한편으로는 아이를 잘 키울 수 있을까 걱정이 되는 것이 사실입니다. 현재 무상보육 행정을 보면 제대로 된 수요 예측과 예산에 대한 고려가 이루어지지 않은 것 같아 화가 납니다. 그런 상태로 제대로 운영할 수 있을까요? 실제로 무상보육 확대를 위해 재원을 어떻게 마련할 것인지, 양육하기가 힘든 맞벌이 가정이나 취약 계층 우선으로 선별 지원하는 집행이 제대로 이루어질지 궁금합니다.

재정 안정 없이는
복지도 없다.

보육, 교육, 복지를 원활하게 시행하려면 새로 세금을 내고, 이미 걷어서 사용하고 있는 예산 중에서 의무 보육이나 의무 교육보다 중요하지 않다고 생각되는 곳의 예산을 줄여야 합니다.

행정 비효율로 예산이 줄줄 새어 나가는 경우가 참 많습니다. 보도블록을 '함부로' 교체하는 것이 그 예라고 할 수 있죠. 매년 연말이면 지방정부들이 남는 예산을 처리하기 위해 보도블록 교체 공사를 벌이는 일이 여론의 도마에 오릅니다. 물론 국민의 안전을 위해 교체하는 것은 당연하지만 통행하는 데 전혀 지장이 없는 멀쩡한 보도블록을 교체하는 것은 엄연한 예산 낭비라고 할 수 있어요.

그런 낭비 요소들을 줄이고 알뜰하게 사용하여 아낄 수 있는 예산이 한 해에 최대 10조 원 정도 될 것입니다. 그런데 우리가 필요로 하는 예산은 10조 원이 아닌 30조 원, 50조 원 가까이 됩니다. 알뜰하게 쓰는 것만으로는 감당할 수 없다는 말입니다. 그래서 다른 예산 항목을 줄이는 방법, 세금을 더 내게 하는 방법 등을 모두 동원할 필요가 있습니다. 그렇게 해서 꼭 필요한 보육, 교육, 이런 곳에 돈을 사용해야 하죠.

2012년 영유아 보육 예산은 총 4조 8,400억 원이 필요하다고 합니다. 이중 지방자치단체가 부담해야 할 예산은 2조 4,500억 원인데, 1조 8,000억 원은 2012년 예산에 반영되었지만 나머지 6,600억 원의 예산은 아직 확보하지 못했다고 합니다. 부동산 경기가 좋지 않아 지방세수 확보에 어려움이 있어 지방자치단체로서는 새롭게 재원을 마련할 수 있는 상황이 아니라는 것입니다. 그로 인해 중앙정부에게 이를 부담하라고 요구하고 있습니다. 하지만 중앙정부로서도 특별한 대책이 없어 보입니다. 이러한 상황으로 인해 영유아 무상보육 정책은 큰 암초에 부딪쳤습니다.

아무리 좋은 정책이라고 하더라도 실행하는 데 필요한 돈을 마련하지 못하면 난항을 겪게 됩니다. 복지는 국가가 전적으로 부담하는 것이기 때문에 재원을 확보하는 것이 우선되어야 합니다.

무상보육을 포함해 많은 비용이 예상되는 엄청난 규모의 복지 예산을 어떻게 확보할 것인가를 두고 여야는 다른 방안을 제시했습니다. 그들이 제시한 것을 쉽게 정리하면 기존에 사용하던 것을 아껴서 그 비용을 복지 예산으로 변통하거나 국민에게 더 많이 거두어들이는 것 외에는 다른 방법이 없어 보입니다.

먼저 새누리당은 복지 전달 과정에서 불필요한 예산이나 중복되는 예산을 찾아내 효율성을 높이는 것을 우선으로 생각하고 있습니다. 새누리당은 복지 재원 마련 방안으로 '6대 4의 원칙'을 제시하고 있어요. 이때 '6'은 씀씀이를 줄여서 확보하는 비용을, '4'는 국민들에게 세금을 더 걷어서 확보하는 비용을 말합니다. 보수주의 정당의 입장에서는 세금을 늘리는 것이 부담스럽기 때문에 세금을 늘려 재원을 확보하는 것보다 불필요하게 낭비되고 있는 예산이 있는지를 먼저 따져 본다는 것이죠. 여당이 절반 이상의 예산을 이런 식으로 찾아내겠다고 말하는 것을 보니 그만큼 중복되거나 불필요하게 집행되는 예산이 많다는 뜻 아니겠어요?

반면 민주통합당은 '재정 안정 없이는 복지도 없다.'는 원칙하에 재정 건전성을 훼손시키지 않는 수준에서 복지 사업을 추진하겠다고 밝혔습니다. 재정 지출에 대한 점검과 조세개혁을 통해 필요한 재원을 마련하겠다는 입장입니다.

19대 총선 민주통합당 공약집을 보면, 복지 예산 확보 방안으로 매년 재정개혁을 통해 11.2조 원, 전달체계개혁을 통해 6.4조 원 그리고 조세개혁을 통해 17.22조 원을 마련하겠다고 하고 있습니다. 새누리당이 주장하는 것이 비용을 줄여 재원을 확보하는 데 초점을 둔 재원 확보 방안이라고 한다면, 민주통합당은 조세개혁을 통한 세금을 통해 재원의 상당 부분을 확보하겠다는 방안입니다. 두 당의 차이를 느낄 수 있겠죠?

불필요하거나 중복된 비용을 줄여야 한다는 새누리당의 방안은 어떤 정당이 대선에서 이기든 기본적으로 해야 할 일입니다. 민주통합당의 방안은 대통령이나 민주통합당만으로 가능한 것인지 그 실현 가능성을 따져 봐야 해요. 국민적 합의가 필요할 수도 있습니다. 예를 들면 이명박 정부가 실행한 부자 감세를 원상 복귀시키거나 부자들에게 더 많은 세금을 거둬 복지 재원을 마련하자는 국민적 합의가 있다는 것이 확인된다면 새누리당에서도 무턱대고 반대하지는 못하겠죠. 문제는 합의를 어떻게 이루어 내느냐 하는 것인데, 이 문제를 전문직으로 논의할 범국민적 협의 기구가 필요할 것입니다.

누가 새로운 대통령이 되든 자신이 제시한 복지 공약을 실현할 재원 마련을 위해서 여당과 야당 그리고 기업과 노동자, 시민단체 등이 참여하는 범국가적 기구를 구성해야 할 것이고, 이 기구를 통해 합의를 만들어 가야 합니다.

QUESTION 42

세금! 줄여야 하는가, 늘려야 하는가 그것이 문제로다~

다달이 집으로 날아오는 각종 고지서를 볼 때마다 한숨이 나옵니다. 어느 날 고지서를 보며 세금이 너무 비싼 것 같다고 한탄하고 있는데, 남편이 정부에서는 국민이 아닌 기업에 대한 감세론을 펴고 있다는 말을 하더군요. 만약 그게 현실이 된다면 기존에 기업이 내던 세금은 어떻게 메운다는 말이죠? 안 그래도 힘든 국민이 더 힘들어지는 더러운 상황이 발생하지는 않겠죠?

A 투명하게 드러내 놓고 국민들에게 의견을 물어봐야 한다.

이명박 정부에서 감세론을 주장하고 있습니다. 여기서 말하는 감세는 부자들에 대한 감세입니다. 샐러리맨들의 세금을 깎아 주자는 말이 아니에요. 정부에서는 이렇게 말하고 있습니다.

"기업들이 많은 부담을 가지고 있는 상황이다. 기업들이 너무 많은 법인세를 내고 있다. 우리나라에 들어와서 활동하려고 하는 외국 기업들도 세금 부담 때문에 들어오지 않으려고 한다. 그 부담을 덜어 줄 필요가 있다."

한마디로 말해 '기업의 법인세를 깎아 줘야 남는 돈으로 투자하지 않겠느냐?' 하는 것입니다. 그런데 이명박 정부 4년 동안 기업은 엄청나게 많은 돈을 벌었지만 "세금 부담이 크다. 세금 내느라 이윤을 다 썼다."고 말한 곳은 없습니다. 많은 돈을 벌었는데도 투자를 하지 않았죠.

그래서 "법인세를 깎아 주면 기업이 투자를 활성화하여 내수가 진작되고, 그 성과가 결국은 국민들에게 돌아올 것이다."라는 이명박 정부의 설명, 즉 '법인세 인하로 시작된 선순환 구조'는 현실에서 입증된 바 없습니다. 그냥 주장일 뿐이죠.

정부가 자꾸 감세론을 주장하면 정말 어려운 문제가 생깁니다. **대기업의 세금은 깎아 주면서 중산층에게 세금을 더 내라고 할 수 없지 않겠어요?** 그렇게 되면 결국 세금을 더 늘릴 수 없기 때문에 중요한 사업을 하지 못하거나 복지 예산을 증액하지 못하게 되겠죠.

아마도 이번 대선에서는 세금 논쟁도 주요 이슈가 될 것입니다. 새누리당과 민주통합당은 법인세와 소득세 등 이른바 '부자 증세' 문제에서 상반된 입장을 보이고 있습니다. 최근 정부와 새누리당이 발표한 '2012년 세법 개정안'에는 과세표준 500억 원 초과 대기업에 적용하는 법인세 최고세율 22%를 그대로 유지해야 한다고 적혀 있습니다. 경제성장률이 2%대로 떨어질 것으로 예상되는 상황에서 법인세까지 올리면 투자가 위축되어 일자리 확충과 내수 진작이 어렵다는 논리죠. 박근혜 후보는 "법인세는 가능한 한 낮을수록 좋다."고 밝힌 바 있습니다.

민주통합당은 법인세 최고세율을 이명박 정부의 감세 이전 수준인 25%로 원상 회복시켜야 한다고 주장하고 있습니다. 즉 1%의 고소득자에 대해서도 적정 수준의 증세가 필요하다는 입장이죠. 그리고 최고세율인 38%가 적용되는 과표 구간을 연소득 3억 원 초과에서 1억 5천만 원 초과로 확대해 고소득층의 세금 부담을 늘리자는 안을 내놓았습니다.

이에 대해 새누리당은 "특정 계층을 타깃으로 한 징벌적 증세는 부적절하다."고 비판하고 있고, 민주통합당은 "정부가 '부자 감세'로 깎아 준 90조 원의 1%밖에 충당이 안 되는 무늬만 증세이다."라고 반박하고 있는 상황이죠.

이렇게 되면 앞에서 말했듯 감세론은 복지의 축소로 연결될 수밖에 없습니다. 복지를 늘리려면 예산을 더 사용해야 하는데, 그렇게 하기 위해서는 세금을 더 걷거나 이미 사용하고 있는 예산을 돌려써야 하죠. 그러나 다른 곳에 쓰던 예산을 돌리는 것이 어디 쉽겠습니까?

사업 예산 일부를 복지 예산으로 돌릴 수는 있겠지만 별로 효과가 없을 것입니다. 결국 복지를 늘리기 위해서는 세금을 더 걷는 수밖에 없겠죠. 그런데 세금을 더 걷자고 주장한다면 어떨까요? 생활에 어려움이 따르는 국민들은 그런 주장을 하는 사람을 지지하지 않을 것입니다. 그래서 모든 당이, 모든 후보가 복지는 늘리자고 하면서 세금을 더 걷겠다는 말은 하지 못하는 것입니다. 이렇다 보니 자꾸 '기존의 예산을 절약해서 충당하겠다.'는 식으로 이야기를 하죠.

그래서 비현실적이라는 말이 나오는 것입니다.

여야 정당과 정치인들은 좀 더 솔직하고 용감해져야 합니다. 국민들은 생활에 어려움이 따르긴 하지만 복지를 늘리기 위해서는 세금을 더 걷어야 한다는 것을 잘 알고 있습니다. 그 명백한 진실을 외면하고 자꾸 거짓말을 하면 국민들의 신뢰감이 떨어지지 않겠어요?

솔직하게 드러내 놓고 "더 좋은 복지를 위해서 조금 더 고통을 감당할 것이냐, 지금 당장 생활에 어려움이 따르니 당분간은 현 복지 수준에서 만족할 것이냐."를 물어봐야 합니다. 그렇게 해서라도 국민들이 선택을 할 수 있게 만들어야 합니다. 현 상황을 투명하게 드러내고 국민들에게 의견을 물어보면 국민들이 가장 합리적인 수준의 절충점을 만들어 낼 것이라 믿습니다.

QUESTION 43

슈퍼 부자들의 증세, 불가능한 주장인가요?

문득 '복지국가를 만들기 위해 생활이 어려운 일반 국민들의 주머니를 털 것이 아니라 부자들이 세금을 더 내면 되지 않나.'라는 생각이 들었습니다. 개인적인 생각으로는 부자들의 증세만을 통해서도 사회적 위기에서 벗어나 복지국가를 만들 수 있을 것 같은데……. 너무 단순한 생각일까요? 복지를 위한 비용을 마련하기 위해 부자들이 더 많은 세금을 내는 것은 현실적으로 불가능할까요?

A 어느 정도의 증세가 이루어져야만 복지 정책이 실현 가능하다

부자들에게 더 많은 세금을 부담하게 하여 복지 예산을 확보하는 것은 어느 정도 가능합니다. 하지만 국가의 모든 복지 예산을 부자들의 세금으로만 충당하는 것은 충분하지 않고 현실적으로도 불가능하죠. 이는 양극화의 원인을 어떻게 극복할 것인가에 대한 우리 사회의 근본적인 문제와 연결되어 있어 정치적 입장에 따라 부자 증세에 대한 접근 시각이 다를 수밖에 없습니다.

부자 증세 문제는 2008년 글로벌 경제 위기 이후 전 세계적으로 '핫 이슈'가 되고 있습니다. 이미 부유세를 시행하고 있는 나라도 있습니다. 프랑스, 스페인, 노르웨이, 핀란드 등 복지 선진국이라고 할 수 있는 나라들은 일찍이 시행해 왔죠. 스웨덴은 20세기 초부터 부유세를 시행해 오다 2007년에 폐지했어요.

자본주의가 가장 발달한 미국에서도 이 논쟁은 대선의 핵심 이슈가 되고 있습니다. 지난 2008년 미 대선에서 오바마 후보의 지지자였던 워런 버핏이 부자에 대한 증세, 일명 '버핏세'를 주장하기도 했죠. 이번 미 대선에서도 주요 이슈가 되고 있습니다. 논쟁이 아직 끝나지 않은 거죠.

워런 버핏의 부자 증세 논리는 간단해요. 경제 위기로 인해 복지 수요는 증가하는데 국가 재정은 계속 적자를 면치 못하고 있는 상황에서 국가 재정을 확충하기 위한 하나의 방안으로 제시한 거죠. 연간 소득 100만 달러 이상의 고소득자들이 일반 미국 시민보다 낮은 세율로 세금을 내고 있기 때문에 부자들에게 더 많은 세금을 내도록 해야 한다고 주장한 것입니다.

워런 버핏은 2011년 8월 〈뉴욕타임스〉에 기고한 '슈퍼부자 감싸기 정책을 중단하라(Stop Coddling the Super-Rich)'라는 칼럼을 통해 자신의 소득세 세율은 17.4%에 불과한데 사무실에서 함께 일하는 직원들의 소득세 평균 세율은 자신의 두 배가 넘는 36%라고 예를 들며 부자 증세를 강력하게 주장했습니다.

우리나라에서도 2011년 말 소득세 최고 과세표준 구간(3억 원 초과)을 신설하여 종전 35%의 최고세율을 38%로 높인 바 있습니다.

물론 미국이나 한국에서 부자 증세에 대해 환영하는 사람이 많은 반면 반대하는 사람도 만만치 않아요.

부자 증세는 양극화 해소를 위한 대책 중 하나입니다. 일명 '낙수효과'라는 거죠. 부유층의 넘치는 부를 하위 소득층에게 더 잘 흐르게 국가가 개입하는 것이라고 할 수 있어요. 부자일수록 더 많은 부를 축적할 수밖에 없고 가난할수록 더 가난해질 수밖에 없는 사회 경제적 조건하에서 그대로 두면 부자들의 부가 흘러가지 않죠. 국가가 나서서 강제적으로 부가 아래로 흐를 수 있도록 하는 것이 부자 증세입니다.

부자 증세를 찬성하는 사람들은 증세를 통해 확보한 재정으로 급격하게 증가되고 있는 복지 수요를 충족시킬 재정을 마련해야 한다고 주장합니다. 부자들에게 세금을 더 거두어 빈곤층과 사회적 약자들의 사회 안전망을 확충하는 데 지출하자는 것이죠.

반대로 부자 증세를 부정적으로 생각하는 사람들은 부자 증세가 투자 의욕을 감소시키기 때문에 바람직하지 않다고 말합니다. 투자를 해 전체 파이를 키워야지 작은 파이를 나눠 먹으면 모두 배고픈 상황에 빠질 수밖에 없다는 거죠. 투자를 위해 필요한 돈을 세금으로 내 버린다면 투자 규모뿐 아니라 의욕이 떨어져 결국 모두 굶게 된다는 논리예요.

또한 증세를 하면 부유층의 소비가 줄어들고, 부유층의 소비가 줄어들면 사회 전체의 소비가 줄어드는 문제가 발생할 것이라고 말합니다. 부유세를 피하기 위해 부자들이 외국으로 빠져나가 투자를 하게 됨으로써 국부가 유출된다고 말하기도 하죠.

이번 대선의 주요 이슈 중 하나가 바로 복지입니다. 복지에 필요한 재원을 어떻게 확보할 것인지에 대해 여당과 야당은 다른 입장을 보이고 있습니다.

새누리당은 증세를 최소화하는 대신 비용을 줄이자는 데 초점을 맞추고 있고, 민주통합당의 경우 부자 증세를 통해 복지 재정을 확충해야 한다는 것에 초점을 맞추고 있죠. 어느 쪽이 옳다고는 말할 수 없습니다.

하지만 어느 정도의 증세가 이루어져야만 대선주자들이 제시하는 복지 정책이 실현 가능할 것입니다. 부자 증세가 필요하다면 더욱더 세밀하게 준비할 필요가 있어요.

현재 실소득 3억 원이 넘는 '부자 증세' 대상자는 총 사업자의 1%에도 미치지 못한다고 해요. 경비와 소득공제액을 빼고 실소득이 3억 원이 되려면 연 10억 원 정도의 소득이 있어야 합니다. 과세표준을 더 세분화하고 전문직 고소득자와 자영업자들의 소득을 철저하게 조사하는 방안이 따로 마련될 필요가 있습니다. 새로운 대통령이 복지 공약을 실천하기 위해서는 조세제도에 대한 개혁 방안 없이 복지 재정 충당이 어려울 수 있으니까요.

PART 5

외교 ·
안보 문제를
말하다

QUESTION 44

모든 청년의 고민!
군대, 군대, 군대

군 입대를 앞두고 있는 대학생입니다. 친구들이 우스갯소리로 세상에는 두 부류의 사람이 있는데 하나가 민간인이고 나머지 하나가 군인이라더군요. 절망적입니다. 대한민국의 수많은 청년이 한순간 몰개성적인 상태로 2년여의 시간을 보내는 것은 개인뿐 아니라 국가적인 손실이 아닐까요? 선택과 자율을 존중하는 모병제를 도입하면 개인과 나라의 발전에 도움이 될 것이라고 생각하는데 모병제 도입은 언제쯤 가능할까요?

A
모병제 전환,
아직은 이른 주장이다.

우리나라도 결국에는 모병제(국민들을 징병하지 않고, 본인의 지원에 의한 직업군인들을 모병하여 군대를 유지하는 병역 제도)가 되어야 합니다. 독일과 중국은 2011년에 오랫동안 유지해 온 징병제를 폐지하고 모병제를 도입했죠. 세계적으로 징병제를 폐지하는 추세입니다. 현재까지 징병제를 고수하고 있는 국가는 우리나라를 포함하여 70여 개국 정도에 불과하죠.

지금의 징병제는 분단 상황에서 북한의 군사적 위협이 상존하고 있는 특수한 현실 때문에 임시적으로 운영하고 있는 것입니다. 이 상황이 해소되기 전까지는 징병제에 충실해야 할 필요가 있습니다.

병역의 의무를 하고 싶지 않아 부정적인 방법을 동원하는 것은 용서받을 수 없는 범죄입니다. 앞서 말했듯이 우리의 상황은 참으로 특수해요. 그런데도 불법적인 수단을 사용하여 군 면제를 받으려 한다는 것은 너무나 이기적인 행동이죠. 더구나 그런 행위를 하는 사람은 대부분 기득권층의 자제들이에요. 그래서 더더욱 용서할 수 없는 것입니다. 병역 제도는 국가를 방위하기 위해 채택한 것인데, 우리 사회에서 다른 사람들보다 더 많은 것을 누리고 있는 사회 지도층 인사의 자제들이 병역을 기피한다면 일반 국민들이 느끼는 허탈감이 얼마나 크겠습니까? 하물며 현재 군 복무를 하고 있는 청년들은 어떻겠습니까? 사기가 바닥으로 뚝뚝 떨어지지 않겠어요?

의무병제는 국민의 자유 선택권을 제약하고 국민에게 상당한 부담을 요구하는 것입니다. 따라서 이 제도를 도입할 때 무엇보다 중요하게 생각해야 할 것은 어느 누구도 예외가 되어서는 안 된다는 것입니다. 어떤 사람은 돈과 권력이 있다고 군대에 가지 않고 마음껏 청춘을 즐기는데 어떤 사람은 믿을 구석이 없어 군대에 가 2년 동안 국방의 의무를 수행한다면 그 사회를 공정한 사회라고 할 수 있겠어요?

청년들에게 국가와 국민의 안위를 맡기고자 한다면 그들이 자긍심과 사명감을 가지고 국방의 의무를 수행할 수 있도록 해 주어야 합니다. 한창 혈기왕성하게 활동하고 자신의 꿈을 실현하기 위해 노력해야 할 청년들이 생면부지의 사람들과 2년여 동안 공동생활을 한다는 것은 쉬운 일이 아니죠. 따라서 군 생활이 더욱 값지게 느껴질 수 있도록 국가는 최선을 다해야 합니다.

분단 상황이 5년 후에 해소될지, 20년 후에 해소될지 잘 모르겠지만 일단 분단 상황이 해소되면 징병제를 유지할 필요도, 유지할 수도 없게 됩니다. 남북의 군인을 다 합치면 그 수가 상당할 텐데 그들을 무슨 수로 관리하겠습니까? 통일이 되면 어차피 모병제로 바뀌게 되어 있습니다.

모병제는 여러 가지 장단점이 있습니다. 군 입대 기피나 병역 비리 같은 것이 원천적으로 없어지고, 사상적·종교적 이유로 군 입대를 거부하는 사람들의 개인 결정권이 존중되겠죠. 제대로 된 월급을 주게 되기 때문에 일자리를 만들어 주는 효과도 있을 것입니다. 반면 일정한 병력을 유지하는 데 징병제보다 더 많은 비용이 들 수도 있고, 필요한 병력을 모으지 못하게 될 수도 있습니다.

아무튼 통일이 되기 전까지는 아주 특수한 과도기적 상황이기 때문에 "징병제를 모병제로 바꾸자."라는 주장은 너무 앞서가는 주장입니다. 이런 측면에서 최근 민주통합당의 경선 후보였던 김두관이 주장하는 모병제 전환은 조금 빠를 것 같다는 생각이 듭니다. 물론 다른 후보들보다 먼저 이 문제를 제기함으로써 어젠다를 선점하고 병역 제도의 개선을 이슈화했다는 점에서는 의미 있는 주장이라고 할 수 있습니다.

QUESTION 45

군대 때문에 날아간 내 시간, 누가 책임질 거야?

전역을 한 뒤 복학해 보니 함께 공부하던 여학생은 대부분 졸업을 했거나 취업 준비 중이었습니다. 저는 이제 겨우 2학년인데 언제 스펙 쌓고 언제 졸업하나 막막하더라고요. 선배들에게 들은 바로는 졸업해서 사회에 나가면 상사가 되어 있는 여자 동기를 만나는 것도 어렵지 않다고 합니다. 같은 나이에 입학했는데 여자가 남자보다 훨씬 더 빨리 사회에 나간다고 생각하니 조금 억울합니다. 형평성 있게 군 입대 장병에 대한 가산점 제도가 필요한 것은 아닐까요?

5 외교·안보

A
개인의 이익보다는 공동체의 안위가 우선이다.

결론부터 말하면 보상은 필요하지 않습니다. '가장 활동적인 시기에 국가를 지키기 위해서 의무적으로 군대를 다녀왔으니 가산점을 달라.'는 주장은 적절하지 않습니다.

우리나라에는 아직도 남성우월주의가 자리 잡고 있습니다. 그래서 정부 부처도 여성부를 따로 두고 있는 거죠. 남성들이 군 가산점을 주장한다면 여성들은 여성이기 때문에 알게 모르게 받는 피해에

PART 5. 외교·안보 문제를 말하다 · 199

대해 가산점을 줘야 한다고 주장할 수 있습니다. 여성에게 주어야 할 가산점이 군대 2년에 대한 보상보다 훨씬 클 수도 있죠. 태어나기도 전부터 여성이라는 이유로 부당하게 대우받는 것이 우리나라 현실이잖아요.

아무리 시대가 변했다고 하지만 우리나라에는 여전히 남아선호 사상이 남아 있습니다. 심각한 성비 불균형이 그것을 단적으로 보여주고 있죠. 2010년 인구주택총조사에 따르면 15~19세까지의 남성이 여성보다 21만 3,944명이 많다고 합니다. 20~24세까지도 남성이 19만 5,322명이 많고요. 이는 사회적으로 큰 문제가 될 것입니다.

경제 활동 측면에서도 여성이 부당한 대우를 받는 경우가 많습니다. 지금은 많이 개선되었지만 남녀고용평등법이 제정되기 이전까지 여성의 월평균 임금은 남성의 50% 수준에 지나지 않았어요. 뿐만 아니라 노동 시장에서 여성은 하층 직업에 편중되어 있고 근속연수도 남성에 비해 현격히 짧았죠.

육아와 가사로 여성들이 느끼는 부담감 역시 남성에 비해 상당히 큽니다. 요즘은 과거에 비해 남편들이 많이 도와준다고는 하지만 현실적으로는 여성들의 역할이 더 크죠. 이런 것들을 어떻게 돈으로 혹은 점수로 따질 수 있겠습니까?

국방의 의무, 납세의 의무는 대한민국의 국민이라면 자랑스럽게 감당해야 할 의무입니다. 대한민국 국민으로서 이러저러한 권리를 누릴 수 있는 것은 국민의 의무를 충실히 수행하기 때문이에요. 의무라는 것은 선택할 수 있는 것이 아닙니다. 자신의 존재가 의무를 발생시키는 것이기 때문에 좋다고 할 수 있는 것도 아니고 싶다고 거부할 수 있는 것이 아니라는 말입니다.

군 가산점 문제는 1999년에 헌법재판소가 '여성과 장애인, 군 미필자 등에게 헌법상 보장된 평등권과 공무담임권을 침해한다.'라고 판단해 위헌판결을 내렸습니다. 그런데 최근 이명박 정부는 이렇게 밝혔습니다.

"국가를 위해 희생한 장병들의 기회 손실을 보상하는 차원에서 군필 가산점제의 재도입을 추진하겠다."

그리고 국민의 80%가 군 가산점제를 찬성하고 있다는 이유를 들었죠. 2012년 8월 취업포털 사람인이 기업들을 대상으로 조사한 결과에 따르면 86.5%가 군 가산점제를 찬성한다고 답했다고 합니다. 2년 전 조사 결과와 비교해 보았을 때 3.5%가 증가한 수치라고 하네요. 현재 채용 과정에서 군필자를 선호하는 기업 비율이 90.6%나 된다고 합니다.

그러나 여성계는 반대 의사를 분명히 밝혔습니다.

"군 가산점제 혜택을 보는 사람은 공무원 시험에 응시하는 극소수에 불과하며 군대를 갈 수 없는 일부 여성과 장애인들을 고려하면 받아들여질 수 없는 정책이다."

대선을 앞두고 해묵은 이슈를 꺼내 든 이명박 정부의 의도가 무엇인지 심히 의심스럽습니다. 이번 대선에서 이 문제가 어떻게 이슈화될지는 모르겠지만 정치권이나 온라인상에서 뜨거운 논쟁이 일어나고 있는 것을 보면 후보들은 이에 대한 자신의 입장을 분명하게 밝혀야 할 것입니다.

'국방의 의무'라는 말 속에는 '대한민국 국민이기 때문에 자신의 가족과 재산, 국가를 지키기 위해서 응당 감당해야 하는 것'이라는 의미가 담겨 있습니다. 그런 의미에서 의무를 자랑스럽게 생각해야 할 필요가 있죠. 나라를 위해서 군대에 갈 수 있는 건강한 육체를 가졌다는 자부심을 가지고 군대에 다녀와야 합니다. "군대에 다녀왔으니 점수를 좀 더 달라."고 주장하는 것은 대한민국 국민으로서 취할 자세가 아닙니다.

개인의 이익보다는 공동체의 안위가 우선입니다. 자신이 사는 공동체가 안전하지 못하다면 개인의 이익 또한 보장받지 못합니다. 개인주의가 발달한 국가일수록 국민의 생명과 재산을 위협하고 국가 안위를 위협하는 것에 강력하게 대처하고 있는데, 이는 개인의 이익과 공동체의 안위가 동전의 양면이기 때문입니다. "군대에 다녀왔으니 가산점으로 보상해 달라."고 말하는 사람들에게 어떻게 우리의 미래를 맡길 수 있겠습니까?

QUESTION 46

사병 월급 인상은
혹하게 만들기 위한 선거 공약용?

철원에서 군 생활을 하고 있는 군인입니다. 선거철만 되면 사병 월급 인상에 대한 공약이 난무하는데요. 군인인지라 그 공약에 관심이 가는 것이 사실입니다. 휴가 때마다 부모님께 손 벌리는 것도 죄송하고……. 군인들이야 사병 월급이 인상되면 그야말로 두 손 들어 반기겠지만, 늘 말뿐인 공약인 것 같아 믿음이 가지 않습니다. 과연 실현 가능성이 있기는 한 걸까요?

A

사병 월급 인상보다
근무 환경 개선이 우선이다.

저는 사병 월급 인상에 동의하지 않습니다. 2012년 4·11 총선을 앞두고 여야 모두 사병 월급 인상을 주장했습니다. 연봉으로 따지면 600만 원 정도를 올려 주자고 했죠. 민주통합당이 월 30만 원으로 인상해야 한다고 주장하니 새누리당에서는 20만 원을 더 얹어서 50만을 올려 주어야 한다고 주장했습니다. 막무가내로 지르기! 그야말로 먹튀 공약 아닙니까?

사병 월급이 인상된다면 국가는 적지 않은 재정 부담을 떠안게 됩니다. 군 장병으로 근무하는 동안 돈으로 보상해 주는 것보다는 직업 교육을 강화해 준다든지, 자기 계발을 할 수 있도록 배려해 준다든지 하는 방식을 고민할 필요가 있습니다. 돈 혹은 점수 등으로 2년이란 시간을 보상해 준다는 것, 그러한 발상을 하는 사회는 균형 잡힌 사회가 아닙니다.

정치권이 선거에서 사병들의 표를 얻기 위해 내놓은 공약이라고는 하지만 국민의 의무에 대해 이러저러한 인센티브를 주겠다고 하면서 표를 구걸하는 것은 상당히 잘못되었다고 생각합니다. 재원 조달 방안에 대해서는 심각하게 고민하지 않고 선심 쓰듯 공약을 막무가내로 남발하는 것이 무슨 소용이 있겠습니까?

사병 월급을 50만 원으로 인상하면 1년에 2조 2천억 원 정도가 필요합니다. 이런 예산이 있다면 군대에 다녀온 청년들이 좋은 일자리를 마련할 수 있도록 하는 데 사용하는 것이 더욱 좋지 않을까요? 사병 월급 인상에 대해 말할 때 이런 주장을 하는 경우가 있습니다.

"청년들이 창업에 도전할 수 있는 베이스가 만들어진다."

이 말이 현실적으로 가능할까요? 물론 아예 불가능한 것은 아닙니다. 좋은 아이디어를 가지고 기업가 정신으로 무장한 청년들이 창업을 희망하는 경우도 있습니다. 하지만 창업을 한다고 해서 무조건 성공할 수 있는 것은 아닙니다. 대부분의 청년은 좋은 직장을 갖기 원하죠.

현재 우리나라의 자영업자 비율은 28.8%입니다. 독일의 자영업자 비중이 11.6%, 미국이 7.0%인 것에 비하면 월등히 높은 수치이

죠. 2012년 7월 조선일보와 현대경제연구원의 조사 결과에 따르면, 창업을 해 1년을 버틴 자영업자가 72.6%, 2년을 버틴 자영업자가 56.5%, 3년을 버틴 자영업자가 46.4%라고 합니다. 절반 이상의 사람은 3년도 견디지 못하고 있는 상황이에요.

자영업자의 순소득은 월평균 149만 2,000원에 불과하다고 합니다. 최저 생계비를 지원받는 4인 가족 기준 기초생활수급자와 비슷한 수준이죠. 100만 원 이하 소득을 내는 자영업자가 절반이 넘는 57.6%에 달한다고 하니 자영업 창업은 좋은 대안이 될 수 없습니다.

그렇다고 벤처 창업은 쉬울까요? 이는 더욱더 어렵습니다. 위험을 무릅쓰고 초기 투자에 나설 투자자가 턱없이 부족한 상황에서 벤처 투자는 그림의 떡이라고 할 수 있습니다.

청년 실업을 해결하기 위해 제대 후 목돈을 만들어 창업할 수 있도록 해 주겠다는 논리로 사병 월급을 올려 주자는 것은 대단히 잘못된 발상입니다. 국방의 의무를 수행했다고 돈이나 가산점 같은 것으로 보상하는 것은 대단히 편의적이며 생색내기에 불과합니다.

먼저 생각해야 할 것은 의무를 잘 수행할 수 있도록 사병들의 복지와 근무 환경을 개선하는 것입니다. 열악한 조건을 바꿀 생각은 하지 않고 월급만 인상한다는 것은 본말이 바뀐 것이죠. 월급은 그대로 두더라도 사병이 생활하는 데 불편함이 없고 편안하게 근무할 수 있도록 환경을 조성해 주는 것이 훨씬 더 효과적일 것입니다.

또한 앞서 말했듯이 월급 인상을 할 수 있는 예산이 있다면 청년들이 사회에 나가 더욱 발전적인 삶을 살아갈 수 있도록 일자리를 마련해 주는 데 사용해야 합니다. 제대 후 일하고자 하는 청년들이 걱정 없이 좋은 일자리를 구할 수 있도록 하는 것만큼 큰 보상이 어디 있겠습니까?

QUESTION 47

북한,
가까이하기엔 너무 먼 당신

제 아들이 다음 달이면 논산훈련소에 입소합니다. 군대는 대한민국 남자로서 당연히 짊어져야 하는 의무이기 때문에 군대에 보내는 것이 주저되지는 않지만 천안함 사건이나 연평도 도발 사건을 생각하면 사실 조금 불안합니다. 우리나라가 세계에서 유일한 분단국가라는 점도 마음에 걸리네요. 남북 관계가 회복되면 이런 불안감을 떨쳐 버릴 수 있을 것 같은데, 최근 남북 관계는 그다지 좋지 않은 것 같아요. 남북 관계 개선을 위한 좋은 방법이 없을까요?

A
햇볕포용 정책을 통해서
북한을 연착륙시켜야 한다.

북한을 통일의 대상으로 생각할 것이냐, 지구상에서 박멸하고 없애 버려야 할 대상으로 생각할 것이냐에 따라 차이가 있습니다. 정치는 현실입니다. 북한이 박멸해야 할 대상이라면 전쟁으로 없애는 것이 가장 확실한 방법이죠. 그러나 그것은 불가능합니다. 가능하다 해도 수백만 명 이상이 희생당할 것을 각오해야 합니다.

하지만 이 지구상에 우리 국민 수백만 명이 죽는 것까지 각오하고

서라도 해야 할 만큼 중요한 일은 없습니다. "행성이 지구에 충돌할 위험에 처했다. 그런데 우리나라 국민만이 그것을 해결할 수 있다. 우리가 목숨을 걸고 지구를 살리자!" 뭐, 이런 경우라면 모르겠지만 말예요. 그런 일이 아니고서는 국민들의 목숨과 바꿀 만큼 중요한 일은 없다는 것입니다. 이것이 북한을 박멸의 대상으로 보면 안 되는 이유입니다.

통일은 군사적 위협을 원천적으로 해소하고 더불어 잘살 수 있는 상태라고 할 수 있습니다. 북한을 연착륙시키는 것이 가장 효과적인 정책이죠. 정부의 대북 정책을 평가하는 첫 번째 기준은 어떻게 극단적인 충돌을 피하면서 남북 관계를 유지하고 관리하느냐 하는 것입니다.

최근 몇 년간 남북 관계가 경색된 것이 사실입니다. 천안함 사건과 연평도 사건으로 인해 그리고 이명박 정부의 '압박 정책'으로 인해 남북 교류는 상당히 제약을 받고 있는 상황이죠. 거기에 김정일 국방위원장의 갑작스러운 사망과 권력 승계로 북한 정권은 우리나라에 방어적인 자세를 취하고 있습니다. 여러 상황으로 보았을 때 군사적 충돌의 잠재적 요소가 많이 산재해 있죠.

요즘 같으면 '남북 관계가 잘 관리되고 있다.'라는 생각이 전혀 들지 않을 것입니다. 정부가 그냥 흘러가는 대로 두고, 도발의 기미가 보이면 그에 적합하게 대응하겠다는 모습만 보이고 있으니 어떻게 그런 생각을 할 수 있겠습니까?

북한을 연착륙시키기 위해서는, 북한을 북미수교나 북일수교를 통해 책임 있는 국제사회 구성원으로 들어오게 해 국제적 경제 지원을 받게 하거나 중국이나 베트남과 같은 개방 정책을 받아들여 경제 체제 개혁에 나서게 해야 합니다. 때로는 북한의 위협에 넘어가지 않는 원칙적인 대응도 필요하지만 웬만하면 싸움을 하지 말고 서로 잘사는 방향으로 관리해 가야 합니다. 큰 틀에서 햇볕포용 정책이라고 말할 수 있습니다. 물론 우리 국민의 안전이 위협받거나 국가의 안위가 위협받을 때 원칙적으로 대응하는 것이 전제되어야 하겠죠. 북한으로 인해 우리 국민의 생명과 국가의 안전이 위협받을 때는 아주 단호하게 대응해야 합니다.

햇볕 정책은 겉으로 보기에는 대단히 부드럽고 소극적인 정책인 것 같지만 정책의 대상이 되는 북한의 입장에서는 매우 공격적이며 적극적인 공세입니다. 거부하기 힘들 뿐 아니라 당장 현실적인 문제가 걸려 있기 때문에 유혹을 떨쳐 내기가 힘들죠. 이에 반해 압박 정책은 다릅니다. 북한으로서는 대응하기 아주 쉬운 정책, 북한의 체제를 유지하기 쉬운 정책이죠. 이러저러한 복잡한 계산이 필요 없는 단순한 대응이면 되니까요. 북한은 중국을 든든한 후견자로 확보하고 있다면 큰 위험 부담 없이 자신들을 지킬 수 있다고 생각할 것입니다.

우리나라는 언젠가 있을 통일 과정에서 감당해야 할 비용을 최소화하기 위해서라도 북한에 인도적 지원을 할 필요가 있습니다. 국제 공조를 통한 지원, 특히 중국과 일본의 도움을 빌리는 것이 필수적입니다. 미국에게만 의존할 수 있는 일이 아니죠. 북한의 안보 위협에 대처하기 위해, 북한을 연착륙시키는 현실적인 경로를 열기 위해 한미 관계 못지 않게 중국과 일본의 관계도 잘 관리해야 합니다.

5 외교·안보

QUESTION 48

북한 핵 문제!
이러다 정말 전쟁 나는 거 아냐?

한 영화를 통해 '핵'의 무시무시함을 간접적으로 느낀 20대 여대생입니다. 영화로만 보았던 핵을 북한이 보유하고 있다고 생각하면 등골이 오싹합니다. 다른 이유를 배제하더라도 우리의 안위를 위해서 북한과의 관계뿐 아니라 주변국들과의 관계가 매우 중요하다는 생각이 듭니다. 그런데 요즘 이명박 정부는 북한 핵 문제를 해결할 의지가 없어 보입니다. 핵 문제를 해결할 수 있는 좋은 방법이 없을까요?

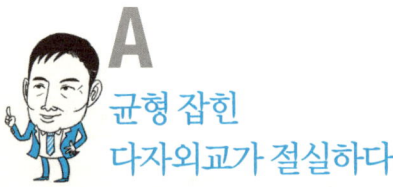

A 균형 잡힌 다자외교가 절실하다

이명박 정부가 북한의 핵 문제나 남북 관계 개선을 위해서 적극적인 외교를 하지 않는 이유는 대미 정책에 치중해 있기 때문입니다. 북한의 핵 보유로 위협을 느끼는 나라는 한국과 미국만이 아닙니다. 중국과 일본 역시 자국 안보에 심각한 위협을 받고 있죠.

중국이 6자회담이라는 다자간 틀을 만들어 북핵 문제 해결에 적극적으로 나서는 이유도 바로 여기에 있습니다. 북한 정권을 신뢰할 수 없다는 거죠. 중국은 이러한 위협에 대응하기 위해 6자회담을 주도하면서 북한이 핵 개발을 하지 않고도 생존 가능한 조건을 만들어 주고자 했습니다. 하지만 중국의 노력만으로 문제가 해결되지 않는 것이 국제 현실이죠.

핵 문제 해결의 핵심은 북한과 미국의 관계가 정상화되는 것입니다. 북미 관계의 정상화는 한국과 북한의 화해와 협력이 전제되어 있어야 하고요. 한미동맹 관계 때문에 남북한 관계가 대립적이고 적대적인 상황이라면 한국을 무시한 채 미국이 단독으로 북한과 관계 정상화 과정에 들어설 수 없기 때문이죠. 결국 북한 핵 문제의 해결은 남북 관계의 개선에서 출발해야 합니다. 남북한 간의 사이가 좋아지면 북한 핵 문제 해결을 위한 6자회담이든 북한에 대한 국제적 경제 지원이든 모두 가능하게 되니까요.

이런 측면에서 본다면 이명박 정부의 '비핵 개방 3000'은 선후가 잘못된 정책입니다. 이명박 정부가 북한 핵 문제 해결을 위한 의지를 보이기 위해서는 남북 관계 개선이 우선시되어야 한다는 거죠. 그런데 핵 포기를 선언하면 경제 협력을 하겠다고 하니 북한이 이를 받아들이겠습니까? 북한 입장에서는 체제의 생존을 보장받을 수 있는 가장 큰 카드를 버리고 두 손 들고 항복하라는 말로 들리지 않겠어요?

이명박 정부가 미국 편향적인 외교가 아닌 강대국과의 네트워크 외교를 전개했더라면 북한 핵 문제에 대한 논의가 어느 정도 진전되었을 것이라 생각합니다. 미국뿐 아니라 중국, 일본, 러시아 등과 북한 핵 문제 해결을 위해 다각적인 노력을 하는 동시에 남북 관계 발전에 신경을 썼다면 북한의 변화를 가져올 수 있었을 거예요. 특히 6자회담을 통해 이 문제를 적극적으로 접근하고자 하는 중국과의 긴밀한 협력이 필수적인데, 이명박 정부는 중국에 무관심한 것 같다는 생각이 듭니다.

중국은 남북 관계가 좋아져야 자국이 주도하고 있는 6자회담에서 성과가 생길 것이라고 생각하고 있습니다. 남북 관계가 이렇게 경색되어 있으면 중국도 북한을 설득해 협상 테이블로 나오게 하기가 힘들겠죠. 억지로 데리고 나온다 해도 협상이 순조롭게 진행되지 않을 거고요. 주도국인 중국으로서는 체면이 서지 않는 일이죠.

현재 중국은 우리나라와 협상을 하려고 하지 않고 있습니다. 이명박 정부가 대미 정책에 올인하고 있기 때문에 미국과 직접 대화하여 동북아 문제를 풀려 하지 굳이 한국을 대화 파트너로 삼을 필요가 없다고 생각하는 거죠. 이래저래 한국은 동북아에서 '왕따'를 당하고 있는 상황입니다.

6자회담은 북한 핵 문제를 해결하기 위한 협상 테이블이자 동아시아 다자외교의 유일한 틀입니다. 한반도를 둘러싼 문제뿐 아니라 동아시아의 외교, 안보, 통상 등 여러 현안이 논의될 수 있는 외교의 장이죠. 동아시아 주요국이 모여 있기 때문에 역내 집단 안보를 논의할 수 있는 틀도 될 수 있죠. 따라서 6자회담 성사의 전제 조건이 다름 아닌 남북 관계에 있다는 것에 주목할 필요가 있습니다.

대미 관계를 강화하는 것만으로 한반도 문제와 외교 문제를 풀어 나가는 데 아무런 문제가 없다고 생각하고 있다면 이명박 정부는 큰 실수를 하고 있는 것입니다. 우방을 관리하는 것보다 힘든 것이 우방을 견제하는 상대를 관리하는 것인데, 이명박 정부는 최근 몇 년 동안 이 역할을 방기하고 있습니다.

이명박 정부의 눈에는 중국과의 외교도, 일본과의 외교도, 러시아와의 외교도 보이지 않나 봅니다. 얼른 깨끗하게 눈을 씻고 한미 간의 안보 동맹을 튼튼히 하는 동시에 중국의 현실적인 힘과 역할을 인정할 필요가 있습니다. 지금껏 이명박 정부는 한미동맹으로 중국을 압박해 왔습니다. 이것은 현실적으로 국가 이익에 부합하는 정책이 아닙니다. 미국의 국가 이익과 정확히 일치하기는 하죠.

중국이라는 경제적·군사적 대국에 대해 우리 나름의 정책을 펼치지 못하고 있다는 것은 큰 문제입니다. 이명박 정부는 지난 4년 동안 적극적으로 중국 외교를 펼치지 않았기 때문에 임기 말에 갑자기 중국 외교를 강화한다고 해도 중국이 금방 맞장구를 쳐 주지 않을 것입니다.

그렇다고 우리나라가 중국에게 할 말을 다하고 있느냐? 그렇지도 않습니다. 중국과 '전략적 협력자 관계'로의 발전을 모색하면서 동등한 입장에서 중국에 요구할 것은 요구하고, 중국이 요구한 것에 대해서는 전략적 입장에서 응해야 합니다. 하지만 지금까지는 전략적이지도 않고 협력적이지도 않은 애매모호한 태도를 취해 왔습니다. 중국이 설사 정치적으로는 아니지만 경제적으로 중요한 파트너라고 생각한다면 경제 파트너십을 견실하게 유지하기 위한 관계는 형성해 두어야 합니다.

사실 이명박 정부에게 중국과 일본과의 외교 개선을 기대하는 것은 어렵습니다. 결국 다음 정부가 균형 잡힌 다자외교를 펼치기를 기대해야겠죠. 지금과 같은 시대에는 대통령의 외교력이 굉장히 중요합니다.

우리 외교부는 미국통들이 주류를 차지하고 있습니다. 상황이 이렇다 보니 아무래도 자기들이 잘 아는 대미 외교 중심으로 외교 정책을 풀려고 하죠. 미국통뿐 아니라 중국통과 일본통 들도 자기 목소리를 낼 수 있도록 균형을 잡아 줘야 합니다. 그러기 위해서는 대통령이 외교 정책을 균형 있게 생각할 줄 알아야 되고 외교부를 균형 있게 운영할 수 있을 정도의 외교적 식견과 경험이 있어야 합니다.

QUESTION 49

미국보다 먼,
북한보다 가까운 중국?

베이징에 있는 회사에 취업하려고 준비 중인 중국어 전공 학생입니다. 중국이 향후 가장 큰 강대국이 될 나라로 주저 없이 꼽히는 것은 의심할 여지가 없는 사실인데요. 그런데도 한중 관계는 껄끄럽고 어색한 부분이 있는 것 같아요. 미래를 위해서라도 중국과 우호적인 관계를 유지해야 하는 것 아닌가요? 한중 관계 발전을 위한 대중외교는 어떻게 해야 하는 걸까요?

5 외교·안보

A
경제적·문화적 접근을 위한
한중 FTA가 답이다.

한중 간 수교를 맺은 지 20년이 흘렀습니다. 한국과 중국은 20년 중에서 15년 정도는 경제 협력을 중심으로 급속하게 밀착하며 훈훈한 관계를 유지해 왔죠. 그러나 최근 5년 동안 양국 관계에는 찬바람이 불고 있습니다. 양국이 경제적 필요에 이끌려 밀월 관계를 유지해 오다 경제적 이익이 상호 상충한다는 사실을 인식했고, 정치적·안보적으로 이해가 대립된다는 것을 느끼면서 관계가 냉랭해진 거죠.

현재는 조정 기간이라고 볼 수 있는데, 이 시기가 지난 후에 양국이 어떤 관계를 형성할 것인지는 중국과 한국이 어떤 카드를 가지고 나서느냐에 따라 달라질 수 있습니다.

한중 관계 개선을 위해서는 우선 중국의 입장을 이해해야 합니다. 중국의 경제는 급속하게 성장하고 있습니다. 그 과정에서 양과 음이 함께 나타나고 있죠. 사실 중국은 우리나라의 발전 과정에서 시사점을 얻으려고 해 왔습니다. 등소평의 '개혁개방 정책'이나 강택민의 '신권위주의'는 박정희 정권의 경제 발전 모델인 '동아시아 발전 국가'에서 많은 힌트를 얻었다고 할 수 있습니다.

특히 강택민 시기에는 정부 산하 정책연구소들이 박정희가 추진했던 근대화 정책에 대해 많은 연구를 했다고 합니다. 그 결과 중국 공산당 중심의 당 국가 체제를 유지하면서 시장경제는 과감하게 받아들이는 중국식 발전 전략이 완성되었습니다. 정치는 권위주의적으로 통치하지만 경제는 시장에 맡겨 개방적으로 발전시키는 전략이 바로 그것이죠.

현재 중국은 경제 발전의 깊은 그림자도 경험하고 있습니다. 우리나라가 경제 발전을 이루고 민주화를 성취한 후 빈부 격차가 커지고 사회 양극화를 경험했듯이 중국도 비슷한 과정을 겪고 있는 거죠. 중국은 우리나라에게 무언가를 배우고 싶어 합니다. 우리는 먼저 경험한 입장에서 중국에게 여러 형태로 조언을 해 줄 수 있어요. 우리가 중국의 처지를 정확하게 이해한 뒤에 중국이 어려워하는 점에 대해 우리 경험을 들려준다면 현재 중국을 이끌고 있는 중국 지도부는 매우 반가워할 것이라고 생각합니다.

사실 중국의 사회·경제적 상황과 한국의 상황은 많이 다릅니다. 그래서 한국의 경험이 중국에 얼마나 도움을 줄 수 있을지는 확신할 수 없습니다. 그럼에도 불구하고 한국이 중국이 겪고 있는 어려움에 조금이나 도움을 주기 위해 노력하고 있다는 태도를 보여 줄 필요가 있습니다.

외교도 결국 사람이 하는 것입니다. 중국 사람들도 사람인데 한국 정부가 자기들의 처지를 잘 이해하고 진정으로 함께 더불어 잘살기 위해서 노력하는 모습을 보여 준다면 마음을 열지 않겠어요?

중국과의 경제적 이해는 매우 중요합니다. 중국은 북한과 군사동맹을 맺고 있기 때문에 정치적으로나 군사적으로 우리 편에 서기 어렵다고 봐야 합니다. 우리나라는 미국과, 중국은 북한과 군사동맹을 맺고 있기 때문에 한중 관계를 동맹의 수준까지 끌어올리는 것이 현실적으로는 불가능합니다.

최근 한국과 중국이 '전략적 협력자 동반자 관계'를 선언하고 관계 발전을 위해 상호 노력하자는 선언을 하기는 했지만, 양국 관계의 중요성을 반영해 주고 있지는 않습니다. 중국이 분류하고 있는 협력적 동반자 관계이니 전면적 협력 동반자 관계이니 전략적 협력 동반자 관계이니 하는 용어 자체에 정치적으로나 경제적으로 큰 의미를 부여하고 있지 않으니까요. 중국의 입장에서 '전략적 협력 동반자 관계'라는 것은 국가 간의 관계를 분류하는 분류 기준에 지나지 않을 수도 있습니다. 문제는 관계의 내용이 되겠죠.

중국이 처한 외교적·군사적 상황을 이해하지 못하고 곧바로 군사적·정치적으로 접근하는 것은 옳지 않습니다. 그보다는 경제적·문화적 접근을 하는 것이 효과적입니다. 경제적·문화적 접근을 위한 통로는 한중 FTA입니다. 미국과도 FTA를 체결했는데 중국과 못할 이유가 있겠어요? 중국도 원하고 있고요.

물론 우리나라가 농수산 부문에서 엄청난 충격을 받을 수도 있지만 만반의 대책을 세우고 중국과 충분히 협상한다면 한중 FTA는 우리나라에 큰 도움이 될 것입니다. 단 협상 과정에서 절대 중국에 끌려 다니면 안 됩니다. 급한 것은 중국이니까요.

경제적으로 의존도가 강하다고 저자세로 협상에 임할 필요는 없습니다. 쫄지 말고 당당하게 우리의 국익을 실현해야 합니다. 그리고 한중 FTA 체결과 함께 중국과 경제적 차원에서 실질적인 '전략적 협력 동반자 관계'로 발전을 도모해 나가고, 중국 사람들 사이에 형성되어 있는 한국에 대한 부정적 이미지와 감정을 지속적으로 개선시켜 나가야 합니다. 경제적·문화적으로 접근해야 군사적·정치적으로 북한과 밀착되어 있는 중국의 입장을 완화시킬 수 있습니다.

QUESTION 50

한국과 미국,
다윗과 골리앗의 우정 나누기?

한국이 일본의 강점 상태에서 벗어난 지 100여 년이 채 지나지 않았습니다. 한미동맹은 북한과 중국, 일본 등을 견제하고 스스로를 보호하기 위한 자구책이지만, 한미 관계 또한 대등한 관계가 아니라는 인상을 지우기 어렵습니다. 우리에게 한미동맹이 반드시 필요한 것인가요? 동북아 평화를 위해 주한미군이 철수해야 한다는 목소리가 높아지고 있는데, 이에 대해서는 어떻게 생각하시나요?

5 외교·안보

A
초강대국 중국을 견제하기 위해
한미동맹이 반드시 필요하다.

우리나라와 가까운 거리에 위치한 중국은 이제 'G2'라고 불릴 정도로 초강대국이 되었습니다. 어느새 미국과 어깨를 겨룰 정도의 나라가 되었죠. 우리는 그런 중국으로부터 어떤 형태로든지 영향을 받게 되어 있습니다.

중국 외교의 시작은 중국과 잘 지내는 것입니다. 중국과 한국이 상호 위협을 느끼지 않고 서로에게 도움이 된다면 아무런 문제가 되지 않겠죠. 국제 관계라는 것은 반드시 이상적일 필요는 없습니다. 나쁘지 않으면 그것으로 괜찮은 경우도 있어요. 그런데 보통 한 국가의 힘이 지나치게 커지면 주변국에 대한 영향력이 자연스럽게 증대됩니다. 그럴 때는 어떻게 해야 할까요? **힘이 세지는 것을 막을 수는 없습니다. 그러나 세력 균형을 통해 힘의 확산을 막는 것은 가능합니다.**

그런 의미에서 한미동맹은 앞으로도, 통일이 된 후에도 필요합니다. 가까운 곳에 있는 강국을 견제하기 위해서는 먼 곳에 있는 강국과 연대하는 것이 일반적인 전략입니다. 다른 나라의 힘을 이용해 힘의 균형을 맞추는 거죠. 점점 강대해지고 있는 중국으로부터 우리의 국익을 지키기 위해서는 중국을 견제할 필요가 있습니다. 필요하다면 없는 동맹이라도 만들어야 하죠. 그런데 우리나라는 이미 미국과 단단한 군사동맹을 맺었고, 60년간 관계를 유지해 왔습니다. 그것을 해체한다는 것은 외교 안보적 관점에서 봤을 때 상당히 어리석은 짓이라고 할 수 있습니다.

물론 지금의 한미동맹은 한 단계 발전이 필요합니다. 60년 전의 동북아 정세와 지금은 많이 다르니까요. 냉전시대에 체결된 군사동맹의 형식과 내용을 국제 정세의 변화에 맞게 변화시켜야 한다는 것은 매우 당연한 거죠.

정부는 최근 한미동맹의 발전 방법을 모색하고 있습니다. 미국의 세계 전략과 동아시아 전략이 변하고 있고, 중국의 부상 또한 동맹의 형식과 내용의 변화를 추동하고 있죠. 60년 전에 불균형했던 동맹 관계가 더욱더 평등하고 균형 잡힌 동맹으로 발전해야 하고, 군사동맹 중심의 동맹이 비군사적 차원, 즉 경제, 문화, 가치 등 다양한 영역에서의 동맹 관계로 확장해 나가야 합니다.

'네트워크 동맹'이라는 용어를 들어 본 적이 있을 겁니다. 다양한 영역에서 양방향적 동맹으로 거미줄처럼 얽혀져야 한다는 의미입니다. 21세기형 동맹이라고도 하죠. 한미동맹이 한국의 국익을 보호할 필수적 양자 관계라고 한다면 이 양자 관계가 더욱 촘촘하고 균형 잡힌 관계가 되어야 한다는 것입니다. 전시작전권 이양이나 SOFA 협정, 주둔군 분담금 문제 등 한미 관계 현안에 대해 미래지향적인 관점에서 해결해 나가야 양국에 이익이 될 것입니다.

통일 과정에서 중국이 어떻게 나올지 모르겠지만 중국의 외교 안보적 이해관계가 맞아떨어져 남북한이 통일된다면 통일된 후 동아시아에서 세력 균형을 위해 "한반도에 미국이 계속 남아 있어야 한다. 미국과의 군사동맹 관계는 더욱 확대되어야 한다."라고 주장할 필요가 있습니다.

미국 입장에서도 이해관계가 맞죠. 'G2'라고 불리는 유일한 경쟁자인 중국을 견제하기 위해서 가장 가까이에 있는 한국과 손잡을 수 있다면 자신들의 국익에 부합하는 것 아니겠어요? 이런 까닭에 미국과 한국의 군사동맹은 양국의 미래에 도움이 됩니다.

중국을 염두에 둔다면 통일이 된 후에도 미국과의 군사동맹 체제를 계속해서 발전시켜야 합니다. 한국과 미국은 동맹 관계를 유지하기 위해서 주변국들이 안보상 우려하는 바를 해소할 필요가 있습니다. 한 방편으로 동북아 지역 안보대화와 같은 협의체나 안보레짐을 만들어 동북아 지역 군사 안보 문제를 다루어 나가야 합니다.

중국, 러시아, 일본, 미국 그리고 통일 한국이 참여하는 안보 협력 대화 창설을 한국이 주도하고 주변 강대국들이 그 틀 안에서 세력 균형을 도모하면 한미동맹을 유지하면서 동북아 평화와 안정을 유지시킬 수 있을 겁니다. 물론 이는 먼 미래의 이야기이지만요.

QUESTION 51

붕어빵에는 붕어가 없고
일본의 독도 주장에는 독도가 없다!

최근 일본에서는 노다 요시히코 일본 총리가 기자회견을 통해 독도는 일본 땅이라고 재차 주장한 것을 비롯해 일본 극우파들을 필두로 다양한 방법을 통해 독도는 일본 땅이라는 주장을 제기하고 있습니다. 밉상, 밉상, 이런 밉상도 없습니다. 일본은 왜 연례행사처럼 끈질기게 독도 영유권 주장을 하는 것일까요? 독도 문제를 해결할 수 있는 근본 대책은 없는 걸까요?

A 일본의 '독도 마케팅'에 말려들어서는 안 된다.

독도 문제는 단기간에 해결되지 않을 것입니다. 영토 분쟁이 단기간에 끝난 경우는 아마 없을 거예요. 우리나라 입장에서는 독도 문제를 국제 재판소로 가지고 가는 것이 좋지 않습니다. 실효적으로 독도를 지배하고 있는 상황에서 국제사회가 독도를 분쟁 지역으로 인식한다면 억울한 일이죠.

《솔로몬의 지혜》에 다른 사람의 아기를 자신의 아기라고 우기는 한 여자 때문에 재판이 열리고 솔로몬이 판결을 내리는 이야기가 나오죠? 실제 아기 엄마 입장이 독도에 대한 한국의 입장과 다를 것이 없습니다. 독도는 엄연히 우리나라 땅이기 때문에 지금처럼 점유한 상태를 유지하면 되는 것입니다. 그러니까 일본의 도발을 무시하는 것이 가장 좋은 전략이라고 할 수 있어요.

일본 우익 세력은 독도 문제만 건드리면 우리나라 정부와 국민들이 흥분한다는 사실을 잘 알고 있습니다. 그래서 필요할 때마다 불쑥불쑥 "다케시마(竹島)는 일본 땅이다."라는 망언을 하는 것입니다. 일본 우익 정치인들은 앞으로도 필요하면 독도 마케팅을 계속할 것입니다.

실질적으로 마케팅을 위한 마케팅일 뿐 그들의 주장에는 독도가 없습니다. 절대 말려들어서는 안 됩니다. 역대 정권들은 그런 점을 잘 알고 있었기 때문에 조용한 외교를 해 왔습니다. 조용한 외교를 하는 것이 현실적으로 맞습니다.

그런데 이명박 정부는 일본 우익 정치인 몇 사람이 울릉도에 온다고 하니 대통령이 나서서 호들갑을 떨고 정권의 2인자라는 사람이 독도에 가서 경비를 서고, 급기야는 대통령이 직접 독도를 방문했습니다. 지지율 하락으로 궁지에 몰린 일본 여당 민주당은 '그래, 지금이 기회다.'라고 생각하고 민족주의를 자극하기 위해 야스쿠니 신사를 참배하기도 했죠.

일본 우익들은 독도 마케팅을 통해 엄청나게 이익을 보고 있어요. 우리나라 정부가 실효성도 없이 독도를 국제 분쟁화시키고 있는 것은 매우 잘못된 방법으로 대응하는 것이라고 할 수 있습니다.

　이명박 대통령이 독도를 방문한 이후 일본은 곧바로 우리나라에 독도 문제를 국제사법재판소에 제소하자는 제안을 했습니다. 물론 우리나라가 거부하면 이 문제는 재판소로 가지 못합니다. 하지만 일본은 모든 외교력을 동원해 독도가 분쟁 지역임을 선언하고 계속해서 국제사회에 호소하고 있습니다. 또한 북방 4개 섬과 센카쿠(댜오위다오) 열도 문제 등과 함께 독도 문제를 영토 분쟁 지역화시키기 위해 노력하고 있습니다. 우리나라 정부는 무엇이 국익에 맞는 행동인지 더욱 신중하게 생각해야 했습니다.

　감정만으로 외교 문제를 해결할 수는 없습니다. 우리나라 사람은 대부분 일본 사람들이 말도 안 되는 논리를 내세워 독도에 대해 망언을 하면 곧바로 흥분합니다. 하지만 그들의 농간에 놀아나면 안 됩니다. 앞에서 말했듯이 일본 극우파들의 정치적인 이해관계에 따른 망언은 무시하는 것이 올바른 외교 전략입니다.

조용한 외교라고 해서 아무것도 하지 않는 것은 아닙니다. 조용한 외교를 통해 국제 분쟁화를 피하면서 독도가 우리 땅이고 우리가 실질적으로 지배하고 있다는 것을 보여 주기 위한 조치들을 착착 진행하면 됩니다.

당장 국민의 지지를 얻기 위해 국가의 장기 이익을 희생시키는 외교는 국가와 국민을 위한 외교라고 할 수 없어요. 대통령이 나서서 국민의 민족주의 감정을 자극해 놓아 장기적인 관점에서 한일 관계를 보자고 말한 대선 후보들은 함부로 자신의 입장을 피력할 수 없게 되어 버렸습니다.

대선을 앞둔 후보들은 자신의 원칙과 소신을 지키고자 눈앞의 선거를 포기할 만큼 이상적이지 않습니다. 대통령의 잘못된 선택이 새로운 정부의 대일 외교에까지 부정적인 영향을 미치지 않을까 걱정되는 대목입니다.

사이버 외교 사절단인 반크(VANK)는 전 세계에 독도가 한국 땅임을 알리는 일을 하고 있습니다. 일본 극우 단체들을 상대로 치열하게 싸우고 있죠. 알게 모르게 그들을 지원하는 것이야말로 조용하지만 실용적인 외교입니다. 그러한 방식으로 외교를 해야 원하는 것을 얻을 수 있을 것입니다.

QUESTION 52

먼 나라 이웃 나라 일본,
너희를 대체 어쩌면 좋겠니?

일본이 군비 증강을 자율적으로 할 수 없는 것은 모두가 잘 아는 사실입니다. 그런데 요즘 일본의 움직임이 심상치 않아요. 제2차 세계대전 전범국인 만큼 자숙하는 모습을 보였으면 하는데 말이죠. 일본의 군비 증강이 가져올 동북아의 안보 딜레마, 어떻게 하면 해소할 수 있을까요?

5 외교·안보

A
일본의 재무장, 반드시 반대해야 한다.

일본의 군비 증강, 이는 원칙적으로 미국의 양해 없이는 불가능합니다. 그것은 우리나라도 마찬가지고요. 우리나라는 미사일 사정거리를 300km로 제한한 한미 미사일 협정에 묶여 기술이 충분함에도 불구하고 더 이상 개발을 하지 못하고 있습니다.

일부 일본 극우파들은 북한이 자꾸만 핵 실험을 하고 중·장거리 미사일을 띄우면 자기들도 자위를 위해서 미사일을 개발하고 핵무

PART 5. 외교·안보 문제를 말하다

기를 가져야 한다고 주장합니다. 그러나 우리는 결과적으로 일본의 군비 확장을 부추길 수 있는 행동들을 자제해야 합니다. 북한이 불장난하는 것에 대해서는 엄격하게 대응해야 하지만 그것이 동북아의 군비 경쟁으로 확산되는 것은 경계해야 합니다.

일본의 재무장화 움직임은 미국의 동아시아 전략하에 추진되고 있다고 할 수 있습니다. 그 저변에는 북한의 핵과 미사일 실험 그리고 중국의 군사대국화에 대한 견제가 깔려 있죠. 미국의 암묵적 혹은 명시적 양해가 있지 않고서는 일본이 저렇게 노골적으로 재무장화를 추진할 수 없습니다.

일본은 제2차 세계대전 전범국으로서 패전 이후 일본 헌법 9조에 '전쟁 포기, 군대 보유 금지, 교전권 부인' 등을 명시한 소위 평화헌법을 만들었습니다. 그런데 최근에 일본은 안전보장 면에서 평화헌법의 해석을 바꿔 일본이 직접 공격받지 않아도 타국을 공격할 수 있는 권리인 '집단적 자위권'을 보유하려는 움직임이 일고 있습니다. 또한 원자력기본법을 고쳐 핵의 군사적 이용을 위한 길을 만들어 놓았죠.

이러한 상황을 고려한다면 최근 이명박 정부가 몰래 의결하려다 들통이 난 '한일 군사비밀정보 보호협정'은 정말 바보 같은 짓이라고 할 수 있습니다. 한일 간에는 이미 상당한 군사정보의 교류가 있습니다. 한미동맹도 있고 미일동맹도 있으니, 미국의 입장에서는 한국과 미국 그리고 일본이 군사 정보를 교류한다는 것 자체가 크게 문제될 것이 없다고 봤겠죠. 한미일 삼각 동맹의 체결이나 한미일 군사 교류는 미국의 이익에 부합하는 것으로 미국은 한국과 일본의 군사 교류가 더 활성화되길 바라겠죠. 백 보 양보해서 우리 정부가 동맹국인 미국의 전략적 입장을 이해하고 이에 협력하려고 했다 하더라도, 이번 군사 협정은 동북아에서의 일본의 군사 활동과 재무장을 용인하는 것처럼 보이지 않겠습니까?

미국이 허용하지 않는 한 일본의 재무장은 원천적으로 불가능합니다. 미일 간에 맺어진 군사동맹이 있으니까요. 그럼에도 불구하고 그동안 일본은 끊임없이 재무장을 추진해 왔습니다. 일본의 재무장이 동아시아에서 미국의 군사비를 대폭 줄일 수 있다는 측면에서 미국이 암묵적으로 일본의 재무장을 허용할 것이라고 생각한 거죠.

일본의 재무장이 미국에 어떤 도움이 될지는 모르겠지만 곧바로 중국의 군사력 강화를 가져올 것은 분명합니다. 중국은 한미동맹, 미일동맹이 중국과 북한을 겨냥하고 있다고 생각하면서 커진 경제력을 바탕으로 군사력을 증강해 오고 있습니다. 그들은 우주개발이나 항공모함 배치 등에 막대한 군사비를 투입하고 있죠. 북중동맹을 강화하기 위한 노력도 게을리하지 않고 있습니다. 중국의 군사력이 두려워서가 아니라 동아시아에서 군사적 균형을 맞추려면 더 많은 첨단 무기 구입과 개발에 돈을 투자해야 한다는 거죠.

결국 일본의 재무장화는 동북아를 군비 증강의 덫으로 몰아넣는 꼴이 됩니다. 일본이 군주주의였던 때만 생각해서 일본이 우리나라를 쳐들어 올 수도 있다고 과도하게 해석할 필요는 없지만. 우리가 군사비로 투입해야 하는 비용을 줄이기 위해서라도 일본의 재무장에 반대해야 합니다.

5 외교·안보

QUESTION 53

그까짓 핵!
우리도 보유하면 되는 거 아냐?

신문을 펼치면 여기도 핵, 저기도 핵, 핵, 핵……. 핵에 대한 기사가 넘쳐 납니다. 결국 이 모든 게 핵에서 비롯한 것이라면 우리도 북한처럼 핵을 보유해서 대응하면 되는 거 아닙니까? 핵을 만들 만한 충분한 기술을 가지고 있을 것이라고 생각하는 데……. 핵을 보유하는 것만으로도 북한을 견제하는 동시에 동북아 가운데서도 영향력을 발휘할 수 있지 않을까요?

A 우리나라는 핵을 만들어서도, 가져서도 안 됩니다.

우리나라는 핵을 가지면 안 됩니다. 북한이 핵무기를 가지고 있으니 우리나라도 가지고 있어야 한다는 주장이 많은데, 정말 그렇게 한다면 그 순간 핵 경쟁이라고 하는 무한 경쟁에 빠져들게 됩니다.

   핵이 전쟁을 억제하는 중요한 수단인 것은 맞습니다. 1950년대부터 시작된 미국과 소련의 핵 경쟁은 핵 사용에 신중해야 한다는 사실을 잘 보여 주었죠. 양국 모두 선제 공격으로 완벽한 승리를 하지 못할 경우 그보다 더 큰 보복을 당하게 될 것이라는 위협 전략을 구사했습니다. 핵이 철저하게 통제되고, 이성적인 사람에 의해 핵무기가 제어될 수 있다는 전제하에서 말이죠.

그러나 이 세상에 완벽한 것은 없습니다. 만에 하나 사고가 난다면 그건 대형사고일 수밖에 없습니다. 핵을 제어하는 컴퓨터가 고장을 일으킬 수도 있고, 테러 집단이 핵을 입수할 수도 있습니다. 어떤 정신이상자가 핵을 통제하다가 갑자기 핵 전쟁을 유발할 수도 있고요. 이렇듯 핵무기는 예기치 못한 사태로 인해 막대한 피해를 가져올 수 있습니다.

미국과 소련은 40년 이상 경쟁하다가 인류가 공멸할 수도 있을 것 같다는 상호확증파괴(MAD, Mutual Assured Destruction)를 인정하면서 1969년부터 전략무기제한협정(SALT, Strategic Arms Limitation Talks)을 맺고 있습니다. 핵무기의 생산과 배치를 제한하고자 한 것이죠. SALT I에서는 대륙간탄도미사일(ICBM)과 잠수함발사탄도미사일(SLBM)의 보유 숫자를 제한했고, SALT II에서는 핵무기 운반 수단에 대해 수량을 제한했습니다.

국제사회에서 핵 국가 인정은 NPT를 통해 이루어지는데 미국, 러시아, 영국, 프랑스, 중국이 인정받고 있습니다. 그 외의 국가들에 대해서는 철저하게 핵 보유국 인정을 거부하고 있죠. 미국 등 핵 강대국들 역시 핵 확산 방지를 위해 노력하고 있습니다. 우리가 이러한 국제사회의 노력에 역행하여 핵무기를 가진다는 것은 말이 안 됩니다.

만약 우리가 독자적으로 핵무기를 가지면 북한에 대해 실효성 있는 대응이 가능할까요? 그렇지 않습니다. 지금 우리는 미국의 핵우산에 의해서 핵 억제력을 발휘하고 있습니다. 그런데 우리가 독자적으로 핵무기를 개발하는 대신에 미국이 핵우산 약속을 철회한다면 우리의 핵 억제력은 굉장히 취약해질 것입니다. 또한 우리가 핵을 보유하게 된다면 주변국들이 긴장하게 될 것입니다. 그로 인해 중국은 핵 전략을 강화할 것이고, 일본 역시 핵무장을 할 것입니다.

중국은 북한의 핵 보유에 대해서 알레르기 반응을 보인 바 있습니다. 그런데 한국까지 핵 보유를 선언한다면? 중국은 가능한 한 모든 군사적·외교적 조치를 통해 한국을 위협할 것입니다. 일본은 이미 북한 핵 개발이 표면화되었을 때부터 미국의 양해를 얻어 원자력 기본법을 손보기 시작했고, 지금은 '안전보장'을 목적으로 하는 핵 이용을 법적으로 용인하고 있습니다.

이런 상황에서 우리가 핵을 보유하게 된다면 일본의 핵 보유를 앞당기는 결과를 가져오게 될 것입니다. 그렇게 되면 한반도를 둘러싼 국제 정세는 상호확증파괴(MAD)의 위협을 받는 위험 지역이 되겠죠.

안보적으로나 경제적으로나 핵은 국익에 도움이 되지 않습니다. 핵 전쟁 위험이 있는 한반도에 누가 투자를 할 것이며, 누가 공장을 짓고 경제 활동을 하겠습니까? 그리고 우리 국민은 늘 핵 전쟁의 위협 속에서 하루하루를 살 것입니다. 따라서 핵 문제는 국가주의적·애국주의적으로 접근할 일이 아닙니다.

무엇이 국가 이익에 부합하는지, 무엇이 국민의 생명과 안전을 잘 지켜줄 수 있는지를 생각해야 합니다. 핵은 '핵 없는 세상'이라는 인류 공통의 가치 측면에서 볼 때도 결코 개발해서는 안 되는, 결코 가서는 안 되는 것이라고 할 수 있습니다.

5 외교·안보

QUESTION 54

우리의 소원은 통일~ 정말이야?

대한민국 국민이라면 '우리의 소원은 통일'이라는 노래를 한 번쯤 불러 보았을 것입니다. 그런데 진짜 소원이 통일이냐고 묻는다면 그렇다고 대답할 청년이 얼마나 될까요? 2030세대의 경우 통일을 위해 어떤 노력을 해야 하고, 통일 후에 어떠한 대가와 희생이 따르는지에 대한 구체적인 고찰을 하는 경우가 많지 않습니다. 젊은이들의 삶에 통일이 화두가 되지 않기 때문이죠. 세계 유일의 분단국가인 우리나라가 통일을 하기 위해서는 어떤 노력을 해야 할까요?

A
국제적 동의와 국민들의 동의를 확보하는 것이 가장 중요하다.

2011년 KBS 남북협력기획단의 여론조사 결과에 따르면 50대는 76.4%, 40대는 75.8%, 60대 이상은 74.2%가 통일에 관심이 있다고 답한 반면, 30대는 71.7%, 20대는 66.2%만이 관심을 가지고 있다고 답했다고 합니다. 평균이 72.3%이니 20대는 다른 세대보다 통일 문제에 관심을 가지고 있지 않다는 것을 알 수 있죠.

통일은 분단 과거를 청산한다는 뜻에서 의미가 있을 뿐 아니라,

한 단계 도약하는 계기가 될 수 있다는 측면에서 미래 발전 전략의 큰 동력이라고 할 수 있습니다.

분단은 국제적으로 이루어진 것입니다. 1953년 7월 27일에 6·25전쟁이 중단되고 정전협정이 맺어져 분단이 고착되지 않았습니까? 이때 정전협정의 당사자는 미국, 중국, 북한이었습니다. 당시 이승만 정부는 "여기서 전쟁을 그만둘 수 없다. 끝까지 밀어붙여서 통일시켜야 한다."고 주장했습니다. 그래서 정전협정에 서명을 하지 않았죠. 협정 당사자가 미국, 중국, 북한이기 때문에 분단이 국제적으로 이루어졌다고 말하는 것입니다.

국제적으로 분단되어 있는 상태를 해소하고 통일을 하려면 적어도 정전협정 당사국인 미국, 중국, 북한의 동의가 필요합니다. 통일도 국제적으로 이루어져야 하는 거죠.

독일 역시 마찬가지의 과정을 거쳤습니다. 독일은 미국과 소련, 영국, 프랑스에 의해 분단되었습니다. 통일도 그 나라들의 합의를 통해 이루어졌고요. 국제적으로 분단이 됐기 때문에 국제적으로 통일을 시킨 것입니다. 처음에는 러시아가 반대했지만 고르바초프가 마지막에 동의를 하여 통일이 이루어진 것입니다.

우리나라 역시 통일이 되기 위해서 국제적 협력과 동의를 얻는 절차가 굉장히 중요합니다. "통일된 한반도가 반미는 하지 않을 것이다."라는 확신을 줘야 미국이 동의할 것이고, "통일된 한반도가 반중국은 하지 않을 것이다."라는 확신을 줘야 중국이 동의해 줄 것입니다

미국과 중국의 동의를 얻고 일본과 러시아의 협력을 얻

기 위해서는 "통일된 한반도가 어느 나라도 적대시하지 않고 균형 잡힌 발전의 길을 갈 것이다."라는 설명을 할 수 있어야 합니다. 이런 문제는 양자 간에 해결할 수 있는 것이 아닙니다. 남북 간 통일을 추진하기로 합의하고 국제사회에서 통일을 인정받을 수 있는 남북한 통일 추진체가 결성되어야 하죠. 이 추진체가 주도하여 국제사회가 함께 한반도 통일을 논의할 수 있는 다자기구인 '한반도통일협력기구'나 '국제협의체'를 구성해야 합니다. 이 기구를 통해 국제사회가 공동으로 통일을 위한 군축이나 상호안전보장과 같은 군사안보적 해법을 찾아야 하고, 북한 경제 발전을 지원할 수 있는 경제 플랜을 짜야 합니다.

국제적 동의하에 통일을 해도 어려운 문제가 바로 남북이 하나가 되는 것입니다. 국경선이 없어지고 지뢰가 모두 제거되면 북한에서 먹고살기 어려운 사람들이 모두 남한으로 와서 거지 생활이라도 하겠다고 할 가능성이 높습니다. 독일이 통일되었을 때 몇 백만 명의 동독 사람이 일시에 서독으로 몰려왔습니다. 독일이 통일된 지 20년이 지났습니다. 그동안 동독 지역에 천문학적인 자원을 쏟아부었죠. 파헤쳐진 길을 다시 만들고 건물과 공장, 학교를 세웠습니다. 그러나 아직도 동독 지역 사람들은 서독 지역 사람들에게 위화감을 느끼고 있습니다.

우리도 그런 과정을 거치게 될 것입니다. 그렇게 하기 위해서는 우리 국민들이 비용을 부담하겠다는 국민적 합의가 있어야 합니다. 결코 쉬운 일이 아닙니다. 몇 십 년 동안 허리띠를 졸라매고 살겠다는 각오가 있어야 하죠. 통일 비용은 우리나라가 독자적으로 부담할 정도의 규모를 넘어서기 때문에 결국은 미국, 중국, 일본, 러시아 등 주변 국가들과 EU, UN 등의 도움을 받아야 할 것입니다.

그렇기 때문에 주변 국가들의 동의와 합의가 있지 않으면 더더욱 힘듭니다. 그런 의미에서 국제적 동의와 국민들의 동의, 이 두 가지를 확보하는 것이 통일 문제를 푸는 가장 중요한 과제라고 할 수 있습니다.

PART 6

국가관을
말하다

6 국가관

QUESTION 55

팍팍한 내 인생, 국가는 내게 무엇을 해 줄 수 있을까?

요즘 우리 사회를 보면 '그저 잘 먹고 잘살기 위해서 노력을 하는 게 아니라 남보다 더 잘 먹고 잘살기 위해서 노력을 하는 게 아닌가.'라는 생각이 들 때가 있습니다. 시간이 지날수록 사회는 더욱더 삭막해질 것 같은 불길한 예감이 드는데, 도대체 행복한 삶은 무엇일까요? 국가가 이런 고민을 하고 있는 우리에게 무슨 일을 해 줄 수 있을까요?

A 실패를 해도 재기할 수 있도록 도와주는 국가를 원한다.

인간의 욕심은 무한합니다. 자원은 유한하고요. 무한한 욕망을 가진 인간들이 제한된 자원, 먹거리, 권력을 서로 차지하려다 보니 경쟁이 더욱 치열해지고 무한 경쟁으로 가게 되는 것입니다.

이것은 인간이 자신의 무한한 욕구를 스스로 조절하면 해결될 수 있는 문제입니다. 하지만 보통 사람들은 제대로 조절을 하지 못하죠. 그래서 종교가 그것을 가르치기도 합니다. 기독교나 불교 모두 이타적인 삶을 가르치죠.

"이타적 삶, 남을 위해 살고 남을 위해 양보하고 남을 배려하는 삶을 살아라. 그것이 곧 자신의 행복이고, 구원받는 길이다."

모든 사람이 이타적인 삶을 살면 무한 경쟁의 악순환으로부터 벗어날 수 있을 것입니다. 이 방법은 우리 사회가 무한 경쟁에서 벗어나는 것을 개인의 결단과 선택에 맡기는 것과 다름없습니다. 모든 사람이 그렇게 하면 참으로 좋죠. 하지만 그중 몇 사람이라도 그렇게 하지 않는다면 문제는 심각해집니다.

계속해서 이타적인 삶을 살았다 하더라도 '나는 이타적으로 사는데 저 사람은 뭐야? 자기 욕심을 채우기 위해서 결국 내 것까지 빼앗아 가는 것 아냐?' 하는 생각이 드는 순간, 갑자기 삶의 가치관이 바뀔 수 있습니다. 다시 말해 개인의 도덕이나 문화적인 교육을 통해서 각자의 태도를 바꿔 나가는 것도 중요하지만, 동시에 제도적으로 그러한 욕심을 자제시키고 상생할 수 있는 노력을 계속해야 하는 거죠.

예컨대 대기업이 돈 버는 것이 문제가 아니라 대기업이 자기들만 이득을 얻기 위해 중소기업을 어렵게 만드는 것이 문제라는 것입니다. 그래서 '모두 잘살기 위해서 대기업이 자제하라.'고 법적으로 강제하는 것입니다.

"자본주의 시장경제에서 대기업이 빵집을 운영하는 것이 무슨 문제가 되느냐?" 하고 주장할 수 있습니다. 분명한 것은 대기업이 중소기업이나 영세 상공업자 들이 하는 빵집에까지 손을 뻗치면 영세 상공인이나 중소 상인은 살기가 어려워진다는 사실입니다. 중소 상공인들이 몰락하면 결과적으로는 대기업도 기반이 허물어져 동반 몰락하게 되죠. 다 함께 잘살기 위해서는 욕심을 자제해야 합니다. 개인의 도덕적 판단에만 맡기지 말고 사회적으로 그런 합의를 만들어 가야 합니다.

이 문제와 관련해서 국가가 해 줄 수 있는 일은 두 가지입니다. 첫째, 공정하게 경쟁하게 하는 것! 어떤 사람은 출발선 앞에서 뛰고 어떤 사람은 뒤처져서 뛰는 출발부터 불공정한 게임, 그래서 시간이 흐를수록 차이가 벌어지는 불공정한 게임을 바로잡아야 합니다. 장애인과 비장애인이 같은 출발선에서 뛴다는 것, 이는 어찌 보면 공정해 보일지 몰라도 내용적으로는 불공정한 것입니다. 장애인이 20~30미터 앞에서 뛰도록 배려해 주는 것이 진짜 공정한 것이라고 할 수 있죠.

사회적 소수자들이 결과적으로 공정하게 경주할 수 있도록 사회적 여건을 만들어 주는 것, 내용적·실질적 공정성을 지키는 것, 이것이 국가가 해야 할 첫 번째 일입니다. 그래야만 경쟁에서 실패해도 불공정한 룰 때문에 실패했다는 핑계를 대지 않고 능력이 부족해서, 노력이 부족해서 실패했다고 승복할 수 있습니다.

둘째, 한 번 실패했다 하더라도 다시 경쟁에 뛰어들 수 있게 도와주는 것! 달리기 경기를 하는데 1등으로 달리던 친구가 갑자기 넘어진다면 2등으로 달리던 친구가 그 친구를 부축해 함께 달릴까요? 이제 그런 모습은 동화책 속에서나 찾아볼 수 있습니다. 한 사람 한 사람이 모두 경쟁자인 우리 사회에서 그런 모습을 찾아보기란 상당히 어렵습니다.

　국가는 이 문제를 해결해 줄 수 있습니다. 국가는 경쟁에 뛰어들었다가 넘어진 사람, 혼자 힘으로 다시 일어서기 힘든 사람을 적극적으로 일으켜 주어야 합니다. 그래야만 그 사회가 기회가 있는 사회가 되지 않겠어요?

　국민의 가슴속에 '내가 이번에 도전을 했다가 실패를 한다 해도 국가가 나에게 재기의 기회를 줄 거야.'라는 믿음이 있으면 좀 더 과감하게 경쟁에 뛰어들 수 있습니다.

　벤처 기업이 좋은 예가 될 수 있겠군요. '한 번 쓰러지면 그걸로 끝이다!'라는 생각이 머릿속을 지배한다면 누가 위험 부담을 안고 벤처 기업을 세우겠습니까? 벤처 기업이 없는 사회는 익숙한 것만

하다가 끝나는 사회와 다름없습니다. 그런 나라는 다른 나라, 다른 산업을 앞서 갈 수 없습니다.

모험가 정신, 개척자 정신, 벤처 정신이 있어야 사회가 발전합니다. 국민이 벤처 정신을 발휘해서 남이 가지 않는 길을 과감하게 가게 하기 위해서는 우리 사회와 국가가 실패해도 재기할 수 있는 기회를 보장해 주어야 합니다. 적어도 그런 사회적 믿음이 있을 때 기업가들이 새로운 영역에 과감하게 뛰어들 수 있습니다. 열 명이 뛰어들어 한두 명이 성공한다고 해도 그 성공만큼 우리 사회가 앞으로 나아갈 수 있는 것입니다.

국가는 이 두 가지 역할, 공정한 게임을 보장하고 실패했을 때 다시 일어나서 뛸 수 있도록 지원해 주는 역할을 감당해야 합니다.

QUESTION 56

어떻게 하면
조화롭게 살 수 있을까?

정치인들은 항상 여당, 야당 편을 갈라 자기주장이 옳다며 목소리를 높입니다. 심지어 같은 당이면서도 의견을 통일하지 못하고 서로 힘겨루기하는 모습을 보이기도 하죠. 그런 모습을 자주 보아서인지 국민들도 자신과 다른 견해를 가진 사람을 만나면 양보는커녕 목소리부터 높이는 경향이 있습니다. 어떻게 하면 서로 조화로운 삶을 살아갈 수 있을까요?

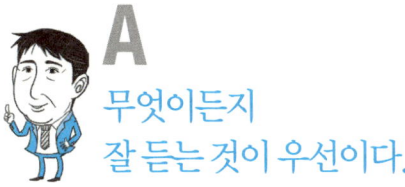

A
무엇이든지
잘 듣는 것이 우선이다.

살다 보면 삶의 대부분을 함께 보낸 가족 간에도 갈등이 생겨 등을 돌리는 경우가 많습니다. 하물며 몇 십 년을 각자의 생활 방식에 맞추어 산 사람들이 모인 조직, 생각의 차이가 분명하게 다른 여당과 야당, 이익 집단들은 어떻겠습니까? 그렇다고 매번 내 주장이 옳다고 큰소리치며 치고받고 싸울 수도 없는 노릇 아니겠습니까?

조화로운 삶을 살기 위해서는 먼저 다른 사람의 말을 잘 들어야 합니다. 모든 사람의 생각과 감정이 똑같다고 생각해 보세요. 그 사회는 아무런 대화도 없고 발전도 없는 사회일 것입니다. 생명의 진화는 생명의 다양성에서 시작됩니다. 인간 사회가 발전하고, 우리나라가 발전하려면 국민이 다양해야 하고, 계속해서 다양해져야 합니다.

내 생각대로 다른 사람을 움직이게 만드는 것, 그것이 바로 정치입니다. 그 힘이 권력이죠. 정치와 권력을 행사하는 방법은 두 가지가 있습니다. 첫 번째 방법은 '내 뜻대로 움직이지 않으면 널 죽일 것이다.'라는 식으로 국민을 위협하는 것이고, 두 번째 방법은 '이렇게 가는 것이 옳고 좋은 것이다. 이렇게 해야만 당신이 좀 더 많은 것을 얻을 수 있다.'라고 설득하는 것입니다.

첫 번째 방법은 전쟁이나 쿠데타와 같은 것이라고 할 수 있습니다. 힘으로 국민들을 제압하는 거죠. 사실 20세기까지의 정치는 모두 그랬어요. 국가 간에 대화를 나누다가 결론이 나지 않으면 전쟁을 일으키는 것이 다반사였죠. 우리 현대사도 군대가 등장해 정권을 잡은 적이 있습니다. 나라가 국민들에게 "내 말대로 하지 않으면 넌 죽는다. 감옥에 갈 수도 있고, 직장을 잃을 수도 있다."라고 목소리를 높였죠. 불법 사찰도 그런 것 중 하나입니다. "내 뜻대로 하지 않으면 넌 회사를 그만둬야 해." 이런 식인 거죠. 이것은 본질적으로 반민주적이고 반인권적인 행위라고 할 수 있습니다. 분명히 없어져야 하는 권력이라고 할 수 있죠.

두 번째 방법, 즉 설득하는 것은 민주적인 행위입니다. 설득한다는 것에는 나와 생각이 다르다는 것이 전제되어 있죠. 나와 생각이 다르기 때문에 잘 설명해서 내 생각과 맞추는 과정이 바로 설득입니다. 다시 말해 민주주의는 다르다는 것이 전제되어 있을 때 성립됩니다. 모든 사람이 같다면 민주주의가 무슨 필요가 있겠습니까?

 민주주의는 '다르다'는 것을 전제로 작동되는데 생각이 다른 사람을 내 생각대로 움직이게 하려면 우선 무엇이 얼마나 다른지 알아야 합니다. 일방적으로 내 주장만 해서 설득할 수 있다면 얼마나 쉽겠어요. 그러나 일방적인 주장에 설득당하는 사람은 없습니다. 상대방의 입장을 귀 기울여 들은 후에 상대방과 내가 다른 부분을 정확하게 잡아내 '아, 저 사람이 이런 이유 때문에 나와 생각이 다른 것이구나.'라고 이해해야 합니다. 그런 다음에 설득을 해야 비로소 변화가 일어날 수 있는 거죠. 설득의 첫 번째 단계는 어디가 다른지, 왜 다른지를 파악하는 것입니다. 그러기 위해서는 말을 하는 것보다 듣는 것이 중요하겠죠?

 소통은 듣는 것에서부터 출발해야 합니다. 많은 국민이 이명박 대통령과 이명박 정부를 싫어하고 미워합니다. 그 이유 중 하나는 소통이 잘 되지 않기 때문입니다. 대통령이 국민들과 소통을 하겠다며 '국민과의 대화'를 열기도 하지만 정작 마이크 앞에 서면 미리 준비한 자료만 술술 읽는 것으로 끝을 내죠. 그러한 행사를 한 차례 치르고는 대통령이 국민들과 소통을 많이 했다고 생각하는 겁니다. 그러니 국민들이 황당해하지 않겠어요? 대통령이 국민들의 목소리를 들어야 비로소 소통이 시작되는데 국민들에게만 들으라고 하니 정작 국민들이 소통을 했다는 느낌을 받지 못하는 것입니다.

 거듭 말하지만 조화를 이루기 위해서는 상대방의 말을 잘 들어야 합니다. 아무리 가까운 가족이라도, 친한 친구 사이라도 생각하는 것이 일치할 수 없습니다. 직장 동료들도 마찬가지죠. 가정을 예로 들어 볼까요? 대체로 부모와 자식은 대화를 잘 하지 못합니다. 대부분의 경우 부모가 말이 많아서 그런 거죠. 나를 이 세상에 태어나게 해 준 고마운 존재인 부모가 진심으로 마음을 열고 이야기를 들어 준다면 어떤 자식이 속마음을 털어놓지 않겠어요? 대부분 그렇지 못해서 대화가 원활하게 이루어지지 않는 것이죠.

초등학생이든, 중학생이든 의사 표현을 합니다. 심지어 말을 하지 못하는 아기도 옹알이를 하거나 울음을 터뜨려 의사 표현을 하죠. 그 의사 표현은 100% 부모에게 하는 것입니다. 인간은 태어나서부터 부모, 특히 어머니에게 자신의 모든 것을 맡기고 표현합니다. 그렇지 않으면 살 수 없으니까!

언제나 제대로 듣지 못하는 쪽은 부모입니다. 아이가 우는데 왜 우는지 모른다고요? 그것은 잘 듣지 못했기 때문이에요. 아이는 배가 아프다고 소리를 지르며 우는데, 부모가 그것을 이해하지 못해 아이를 점점 더 아프게 만드는 것입니다.

아이가 우는 단계를 넘어서 말을 하는 단계로 성장했다고 생각해 봅시다. 어느 날 초등학교에 다니는 자녀가 시무룩한 표정으로 자기 방으로 들어가며 "오늘 기분 안 좋아."라고 한마디 던졌는데 부모가 '별일 아니겠지.' 하고 그냥 지나쳐 버리거나 "기분 안 좋아? 저녁에 피자 한 판 시켜 줄 테니까 마음 풀어."라고 끝맺음을 짓는다면 어떻게 될까요? 거기에서 대화가 끝나는 것입니다.

부모가 마음을 열고 "학교에서 무슨 일 있었니? 아침까지만 해도 괜찮았잖아. 엄마에게 편하게 이야기해 봐."라고 말을 해야만 아이는 입을 엽니다. 아이의 입에서 "학교에 가면 어떤 애가 자꾸 나를 괴롭혀."라는 말을 끌어 낼 수 있죠. 이렇게 해야만 대화가 되는 것입니다. 부모가 제대로 들을 준비가 되어 있지 않다면 대화는 거기서 끝날 수밖에 없습니다. 부모들이 아이들의 말을 듣는 것을 멈췄기 때문에 대화가 잘 되지 않는 것입니다.

세대 간의 단절 역시 기성세대가 젊은 세대의 이야기를 듣지 않기 때문에 일어납니다. 작게는 가정에서, 크게는 사회적으로 듣지 않기 때문에 소통이 원활하게 이루어지지 않는 거죠. 듣는 것부터 시작하면 모든 문제를 본질적으로 해소할 수 있습니다.

누군가에게 한참 속마음을 털어놓고 나면 기분이 후련해지는 것을 느낀 경험이 있을 것입니다. 내 말을 들어 주는 사람이 있으면 말을 하는 과정에서 스스로 감정이 정제되고 어느 정도 정리가 됩니다. 문제를 어떻게 풀어야 할지 해법도 찾아지죠.

《장자》에 애태타라는 사람이 나옵니다. 이 사람은 얼굴이 못생겼고, 이렇다 할 재주도 없고, 힘도 세지 않았습니다. 그런데 애태타 주위에는 동네 사람들이 항상 모여들었습니다. 모두 그와 가까워지기 위해 노력했죠. 정작 애태타가 한 일은 딱 한 가지밖에 없었어요. 바로 듣는 것! 누가 와서 무슨 얘기를 하든 애태타는 마음을 열고 끝까지 들어 줬어요. 말도 많이 하지 않고 고개를 끄덕이며 그저 "아, 그랬구나.", "참 힘들었겠다." 정도의 추임새만 넣어 주었죠.

이렇듯 듣는 것은 참으로 중요합니다. 듣는 것을 통해 이 세상 대부분의 갈등을 해소할 수 있습니다.

개인의 관계는 물론 나아가 국가 간의 관계도 그렇습니다. 예컨대 남북 간의 관계도 우리가 먼저 진정성을 가지고 북한의 이야기를 들을 필요가 있습니다. 물론 북한은 매우 전략적으로 접근할 것입니다. 속이기 위해서 거짓말을 하기도 하고 협박을 하기도 하고……. 하지만 그 와중에 우리는 계속해서 들으며 그들의 속마음을 간파할 수 있습니다. 만약 그렇게 한다면 지금보다 관계가 더 좋아지지 않겠어요?

상대방의 말에 귀를 기울인다는 것, 그것은 세상을 조화롭게 만들기 위한 출발입니다.

QUESTION 57

상대방을 혹하게 만드는 설득의 비법이 궁금해요

저희 팀장님은 회의를 할 때 이유를 제대로 설명하지도 않고 자신의 의견을 무작정 밀어붙이는 경향이 있습니다. 그건 '내 말은 무조건 들어!'라는 협박 혹은 위협과 같은 것 아닌가요? 도무지 설득을 해 보려는 생각은 하지 않습니다. 선거철이 되면 국민들을 상대로 자신의 주장을 설득하는 정치인을 많이 볼 수 있는데요. 유권자들을 내 편으로 만드는 정치인들의 비법을 알면 설득의 기술을 익히는 데 도움이 될 것 같습니다. 민주적으로 다른 사람을 설득할 수 있는 좋은 방법이 궁금해요.

A 절박함과 진정성을 이길 수 있는 것은 없다.

설득을 어떻게 하느냐? 사람 눈을 보면 알 수 있습니다. 눈은 마음의 창이라고도 하죠. 정치인들은 처음 만나는 유권자들에게도 자기를 지지하는 한 표를 달라고 호소합니다.

후보자가 유권자에게 사용할 수 있는 시간은 그리 길지 않습니다. 길게 잡는다 해도 30초 정도가 고작이죠. 유권자는 수십만 명이고 후보자는 한 사람이니 하루에 천 명씩 만난다고 해도 법정 선거일인

13일 동안 만날 수 있는 유권자는 1만 3천 명밖에 되지 않습니다.

후보자가 시장이나 길거리 등에서 유권자들을 만나 악수하는 모습을 직접 혹은 텔레비전을 통해 본 적이 있을 것입니다. '악수하는 게 뭐 어려운 일인가?' 하고 생각하는 사람이 많은데, 사실 하루 종일 수많은 사람과 악수를 하는 것은 상당히 어려운 일입니다. 상황도 상황이지만 손도 참 많이 아프죠.

박근혜 후보는 선거 때 손에 붕대를 감기도 합니다. 손이 아파서 그렇다고 하죠. 박근혜 후보의 그런 모습을 보고 '악수를 많이 해서 손목에 붕대를 감아야 할 정도로 나약한 손이라면 그 손을 일손이라고 하기 어렵지 않나? 그건 분명 정치적인 쇼야.' 하고 생각하며 부정적으로 보는 사람도 있습니다. 사실이야 어떠하든지 유권자들은 후보자를 만나면 격려를 해 준다는 의미에서 손에 힘을 더 주어 악수를 하는 경향이 있습니다. 그로 인해 많은 사람과 악수하는 것이 쉽지 않다고 말하는 것입니다.

악수만 해도 그런데 누군가와 30초 이상 대화를 나눈다는 것은 아주 특별한 경우를 제외하고는 불가능합니다. 몇 해 전에 재야 운동을 하던 정치인이 선거에 출마를 해서 도움이 되고자 현장에 나간 적이 있습니다. 그런데 반나절 정도 그 사람과 함께 다니다가 그냥 돌아왔어요. '아, 이 사람은 정치를 할 사람이 아니다.'라는 생각이 들었거든요.

그 사람은 누구를 만나든 30분 이상을 소요했습니다. 평소에 알고 지낸 사람이나 자신을 지지해 주는 사람을 만나면 기분이 좋아 30분 동안 쉴 새 없이 떠들었고, 자신을 보는 둥 마는 둥 하는 사람

에게는 끈질기게 매달리며 "당신 말이야. 그렇게 생각하면 안 돼. 그렇게 살면 안 돼." 하고 설득하는 데 30분을 사용했죠. 그로 인해 기분이 상한 유권자와 다툼이 벌어지기도 했습니다. 이렇게 30분에 한 사람씩 만나면 하루 10시간을 돌아다닌다 해도 20명밖에 만날 수 없습니다. 그 지역 유권자는 20만 명인데, 하루에 20명을 만나서 어떻게 선거운동을 할 수 있겠어요.

사람을 처음 만나면 일반적으로 눈을 먼저 보게 됩니다. 그렇기 때문에 눈으로 먼저 만나 대화를 하고, 그 다음에 악수를 하면서 손으로 대화를 해야 해요. 땀이 나는 따뜻한 손도 괜찮고, 차가운 손도 괜찮아요. 손에는 그 사람의 모든 감성이 들어가 있습니다. 그러고 나서 비로소 말로 대화를 해야 합니다. 가장 먼저 눈으로 대화하고, 손으로 대화하고, 말로 대화를 하면 되죠. 사실 이 때는 아주 짧은 몇 마디만 하면 됩니다.

"안녕하십니까. 저 ○○입니다. 이번에 출마했습니다. 꼭 좀 도와주세요."

이것으로 끝입니다. 더 이상은 힘들어요. 짧은 30초 동안 평생 한 번도 본 적 없는 사람을 자신의 지지자로 만드는 것이 바로 정치인의 힘이라고 할 수 있습니다.

그렇다면 그 짧은 시간에 어떻게 그런 효과를 얻을 수 있을까요? '이번 선거에 내 모든 것을 던졌다.'라는 절박함과 절실함이 상대방에게 전달되어야 합니다. 선거를 하면 후보자는 그렇게 하게 되어 있습니다. 지금껏 한 번도 만난 적이 없지만 내 앞에 서 있는 사람이 내 정치 생명을 결정짓는다고 생각해 보세요. '눈앞에 있는 사람이 내 인생을 결정하는데, 내가 지금 무엇인들 못하겠냐.' 하는 간절함이 가슴속에 가득 차오르지 않겠어요?

그 절박함과 절실함이 눈빛에서, 손짓에서 모두 전달됩니다. 누군가를 설득해서 내 생각과 같게 만들고, 내 생각에 따라서 움직이게 만들기 위해서는 절박함이 있어야 합니다. 그 정도 절박함도 없이 무엇을 얻을 수 있겠습니까? 가슴속에 절박함이 있으면 상대방을 설득하기 위해서 내 모든 것을 버려도 좋다고 생각하게 되어 있습니다.

상대방에게 '아, 저 사람이 진정으로 나에게 이런 것을 갈구하는구나.'라는 절박함과 진정성이 전달되어야 지금껏 다른 생각을 하던 사람이 비로소 마음의 문을 열어 줍니다. 부모와 자식 간에도 마음의 문을 열기 어려운데 평생 다르게 살아온 사람에게 마음을 열어 보인다는 것이 쉬운 일이겠어요?

　견고하게 닫혀 있는 누군가의 마음의 문을 열게 하기 위한 절박함과 진정성을 갖추지 않았다면 누군가를 설득하겠다고 함부로 나서지 마세요.

QUESTION 58

인맥이 그리도 중요하단 말입니까?

5년차 사원입니다. 사실 올해는 은근슬쩍 승진을 기대했습니다. 그런데 저보다 업무력이 떨어지는, 부장님의 대학 후배인 동기가 먼저 승진을 했습니다. 인맥, 물론 중요하죠. 하지만 억울하다는 생각이 지워지지 않습니다. 회사뿐 아니라 정치적으로도 인맥 문제는 상당히 심각합니다. 이명박 대통령만 하더라도 이른바 '고소영(고려대-소망교회-영남) 라인'이 있지 않습니까? 나라부터가 이 지경이니 개인이야 오죽하겠습니까? 능력, 인맥 어떤 것을 더욱 중시해야 할지 혼란스럽습니다.

A 어느 누구도 혼자서는 살아갈 수 없다.

사람은 혼자가 아닌 관계 속에서 살아갑니다. 아주 어릴 때는 부모와의 관계 속에서, 조금 크면 학교 선생님과 친구들과의 관계 속에서, 직장 생활을 하면 직장 상사나 동료, 후배들과의 관계 속에서 살아가죠. 다른 사람과 관계를 맺지 않고 혼자 사는 삶은 인간의 삶이라고 할 수 없습니다.

로빈슨 크루소가 무인도에 혼자 떨어졌을 때 가장 어려웠던 것은 곁에 아무도 없다는 사실, 어떠한 관계도 맺을 수 없는 절대 고독의 상태를 견뎌 내야 하는 일이었습니다. 그런 로빈슨 크루소 앞에 원주민이 나타났고, 그로 인해 관계가 형성되었죠. 원주민으로 인해 로빈슨 크루소는 비로소 사람답게 살게 된 것입니다.

오랜 시간 동안 감옥살이를 한 사람의 말을 들어 보면 창가로 날아드는 비둘기와의 관계, 그 방에 들락거리는 생쥐와의 관계, 어딘가에서 주운 꽃씨를 심어 피워 낸 작은 꽃과의 관계에서 자신의 존재를 확인하기도 한다고 합니다. 이렇듯 관계는 인간의 근원적인 존재 조건입니다.

'인간은 곧 관계다.'라는 말이 있죠? 인맥이라고 하는 것은 그 관계를 모두 합쳐서 부르는 것입니다. 인맥 그 자체는 좋고 나쁘고를 떠나 인간의 존재 조건이라고 할 수 있습니다. 인맥은 관계이기 때문에 매우 자연스러운 것입니다. 인간은 어떤 경쟁을 한다 해도 관계 속에서 경쟁을 하게 되어 있습니다. 자기에게 도움이 될 만한 인맥을 최대한 잘 이용하여 경쟁하는 것은 매우 자연스러운 일이죠. 위협이 되거나 경쟁에 방해가 되는 관계를 최대한 멀리하고 배제하는 것 또한 자연스러운 것이라고 할 수 있습니다. 여기까지는 아주 정상적인 것이라고 할 수 있죠.

그런데 회사에 취직을 하려고 시험을 봤는데 점수가 비슷하게 나온 경쟁자가 내가 가지고 있지 않은 아주 비합리적인 인간관계, 예컨대 면접관이 학교 선배여서 합격을 했다면 어떨까요? 이것은 불공정한 게임을 한 것입니다. 이는 인간관계가 불공정한 게임에 악용된 것이라고 할 수 있습니다. 분명 잘못된 것이죠.

같은 학교를 졸업한 선후배가 업무를 마치고 술잔을 기울이며 세상 돌아가는 이야기, 회사 생활에 대한 조언을 해 주는 것은 아무 문제가 되지 않습니다. 하지만 두 사람의 관계가 어떤 사람에게는 이익이 되고, 어떤 사람에게는 불이익이 되는 식으로 작동하는 순간 그 관계는 불건강한 관계로 전락하게 됩니다.

학연, 혈연, 지연 이런 것은 그 자체로는 나쁘지 않지만 경쟁에 불공정성을 초래하고 건강한 경쟁 관계를 왜곡하는 순간 나쁜 관계망이 되는 것입니다. 우리 사회는 아직도 전근대적이고 비합리적 요소를 많이 가지고 있어서 혈연적 관계, 지연적 관계, 학연적 관계가 부당하게 경쟁 관계를 왜곡하거나 합리적인 인간관계를 침해하는 사례가 많이 있습니다.

예를 들어 특정 지역에서 태어났다는 이유로 취직이 되지 않는다거나 승진이 되지 않는 경우가 있죠. 또한 질문자의 말처럼 이명박 정부에서 고려대학교를 졸업한 사람, 소망교회를 다니는 사람이 특별한 대접을 받고, 능력이 부족해도 고위직을 맡는 경우가 있었죠. 이렇듯 학연 혹은 지연 등으로 인해 일부 사람이 엄청나게 큰 특혜를 받고 있기 때문에 많은 사람이 그 부분을 불공정하다고 느끼는 것입니다.

많은 청년이 취직을 하기 위해서 그리고 직장 생활을 하는 과정에서 이른바 인맥 관리, 인맥 쌓기를 매우 중요하게 생각합니다. 일을 해 나가는 과정 혹은 공부하는 과정에서 자연스럽게 만들어진 합리적인 인간관계를 좀 더 건강하게 발전시키는 것이라면 아무 문제가 되지 않습니다. 그것은 굉장히 긍정적인 것이라고 할 수 있죠.

하지만 그러한 관계를 이용하여 어떻게든 이익을 얻고자 한다면, 조금이라도 영향력을 악용하여 '다른 사람들을 밟고 일어서야겠다.'라는 생각을 한다면 그것은 건강하지 않은 인맥 관리를 하는 것입니다. 이미 동기가 불순하기 때문에 선물을 해도 마음에서 우러나오는 것이 아닌 뇌물 수준의 선물을 하게 되고 눈치를 보고 아부를 하게 되는 것입니다.

우리 주위에는 불건강한 인맥 관리를 통해 출세한 사람이 더러 있습니다. 그러한 인맥 관리가 좋은 처세술인 것처럼 통용되던 때도 있었죠. '처세술의 도사다.' '인맥 관리의 도사다.' 이런 말은 1970~80년대에는 통했지만 지금은 그런 식의 인맥 관리가 통하지 않습니다. 지금과 같은 정보화 시대에는 금세 소문이 나서 오히려 역효과가 날 가능성이 크죠.

개인에게도 그렇지만 국가 경영을 하는 대통령의 입장에서도 이 문제는 매우 중요합니다. 이명박 대통령의 가장 큰 문제는 권력을 사유화했다는 것입니다. 권력은 공적 영역이고 공공재입니다. 우리 국민 모두의 행복을 위해서 사용되어야 할 힘이죠. 그런데 자기와 가까운 사람들의 사적 이해를 충족시키기 위해서 권력을 남용하고 오용했다면 이것이 바로 권력의 사유화입니다. 이런 권력의 사유화도 잘못된 인맥 문화에서 비롯한 것입니다.

잘못된 인맥 문화는 개인적 사회관계에서나 국가 경영 차원에서나 굉장히 나쁜 영향을 끼칩니다. 이것이 바로 이명박 정부의 실패를 타산지석으로 삼아야 하는 이유입니다.

QUESTION 59

비도덕적인 행동을 목격했을 때 눈을 딱 감아? 말아?

회사에 대해 안 좋은 인터뷰를 했다는 이유로 간부에게 폭행을 당한 직원의 이야기를 들었습니다. 이러한 일이 벌어지고 나면 다른 직원들은 보복을 당하지는 않을까 두려워하며 다른 목소리를 내지 못하게 돼죠. 이와 유사한 사례는 매우 많습니다. 나라의 비리, 기업의 비리, 개인의 비리를 폭로했다가 오히려 더 큰 피해를 받은 사람들의 이야기를 많이 들었습니다. 누군가 비도덕적인 행위를 하는 것을 보았을 때 어찌해야 할까요? 정말 사회가 이렇게 흘러가도 되는 걸까요?

A
나중에 내가 당당할 수 있을지를 먼저 생각해야 한다.

중·고등학교 때 다들 그런 경험이 있을 거예요. 친구가 부당하게 왕따를 당하거나 일진에게 괴롭힘을 당하는데 나서서 도와주지 못하고 외면했던 기억! 그런 기억은 쉽사리 잊히지 않죠. 내가 그때 당당하지 못했다, 용감하지 못했다, 비겁했다……. 이런 자괴감이 평생을 따라다니기도 합니다.

회사에서 부당한 일이 벌어지고 있는데 괜히 참견했다가 내게 불똥이 튀지 않을까 염려되어 눈을 감아 버렸다면 그 회사를 떠날 때까지 내내 불편함을 안고 생활해야 할 것입니다. 회사를 떠난 후에도 비겁했던 자신의 모습에 내내 신경이 쓰일 테고……. 당위적으로 이야기하는 게 아니에요. 나쁜 일, 부정한 일을 보면 사람들에게 알려서 바로잡아야 합니다. 눈감고 지나가면 결국 불행해집니다.

문제는 기업이나 조직 내부에서 벌어지고 있는 불법적인 행위를 고발할 경우 발생할 개인적 불이익에 대한 두려움입니다. 자신의 불이익을 감수하면서 내부 비리를 고발할 수 있도록 국가가 적극적으로 나서서 그들을 보호해 줘야 합니다.

현재 세계 많은 나라가 내부고발자를 보호하기 위한 법을 마련하고 있습니다. 우리나라도 2001년 김대중 정부 시절에 '부패방지법'을 제정하고 부패방지위원회를 설립하여 내부고발자보호제도를 시행했습니다. 이는 공공 영역에서 공직자의 법령 위반 행위와 공공기관의 재산상 손해를 가하는 행위에 대해 고발한 사람들을 보호하는 법이었죠. 그러던 것을 2011년 민간 부문까지 그 영역을 확대하여 민간이 공익을 훼손한 행위를 고발한 사람들까지 보호할 수 있도록 했습니다. '공익신고자보호법'이 그것이죠. 이 법의 주 내용은 이렇습니다.

'국민의 건강과 안전, 환경, 소비자의 이익 및 공정 경쟁을 침해한 기업이나 단체의 공익 침해 행위를 행정기관 등에 신고해 해고 등 개인적 불이익을 받았을 경우 국민권익위원회로부터 원상회복 등 신분보장을 받게 된다.'

기업의 부패 행위에 대한 공익 신고는 보호 대상에서 제외되어 있다는 한계가 있지만 반드시 필요한 법입니다. 법을 좀 더 보완하여 기업의 부정부패를 고발한 사람들까지 보호하고 지원할 수 있도록 해야 합니다.

미국에서는 내부고발자를 딥 스로트(Deep Throat) 혹은 휘슬 블로워(Whistle-Blower)라고 부릅니다. 딥 스로트는 1972년에 '워터게이트 사건'을 제보한 익명의 제보자를 부르는 이름이었는데 내부고발자를 통칭하는 용어가 된 거죠. 미국에서는 1986년에 제정된 '부정청구법(False Claim Act)'과 1989년에 제정된 '내부고발자보호법(Whistle-Blower Protection Act)'에 의해 내부고발자를 보호하고 있습니다. 내부고발자가 고발했다는 이유로 자신에게 불이익을 준 피고발자를 고발하거나 소송을 제기할 수 없게 한 거죠. 공무원뿐 아니라 공익과 관련된 기업 비리를 폭로한 사람들까지 보호 대상에 포함하고 있습니다.

2008년 리먼-브라더스 사태에 따른 글로벌 금융위기로 미국 경제가 휘청했을 때 미국은 금융 회사의 규제를 강화하기 위해 도드-프랭크법(Dodd-Frank Law)을 만들어 금융 회사의 불법 행위를 고발하는 사람에게 막대한 포상금을 지불하고 있습니다. 사법기관이나 정부는 정보를 획득하는 데 한계가 있기 때문에 내부 정보를 가진 사람들의 고발을 유인하고자 했죠. 개인의 양심에 맡기기보다 금전적 보상을 통해서라도 비리를 적발하겠다는 적극적인 조치라고 할 수 있습니다.

내부 고발은 법이나 제도에 앞서 양심과 용기가 있어야 합니다. 아무리 좋은 법을 갖춰 놓고 있다 하더라도 행동하지 않으면 무용지물이 되니까요.

양심에 기초한 용기와 행동은 이런 것입니다. 친구가 맞고 있을 때 달려들어서 함께 맞는 것! 이 편이 훨씬 마음 편해요. 당장은 아프겠지만 한 번이라도 그렇게 해 보면 그게 얼마나 스스로를 당당하게 만들고 행복하게 하는지 알 수 있을 것입니다. '나는 불의를 보고 외면하지 않았다.', '어려움에 처한 친구를 배신하지 않았다.' 이 경험이 굉장하거든요.

군부 권위주의 정권 시절에 많은 학생, 종교인, 지식인이 민주화 운동을 했습니다. 잡힌 사람들은 추궁을 당하기도 하고, 심한 고문을 당하기도 했죠. 고문을 하는 것은 사실을 토설하게 하여 배후를 잡기 위해서이기도 했지만 나로 인해 민주화 운동이 어려워졌다는, 누군가가 위험해졌다는 죄책감에 시달리게 하기 위해서이기도 했습니다. 죄책감에 시달리면 민주화 운동을 지속하기 어려워지겠죠. 바로 그 점을 노린 거예요.

그들의 머릿속에는 '내가 고문을 버티지 못해서 내 동지를 팔았고, 나로 인해 그 동지가 온갖 고초를 당하며 감옥살이를 했다.'라는 생각이 가득 차게 되겠죠. "내 목숨을 부지하겠다고 동지까지 팔았으면서 무슨 자격으로 민주화 운동을 하겠냐?" 하며 민주화 운동 자체를 포기하고 떠난 사람도 꽤 많았어요. 심한 경우 정신이상자가 되기도 했죠. 고문은 인간을 파괴하는 것입니다. 그 고통을 지금도 겪고 있는 사람들이 있어요.

물론 고문을 가하는 사람들 역시 정상적인 생활을 하는 것이 힘듭니다. 프랑스의 정신과 의사인 프란츠 파농은 알제리 독립운동 과정

에서 프랑스 군대가 알제리 독립군을 잡아서 고문하는 과정을 정리하여 책을 썼어요. 그리고 '고문은 고문받는 자를 파괴할 뿐 아니라 고문하는 자도 파괴한다.'라는 결론을 내놓았죠.

　광주민주화항쟁 때도 많은 시민이 학살을 당했습니다. 그때 시민들을 학살한 공수부대원들은 정상적인 생활이 가능했을까요? 그들 또한 평생 엄청난 고통 속에서 살았고, 살고 있을 것입니다. 그들은 자신이 한 행동이 부끄러워 고통을 받고 있다는 사실 자체를 숨기죠. 그렇게 모두를 파괴하는 것이 바로 고문과 폭력입니다.

　감수성이 예민한 시기인 초등학교, 중학교 시절에 누군가에게 괴롭힘을 당한다는 것은 민주화 운동을 하면서 고문당하는 것보다 더

견디기 어려운 고통일 것입니다. 그러니까 목숨까지 끊는 것 아니겠어요?

그 괴로움의 정도에 대해 아무리 설명을 들어도 당해 보지 않고서는 잘 모를 겁니다. 그 무서운 것을 요즘은 거의 한 반 또는 한 학교 전체가 공범처럼 행한다는 이야기를 들었습니다. 그렇게 하면 가해자들이 죄의식을 나눠 가져서 덜 고통 받을지는 모르겠지만 자신이 친구를 폭행했다는 사실까지 없어지지는 않죠. 한 친구를 집단적으로 폭행하는 데 자기도 일조했다는 죄의식은 아마 평생 갈 것입니다. '왕따'라는 것은 왕따를 당하는 학생, 왕따를 시키는 학생 모두를 파괴하는 것입니다. 그냥 넘어가면 절대로 안 됩니다. 강하게 저항해야 돼요.

이 문제는 '저 사람의 비리 행위를 폭로할까, 그냥 모른 척할까? 만약 내가 이 사실을 알리면 고립되는 것은 아닐까? 내 출세에 문제가 생기지는 않을까?' 하는 문제보다 훨씬 더 중요하고 본질적인 문제입니다. 인간 존재의 문제, 내가 인간으로 살 만한 가치가 있는 존재인가 아닌가의 문제인 거죠. 자신의 내면을 정말 두려움 없이 들여다봐야 해요. 그리고 자문해 보아야 합니다.

"나에게 그러한 일이 닥치면 외면하고도 당당하게 살 수 있을까? 내가 이 상황을 외면하고도 다음날 아침에 화장실에서 세수할 때 내 얼굴을, 내 눈을 자신 있게 들여다볼 수 있을까?"

만약 그럴 수 없겠다는 생각이 든다면 그 대가가 아무리 혹독하다 해도 그 자리에서 저항하고 목소리를 높여야 합니다. 그것이 행복해지는 길입니다. 사람은 모두 똑같기 때문에 한 사람이 당당하게 나서면 다른 사람들도 그렇게 나서게 돼 있습니다.
 전 이런 경험을 한 적이 있습니다. 중학교 2학년 때 전학을 갔어요. 왕따 후보였죠. 크리스마스 전전날이었을 거예요. 그때는 크리스마스 때면 학교에서 크리스마스 실(Christmas Seal)을 팔았어요. 사랑의 열매를 파는 것처럼 말예요. 그런데 반장이 크리스마스 실을 나누어 주면서 너는 몇 장, 너는 몇 장 사라고 지정해 주는 거예요. 기분이 좋지 않았습니다. 그래서 이렇게 말했어요.
 "난 별로 사고 싶지 않아."
 그러자 반장이 화가 잔뜩 난 목소리로 이렇게 말했어요.
 "야, 인마! 이게 몇 푼이나 한다고 그래? 쩨쩨하게 정말."
 한순간에 전 쩨쩨한 사람으로 몰렸습니다. 그 순간 참 많은 고민을 했어요. 그 친구는 반장이었고 싸움도 잘해서 따르는 아이가 많았어요. 반면 난 혼자였고……. 교실이 점점 소란스러워지니까 지나가던 규율반 선배들이 들어왔어요. 선배들은 반장의 이야기를 듣더니 이렇게 말했어요.
 "야야, 치사하다. 돈 돌려주고 끝내!"
 선배들의 말에 반장은 "돈이 그렇게 아까우면 여기 나와서 가져가!"라고 말하며 교탁 앞에 돈을 내놓았어요. 나는 돈을 가지러 나갔죠. 7, 8미터밖에 되지 않았지만 그 길이 그 순간은 엄청나게 멀게 느껴졌어요. 내 모습을 지켜보던 반장과 선배들은 "더럽고 치사하다."라고 말하며 자기들끼리 밖으로 나가더군요. 그 일로 저는 굉장히 큰 상처를 받았어요.
 학교가 끝날 때가 되자 집으로 가는 길에 그 친구들이 괴롭히지는 않을까 염려되어 두려워지기 시작했어요. 그런데 같은 반 친구가 제게 한 명, 두 명 다가와 중얼중얼거리고 가는 거예요. 자세히 들어 보니 "야, 잘했어. 사실은 나도 너와 같은 생각이었어." 라고 말하는 것이었어요. 큰 소리로 말하지 못하고 조심조심.

모든 친구가 반장의 행동에 문제점을 느끼고 있었던 것이죠. 그러던 차에 제가 아주 소극적인 방식이었지만 저항을 한 것이고, 친구들은 그 저항에 동의하고 동조하고 격려하고 간 거예요.

세상의 변화는 그렇게 대단하고 큰 것에서 시작되는 것이 아닙니다. 이런 작은 데서 시작되죠. 아무리 작은 일이라고 해도 '이건 정말 아닌데……'라고 생각된다면 바로 행동으로 생각을 표현하세요. 그래야 후회하지 않고 평생 당당하게 살아갈 수 있습니다.

QUESTION 60

국가!
날 얼마나 구속할 수 있는 거야?

뉴스를 보다 보면 '도대체 뭐는 되고, 뭐는 안 된다고 규정되어 있는 것이 왜 이렇게 많은 거야?'라는 생각이 듭니다. 예전에 한 기자가 취재 업무와 상관없이 개인 자격으로 촛불집회에 참여해 자신의 의견을 밝힌 것이 문제가 되어 소속 언론사에서 진상 파악에 나선 일이 있었죠. 이것은 그 기자 개인의 사상의 자유와 표현의 자유를 억압한 것이 아닌가요? 개인의 자유를 억압하는 세상에서 살아가는 우리의 모습이 조금 씁쓸합니다. 국가는 대체 개인의 자유를 어디까지 제한할 수 있는 건가요?

A
개인의 자유는 모든 영역에서 절대적으로 보장되어야 한다.

국가가 개인의 자유를 제한하는 방식은 '이것과 이것은 하면 안 돼!'와 같이 명시적으로 정해져야 합니다. 그것을 제외한 모든 것은 그것이 무엇이든지 상관해서는 안 되죠. 다시 말해서 법에 의해 정해진 것이 아닌 것들은 최대한 보장되고 존중되어야 합니다.

보장받을 수 없는 행위는 인류 보편적 가치를 심각하게 위협하거나 훼손하는 것이라고 할 수 있습니다. 인종주의, 전쟁 찬양 같은 것들이 그에 해당되죠. 보편적 가치인 인권을 유린하거나 훼손하는 행위, 살인을 찬양하는 행위, 테러를 조장하거나 실행하는 행위 등이 포함됩니다. 누가 보더라도 인류의 보편적 가치를 위협한다고 판단되는 것은 허용될 수 없습니다.

여기에 한 가지 더 보장받지 못하는 행위가 있습니다. 그것은 바로 타인의 자유를 침해하는 것입니다. 국가의 일차적인 역할은 뭐니 뭐니 해도 국민의 생명과 재산을 보호하는 것입니다. 공동체를 유지하고 존속시켜 나가는 것이죠. 개인 간에 충돌할 가능성은 언제나 있습니다. 국가는 인류 보편의 가치를 기준으로 국민의 생명과 안전 보호라는 방향성 속에서 개인의 자유를 어떤 수준에서 제한하고 보장할 것인가를 결정해야 합니다.

주위를 둘러보면 동성애가 인류 보편적 가치를 심각하게 위협하는 것이라고 생각하는 사람이 있습니다. 기독교 근본주의자들은 동성애는 신이 만들어 준 자연 질시를 위배하는 것이기 때문에 심각한 범죄라고 주장하죠. 그러나 대부분의 사람은 남자가 남자끼리 사랑하고 여자가 여자끼리 사랑하는 것이 전쟁을 자행하거나 테러를 선동하거나 살인을 찬양하는 것 같은 반인륜 범죄가 아닌 개인의 성적 취향이라고 생각합니다. 그러니까 논란 자체가 이상한 거죠. 개인이 알아서 할 문제를 문제시하니 말이죠.

서울시 학생 인권 조례에 이런 조항이 들어가 있습니다.

'성적 취향 때문에 차별받아서는 안 된다.'

정말 획기적이지 않습니까? 아직도 동성애를 이상하게 보는 사회적 시각이 엄존하는 상태에서 학생 인권 조례에 이러한 조항을 명시한 것은 보편적 가치와 인권이 어떤 것인지를 선명하게 보여 준 사례라고 생각합니다.

영국의 철학자이자 경제학자인 존 스튜어트 밀은 이렇게 말했습니다.

"인간은 자신의 자의적인 결정에 의하지 아니하고 강제로 어딘가에 가입하거나 무언가를 하면 안 된다."

그리고 이렇게 덧붙였죠.

"인간은 자기의 뜻이나 취향에 따라 간 길에서 고통을 겪게 될지 몰라도 그 고통스러운 길을 통해서 훨씬 더 행복을 느끼는 존재이다. 인간의 자발적 결정권은 절대적으로 존중되어야 한다. 그것이 인간이다."

존 스튜어트 밀의 주장대로 보편적 가치를 심각하게 위협하지 않는 한 모든 영역에서 개인의 자유는 절대적으로 보장되어야 합니다. 다만 이런 차이는 있습니다. 10시간의 자유 시간이 주어졌다고 가정합시다. 어떤 사람은 그 시간 동안 독서를 하거나 명화 감상을 하면서 지적 향상을 위해 노력하는가 하면, 어떤 사람은 포르노를 보거나 게임을 하면서 정신없이 시간을 보냅니다.

개인에게 주어진 시간이기 때문에 무슨 일을 하든 상관없다는 것이 자유로움의 핵심이지만, 이왕이면 인간성을 고양시키는 방향으로 행동해야 더 행복하다는 것이 또 다른 핵심이죠. 그러니까 가급적이면 더 많은 사람이 자각해서 더 행복한 길로, 고양된 활동을 하는 쪽으로 사회가 발전해 가도록 노력하는 것이 사회 발전의 정방향인 것입니다.

이는 '자유 시간을 주면 포르노를 볼 가능성이 있으니까 자유 시간을 아예 주어서는 안 돼!'라는 논리와 완전히 다른 것입니다. "10시간 동안 포르노를 보는 것도 그 사람의 선택이니까 존중되어야 해! 하지만 되도록이면······." 이렇게 말하는 것과 "포르노를 보는 것은 안 되고, 독서를 하는 것은 괜찮아. 그러니까 10시간 동안 독서만 해!"라고 제한하는 것은 전혀 다른 접근법이지요.

QUESTION 61

입을 꾹 다물라고?
이곳이 진정 민주주의국가야?

국민들은 1인 시위, 촛불시위 등 다양한 방식으로 자신의 목소리를 냅니다. 저 역시 촛불시위에 참여한 경험이 있습니다. 그런데 국가는 자신의 주권을 행사하고자 길거리에 나온 국민들에게 물대포를 발사하기도 하고, 폭력 진압을 하기도 합니다. 내 나라에서 내 의견을 말할 수 없다니! 이곳이 과연 민주주의국가인지 의심스러울 때가 있습니다. 국민은 국가에 어디까지 저항할 수 있는 걸까요? 어디까지 저항을 해야 우리의 목소리에 귀를 기울여 줄까요?

A
국민은 모든 문제에 대해
저항할 권리가 있다.

국가에 대한 국민의 저항은 폭넓게 해석되어야 합니다. 국가의 행위 중 내가 인정할 수 없다고 생각하는 모든 문제에 대해서 국민은 저항할 권리가 있습니다. 그것이 사회계약론의 기본 정신입니다.

사회계약론에 의하면 국가는 아무것도 아닙니다. 반면 개인인 나는 절대적인 존재이죠. 내가 없으면 이 우주도 아무런 의미가 없습니다. 우주가 아무 의미 없는데 하물며 국가가 무슨 의미가 있겠어요. 그런데 절대적인 나와 또 다른 절대적인 존재인 누군가가 생활을 할 때 가끔씩 부딪치는 일이 발생합니다. 그래서 이를 조정하고 최소한의 안전을 지키기 위해서 절대적 권리의 일부를 내놓고 제3자에게 심부름을 시키는 거예요. "나는 이 정도를 내놓을 테니, 너도 어느 정도 내놔. 그리고 너는 우리가 잘 때 잠자지 말고 보초를 서. 돈은 우리가 줄게." 이렇게 말이에요.

사회계약론에 의하면 국가는 철저하게 국민을 위해서 봉사하는 서비스 기관입니다. 국가는 국민들의 계약에 의해서 만들어진 것이고요. 그러니까 주권자는 국가가 아니라 국민이라고 할 수 있습니다. 이것은 무엇을 말하는 것이냐! 주인인 내가 준 권력을 행사하는 국가가 서비스를 제대로 하지 않는다면 언제든지 국가를 혼낼 수 있다는 의미입니다. 말을 안 들으면 국가를 바꿀 수도 있죠.

사실 국가와 국민의 관계가 이렇게 정립된 것은 200년 정도밖에 되지 않아 익숙하시 않습니다. 특히 우리나라는 계약론적인 국가관을 도입한 지 60년밖에 되지 않았어요. '대한민국은 민주공화국이다.'라는 헌법적 규정은 <u>국가는 국민의 위임에 의해서, 계약에 의해서 만들어진 심부름 기관이다.</u>'라는 뜻입니다. 이런 근대적 헌법을 가진 지 60년밖에 되지 않은 거죠. 우리나라는 5,000년 역사를 자랑하는데 국가를 내 심부름꾼이라고 생각한 것은 60년밖에 되지 않았으니 4940년 동안은 국가가 왕이고 국민 위에 군림하는 거라고 생각하면서 살아온 것입니다. 아직도 많은 사람이 말로는 민주공화국을 말하지만 여전히 국가가 국민 위에 있는 것처럼 생각하는 것은 이런 역사적 배경 때문입니다.

많은 사람의 머릿속에 국가에서 가장 높은 사람은 대통령이니 대통령이 바로 국부, 나라의 아버지라고 생각하고, 그의 부인을 나라의 어머니라고 생각하는 식의 정서가 은연중에 깔려 있어요. 참으로 시대착오적인 생각이 아닐 수 없죠. 우리는 이미 60년 전에 그런 사회가 아닌 다른 사회를 만들었습니다.

그럼 그 전에는 어땠을까요? 대한민국 헌법을 만들기 전에는 국가가 국민 위에 군림했습니다. 국민은 국가의 노예처럼 지냈죠. 노예로 지내는 것이 너무 힘들면 저항할 수도 있기 때문에 국가는 국민이 저항하지 못하도록 두 가지 장치를 설정해 놓았어요.

첫째, 저항하면 죽인다! 그것도 저항한 사람만 죽이는 것이 아니라 그 사람의 집안사람, 그 사람이 살던 동네에 거주한 사람을 모두 죽여 버렸습니다. 그리고 그 마을을 아예 없애 버렸죠. 그런 식으로 사람들에게 왕에게 저항하면 이렇게 완전히 끝장을 낸다는 것을 보여 준 것입니다. 공포심을 동원한 것이라고 할 수 있습니다. 그런데 그렇게 하는 데는 많은 비용이 들었어요. 그래서 좀 더 쉬운 방법을 찾아야 했죠.

그것이 바로 두 번째 장치, 바로 국민을 속이는 것이었습니다. "왕은 신이 내려 준 사람이다. 그러니까 왕이 정치를 잘하느냐, 잘하지 못하느냐를 인간의 척도로 계산하면 안 된다. 왕은 하느님의 아들이다. 따라서 무조건적으로 받들어야 되는 존재이다."라고 거짓말을 한 거죠. 왕권신수설이 바로 그것입니다. 그러나 국민들은 그것을 믿지 않았습니다.

상황이 이러하니 나라는 그 거짓말이 그럴듯하게 보이도록 계속해서 장치를 만들었습니다. 유럽에서는 하느님을 대신해서 사람들의 정신과 영혼을 치료하고 다스리는 교황이 있었죠. 교황은 하느님의 대리인이었습니다. 왕이 되려면 교황에게 왕관을 받아야 했어요. '신의 대리인인 교황이 왕에게 왕관을 씌워 줬으니 이것은 곧 신이 왕관을 씌워 준 것과 같다.'는 장치를 여러 개 만들어 '왕이 정치를 잘하지 못해도 저항을 해서는 안 된다. 그것은 신에게 저항하는 것과 다름없으니 지옥에 떨어진다.'고 끊임없이 거짓말을 했죠. 이 방법은 굉장히 효과적이었습니다. 동양에서도 '왕은 천자, 하늘의 아들이다.'라고 주장했어요. 감히 저항할 생각을 하지 못하게 만든 거죠.

우리가 민주주의국가에 살고 있으면서도 여전히 대통령을 나라의 아버지라고 생각하고 굉장히 성스러운, 함부로 얘기하면 안 될 사람처럼 생각하는 것은 우리 사회가 아직도 왕권신수설과 같은 이데올로기에 젖어 있기 때문입니다. 이런 전근대적인 의식에서 빨리 벗어나야 합니다.

'대통령은 내가 주는 돈으로 먹고살면서 내가 시키는 심부름을 하는 심부름꾼들 중에 제일 대장이다.'라는 관점으로 대통령을 바라볼 수 있어야 해요. 그래야만 국민들이 대통령을 야단칠 수 있습니다.

QUESTION 62

우리나라는 자유주의국가?

연세가 있으신 분들은 이런 말을 자주 합니다. "세상 참 좋아졌다. 이렇게 편한 세상이 어디 있어?" 하지만 제 생각은 다릅니다. 그분들이 청춘을 보낸 그 당시는 어땠는지 몰라도 지금 제가 살고 있는 현재 역시 '그것은 불법이다.', '그것은 금지된 사항이다.' 등의 이유를 들며 앞을 가로막는 일이 비일비재합니다. 우리나라는 정말 개인의 자유를 충분히 보장해 주는 자유주의국가가 맞는 건가요?

A 현대에 존재하는 모든 국가는 자유주의국가이자 복지국가이다.

자유주의라고 하는 것은 '사회계약론적인 현대 국가에서 절대적인 존재는 국가가 아니라 개인'이라는 사상입니다. 개인의 자유를 절대적으로 인정하는 것이라고 할 수 있죠.

자유주의에서는 어떤 국가도 개인의 재산, 개인의 권리에 함부로 손을 댈 수 없습니다. 국가가 할 수 있는 일은 극히 제한적이죠. 예컨대 도둑이 남의 재산을 훔쳐 가려고 하면 그러한 행동을 하지 못하도록 잡는 정도의 일밖에는 국가가 할 수 있는 일이 없습니다. 나머지는 절대적 권한을 가진 개인에게 모두 맡겨야 해요. 개인이 알아서 하는 거죠.

"국가는 함부로 나서지 마!"

이것이 바로 자유주의 국가론입니다. 아담 스미스는 이렇게 강조했습니다.

"경제활동을 마음대로 하게 하라. 그러면 보이지 않는 손에 의해서 조화가 이루어질 것이다. 국가가 쓸데없이 개입하지 말라."

국가가 쓸데없이 개입하지 말라고 하면서 이른바 중상주의 국가를 비판한 거죠. 아담 스미스 이래로 자유주의국가는 국가의 개입을 최소화하는 것을 추구해 왔습니다. 신자유주의에서는 극단주의자들이 나타났죠. 경제학자인 하이에크는 이렇게까지 주장했어요.

"화폐를 왜 정부에서 발행하는가? 그냥 아무나 발행할 수 있게 허용해야 한다. 그렇게 되면 수천, 수만 가지 화폐가 돌아다니지 않겠는가. 결국 그중에서 신용이 제일 높은 사람이 발행하는 화폐가 시장을 통일할 것이다. 그것을 왜 정부가 나서서 직접 해야 한다고 주장하는가?"

어떤 사람은 의사 자격증도 국가가 줄 필요가 없다고 주장했습니다. 그냥 아무나 치료할 수 있게 하면 된다는 것이죠. "어떤 돌팔이한테 갔더니 사람이 죽더라."라는 말이 퍼지면 그 다음부터는 그 의사에게 찾아가지 않을 것이라는 이론이죠. 돌팔이를 구별해 내지 못한 것은 그 사람의 능력인데 왜 국가가 일일이 시험을 보고 자격이 되느냐, 되지 않느냐를 구분하느냐 이 말입니다. 국가가 의사 자격증을 준다고 의료 사고가 나지 않는 것도 아닌데, 쓸데없이 국가가 개입하지 말고 개인에게 모두 맡겨야 한다고 주장하는 것입니다.

만약 그들이 주장한 대로 이 사회가 운영되면 어떻게 될까요? '자연스럽게 조화가 이루어질 것이다.', '시장이 균형을 잡아 줄 것이다.'라고 생각하나요? 하지만 현실적으로 그런 나라는 없습니다. 앞에서 말한 것들이 현실이 되면 어떤 일이 일어날까요?

의사 자격증을 예로 들어 보죠. 의사가 되고 싶은 사람들에게 자유롭게 의사의 역할을 하게 하되 사고가 나서 환자가 죽으면 의사를 사형시키고, 팔이 아파서 찾아온 환자의 다리를 자르는 사고를 내면 의사의 다리도 잘라 버린다는 법을 만들어 놓았다고 가정해 보죠. 그러면 어떻게 될까요? 의사가 많아지는 게 아니라 의사를 하겠다는 사람이 없어질 것입니다. 누가 겁나서 의사를 하겠어요. 그럼에도 불구하고 용감하게 의사를 하겠다고 하는 사람은 엄청난 돈을 벌 것입니다. 목숨을 걸고 일을 하는 것이니까요.

자유주의라는 것은 결과적으로 이렇게 될 수 있습니다. 그냥 놔두면 조화가 이루어질 것이라고 하는 전제가 있는데 실제로 놔두면 조화가 이루어지는 것이 아니라 양극화될 가능성이 훨씬 더 많은 거죠. 그래서 '무책임하다. 어느 정도는 균형을 잡아 주는 역할을 정부가 해야 되지 않나?'라는 생각을 하게 된 것입니다.

그것이 복지국가입니다. 그러니까 복지국가는 국가의 개입이 점점 많아지는 것이고, 자유주의국가 쪽으로 가면 국가의 개입이 점점 줄어드는 것이라고 이해하면 됩니다.

도둑놈만 때려잡는 국가, 그런 국가를 우리는 야경국가라고 부릅니다. 밤에 도둑놈을 잡는 야경꾼처럼 국가가 그 역할만 하면 된다는 것이죠. 그렇다면 현대 국가는 어떨까요? 야경국가는 거의 없습니다. 대부분 복지국가이죠. 문제는 대부분이 복지국가인데 국가의 개입이 어느 정도까지 이루어져야 하는 것이냐를 두고 논쟁을 하는 것입니다.

교과서에 있는 그런 신자유주의는 현실적으로 어디에도 존재하지 않습니다. 우리나라도 그런 신자유주의국가가 아니에요. 국가가 얼마나 많이 개입합니까? 예컨대 기초생활수급대상자에게 매달 얼마씩 줘서 최소한의 생활을 보장해 주잖아요. 자유주의국가에서는 있을 수 없는 일이죠.

'개인이 먹고사는 문제에 왜 국가가 개입하느냐?'

이런 것이 바로 신자유주의니까요. 현대에 존재하는 모든 국가는 양적 차이는 있지만 모두 복지국가입니다. 이것이 복지 논쟁을 보는 우리의 관점입니다.

6 국가관

QUESTION 63

헌법에 보장된 재산권은 불가침한 권리인가?

조선시대를 배경으로 한 TV 사극을 보면 대역죄를 저지른 사람을 벌할 경우 그 집안의 모든 재산을 몰수하고 심지어는 사람까지도 노비로 전락시키는 장면이 나옵니다. 지금은 시대가 바뀌었는데도 몇 년 전에 국가에서 친일파의 후손에게서 조상이 친일로 획득한 재산을 압수한다는 기사를 본 적이 있습니다. 이미 개인의 재산으로 등록된 것인데도, 더구나 우리 헌법에는 재산권이 보장되어 있는데도 이처럼 상황에 따라서는 지켜지지 않을 수도 있는 건가요?

A
자유주의 시장경제 체제에서 가장 중요한 것은 재산권이다.

국가는 아주 특별한 경우를 제외하고 개인의 권리를 제약해서는 안 됩니다. 자유주의 시장경제 체제에서 중요한 것은 바로 재산권입니다. 존 로크, 루소, 홉스 등이 사회계약론의 기획자들인데, 그중에서 존 로크가 저항권을 만들었죠. 그는 이렇게 주장했어요.

"국가가 포악하면 국민은 저항할 수 있다."

동양으로 따지면 맹자의 역성혁명론과 같은 것이죠. 맹자는 이렇게 역설했습니다.

"아무리 천자라도 국민의 뜻에 반하면 뒤집어야 한다. 저항할 수 있다."

동양의 맹자, 서양의 존 로크의 주장은 본질적으로 맹자의 생각과 같습니다. 존 로크가 저항권, 즉 '국가가 포악하면 저항할 수 있다.'라고 주장했는데, 여기에서 말하는 '포악'한 것이 대체 무엇이냐고 질문하는 사람이 있습니다. 존 로크는 국가가 길거리에 있는 거지를 때려죽인 행위를 포악하다고 보지 않았어요. 그는 부르주아와 시민 계급의 재산을 국가가 함부로 징발하는 것을 포악하다고 보았죠.

영국에서 선거 제도가 처음 도입되었을 때 국가는 일정액 이상의 세금을 낼 수 있는 성인 남성에게만 투표권을 주었습니다. 어느 정도의 세금을 내지 않는 사람은 사람으로 취급하지 않았던 거죠. 또한 그들의 입장에서는 여자도, 외국인도 사람이 아니었어요. 그만큼 재산을 중요하게 생각한 것이죠. 자본주의사회의 초기 단계라 돈을 버는 것이 그 사람의 성실함과 인품을 증명하는 것과 다름없었어요. "난 세금 내는 사람이야!"라는 것이 그 사람의 모든 것을 설명해 주었던 거죠.

바로 그 시기에 존 로크는 이렇게 주장했습니다.

"투표권을 행사할 정도로 성공한 부자들의 돈을 함부로 탈취하거나 증세하는 등 포악한 짓을 하는 국가를 뒤집어야 한다."

그러니까 자본주의 시장경제에서 신성 불가침한 권리는 무엇보다도 재산권이었습니다.

미국 독립전쟁이 시작된 보스턴 차 사건 때 사람들은 이렇게 외쳤습니다.

"대표 없이 과세 없다!"

식민지 종주국인 영국이 미국 사람들에게 자꾸 세금을 매기니까 "세금을 더 내게 하려면 영국의회에 우리 국회의원을 진출시켜 달라."고 주장한 것이죠. 그때의 핵심 역시 재산권 문제였습니다. 하지만 영국이 그러한 주장을 무시하고, 일방적으로 세금을 더 매겨 결국 전쟁까지 벌어졌어요.

자본주의 시장경제에서 재산권 침해 행위에 대해 엄격하게 대처하는 것도 그것이 바로 자본주의사회의 핵심 가치이기 때문입니다. 정말 배가 고파서 빵 몇 개를 훔쳐도 때로는 감옥에서 10년 형을 살 수 있습니다. 빵 가격이 그리 비싼 것은 아니지만 엄연히 재산권을 침해한 것이기 때문에 자본주의의 근본 질서를 부정했다고 볼 수 있죠. "배가 고파서 빵 몇 개 훔친 거 가지고 무슨 10년 형이냐."라고 말할 수도 있지만 신성불가침한 재산권의 관점에서 볼 때는 그것이야말로 치 떨리는 범죄 행위라고 할 수 있습니다.

빅토르 위고의 《레미제라블》이 혁명적인 소설이라는 평가를 받는 것은 바로 재산권을 정면으로 다루었기 때문입니다. 교회 식기, 빵 한 조각 그리고 용서가 있고 화해가 있는 《레미제라블》이 왜 혁명성이 있는 소설인지, 그 소설이 왜 1980년대까지 우리나라에 제대로 소개되지 못했는지 이제 이해가 되나요?

QUESTION 64

국가, 내 인생에 얼마나 도움이 될까?

선거 때만 되면 "살 맛 나는 나라를 만들겠다."라고 말하는 정치인이 많습니다. 하지만 정작 이 나라가 살 맛 난다고 말하는 국민은 많지 않습니다. 그런 말이 이제는 지겹게 느껴지기까지 합니다. 최근에 감금되어 성폭행을 당하고 있다고 신고를 했는데도 경찰이 제대로 대응하지 못해 결국 여성이 살해당한 일이 벌어졌죠. 정말 기가 막힙니다. 나약해 빠진 이 나라, 도무지 믿음이 가지 않습니다. 대체 이 국가가 내 인생에 도움이 되긴 할까요?

A
국가가 해야 하는 최소한의 일은
국민의 생활과 안전을 보장해 주는 것이다.

사실 국가가 개인의 인생에 도움을 줄 수 있는 것은 그다지 많지 않습니다. 우리는 행복하기 위해서 삽니다. 행복이 뭐 별 건가요? 사랑하는 사람과 치킨에 맥주 한잔하며 대화를 나누는 것, 뭐 그런 것 아니겠어요? 그런 것을 국가가 어떻게 해 줄 수 있겠습니까? 국가가 해 줄 수 있는 것은 애인과 데이트할 때 차가 많이 막히지 않도록 교통정리를 해 주는 정도, 불량배들이 건들거리면서 시비를 걸지 못하게 순찰을 서 주는 정도입니다.

국가가 우리의 생활에 도움이 되는 것은 별로 없습니다. 그런데 행복이라고 하는 것은 굉장히 다양한 수준에 있습니다. 당장 굶어죽을 것 같은 사람에게 치킨과 맥주는 사치일 수 있죠. 그들에게 행복은 굶어죽지 않도록 최소한의 돈을 지원해 주는 것입니다. 그것이 바로 행복의 전제 조건입니다. 그래서 국가는 우리가 굶어죽지 않을 만큼 보조해 주고 지원해 주고 있습니다. 행복하게 살 수 있는 최소한의 조건을 국가가 만들어 주는 거예요.

기초생활 수급 대상자, 65세 이상의 독거노인, 장애인, 사회적 소수자……. 이런 사람들은 국가가 최소한의 생존 조건을 확보해 주지 않으면 개그콘서트를 하루 종일 보고 있어도 웃을 수가 없어요. 그 사람들의 행복의 기본 조건을 국가가 만들어 줄 수 있죠. 이 같은 관점에서 보면 국민들의 행복을 위해 국가가 할 수 있는 일은 굉장히 중요하고 많아요.

국가가 해 줄 수 있는 가장 큰 일은 바로 사회 안전망을 구축하는 것입니다. 아주 행복하게 잘살고 있던 아이가 학교에서 왕따를 당하고, 괴로움을 이기지 못해 아파트에서 떨어져 자살을 했다면 그 아이의 부모와 주변 사람들은 평생 가슴에 상처를 안고 살게 될 거예요. 그런 일들이 발생하지 않도록 국가가 사전에 교육 환경을 개선하고, 예방 조치를 취할 수 있도록 감시하고 컨설팅을 하는 제도와 시스템을 잘 운영하는 것, 이것이 바로 한 가정의 행복을 위해서 국가가 해 줄 수 있는 정말 중요한 일이죠.

질문자의 말처럼 얼마 전에 한 남성에게 감금되어 성폭행을 당하고 있다고 경찰서에 신고를 했는데도 불구하고 경찰들이 안일하게 대처해 여성이 살해당한 사건이 있었죠. 국가가 국민이 행복하게 살 수 있는 최소한의 조건을 확보해 주지 못한 무능함을 그대로 드러낸 사건이었습니다.

다시 말하지만 사회적 안전망을 확보하고 국민의 생활과 안전을 보장해 주는 것, 이것이야말로 국가가 국민의 행복을 위해서 해야 하는 가장 기본적인 일이에요.

대통령은 그 일을 가장 중요하게 생각해야 합니다. 대통령에 당선된 사람은 대통령 취임식에서 선서를 합니다. 헌법에 딱 써 있죠. "국가의 안전을 보위하고 국민의 안녕을 위해 최선을 다한다."라고 선서를 해야 한다고 말이에요. 국민의 안녕을 위하는 것이 대통령의 첫 번째 임무입니다. 위험에 처해 있다고 신고를 했는데도 불구하고 몇 시간 동안 아무런 조치를 취하지 않아 우리의 국민이 결국 살해를 당했다면 대통령이 자신의 책임을 다하지 못한 것입니다. 따라서 책임을 물어야 하죠.

국민들의 안전 보장과 같은 기본적인 일들을 국가가 한다면, 나머지는 개인의 문제입니다. 거기에는 더 이상 국가가 개입하면 안 돼요. 그 경계를 잘 지켜야 하죠. 그런데 국가는 그 경계를 잘 지키지 않고 있습니다. 국가가 해야 할 최소한의 일은 하지도 못하면서 하지 않아도 될 짓, 해서는 안 될 짓을 자꾸만 하고 있죠.

국가가 자기 취향에 맞게 "국민은 이렇게 이렇게 하면서 행복하게 지내라."라고 강요하면 안 됩니다. 하지만 우리 국가는 그렇게 하고 있죠. 예를 들어 영화나 노래 등을 검열하여 "이 노래는 몇 살 이

하는 들으면 안 돼.", "이 영화는 몇 살 이상부터 볼 수 있어."라고 규정해 주죠. 국가는 국민이 느끼는 감정까지도 등급을 매기고 분류해 주며 통제를 하고 있는 것입니다. 이렇게 어이없는 국가의 역할은 하루빨리 없애야 할 부분이지요.

QUESTION 65

올바른 국가관이
대체 뭘까?

6
국가관

유학 시절에 만난 외국인 친구와 오랜만에 재회하여 대화를 나누는데, 그 친구는 자신의 나라를 무척이나 사랑하고 있다는 느낌을 받았습니다. 그 순간 '그렇다면 난?' 이란 생각이 들더군요. 안전하게 살아갈 수 있도록 도움을 주는 내 나라인데, 올림픽이나 월드컵이 열릴 때만 애국심이 생기는 것 같기도 하고……. 올바른 국가관을 가지면 우리나라에 더욱 큰 애정이 생길 것 같은데, 과연 올바른 국가관이란 무엇인가요?

A
올바른 국가관은 주장이 아니라
행동으로 보여 주는 것이다.

국가는 내가, 내 가족이, 내 친척이, 내 이웃이 안전하게 살 수 있는 최소한의 근거지입니다. 보금자리 같은 거죠. 국가를 바라볼 때 우리는 두 가지를 생각해야 합니다.

첫째, 국가가 건강하게 자기 역할을 잘 하는지 끊임없이 감시해야 한다! 조금만 한눈을 팔아도 국가에서 일하는 국민의 하인들이 횡포를 부리려고 하니 하인들이 주제넘은 짓을 하지 않도록 계속 감시해야 하는 거죠. 국민 위에 군림하는 국가가 아니라 국민을 위해 봉사하는 국가가 되도록 만들어야 합니다. 이것이 바로 국가에 대한 국민의 민주적 통제가 중요한 이유입니다. 국가는 거대한 괴물이 될 수도 있고, 우리의 삶을 감싸 안아 주는 울타리가 될 수도 있습니다. 국가가 자신의 막대한 권력을 남용하지 않는 것이 아니라, 그 권력을 국민을 향해 사용하는 것이 아니라 국민을 위해, 국민을 보호하는 데 사용할 수 있도록 하는 것이 중요합니다.

둘째, 국가가 다른 나라로부터 공격을 받아 내 보금자리가 파괴될 위험에 처하면 목숨을 걸고서라도 지켜 내야 한다! 집에 강도가 들어오면 내 부모, 내 자식, 내 형제를 위해서 목숨을 걸고 강도와 싸움을 하죠. 강도가 들어왔는데 겁난다고 자기만 도망가는 사람이 있나요? 물론 있기는 합니다. 전쟁이 터졌는데 한강 다리는 절대 폭파하지 않는다고 큰소리를 쳐 놓고 먼저 도망간 사람들이 있었죠. 우리 사회의 기득권 세력, 정치 지도자, 국회의원, 장관 이런 사람들 중에 그런 사람이 있었습니다. 그런 사람들은 아마 집에 강도가 들어오면 겁이 나서 가족들을 내팽개치고 자기 먼저 도망갈 거예요. 그런 사람들에게 국가를 맡겨서는 안 되죠.

집에 강도가 들어왔을 때 목숨을 걸고 강도와 싸우는 것, 그것이 바로 국가관이고 애국심입니다. 그런 최소한의 국가관도, 최소한의 애국심도 없는 사람들이 우리 사회의 지도층으로 군림하여 장관도 하고, 국회의원도 하기 때문에 국민들이 허탈감을 느끼는 것입니다. 청문회를 통해 그런 사람들을 걸러 낸다고는 하지만 그런 사람들은 다양한 방법을 통해 다시 득세할 수 있기 때문에 국민들은 항상 경계의 눈을 뜨고 있어야 합니다.

　올바른 국가관은 주장이 아니라 행동으로 보여 주는 것입니다. 국가가 위기에 처했을 때 진정으로 자기 몸을 던지는 사람들야말로 올바른 국가관을 체현하고 있는 사람입니다. 국가를 위한 전쟁에서 숨진 이름이 알려지지 않은 무명용사들을 진정한 영웅으로 받들고 그들로부터 애국심과 국가관을 배워야 하는 이유가 바로 여기에 있습니다.

PART 7

정치와
정치인에
대해
말하다

QUESTION 66

선거철만 되면
서민 편이 되는 불편한 진실~

제 어머니는 시장에서 10년째 장사를 하고 계십니다. 시장 사람들은 농담으로 명절 때보다 선거철이 더 바쁘다고 말합니다. 후보자는 물론 후보자의 가족, 지지자들이 줄줄이 와서 시장 돌아가는 상황은 어떤지, 매출은 어떤지 물으니 그럴 만도 하죠. 악수를 하고 이야기를 나누던 후보자들은 선거가 끝나면 발길을 뚝 끊는다고 해요. 이제 선거철 때만 시장통에서 국밥을 먹는 후보자들의 모습이 식상합니다. 정치인들은 왜 선거철만 되면 서민을 위한 대통령임을 강조하는 걸까요?

A
국민들은 속보이는 정치가 아닌
속이 든든해지는 정치를 원한다.

정치는 권력을 둘러싸고 벌이는 투쟁, 권력은 다른 사람들을 내 의지대로 움직일 수 있는 힘을 말합니다. 그리고 자신의 뜻대로 국민을 움직이게 하는 힘을 가진 사람을 권력자라고 하죠. 결국 정치란 권력을 쟁취하기 위해 서로 경쟁하는 것이라고 정리할 수 있어요.

그런데 왜 사람은 세상이 자기 뜻대로 돌아가게 만들고 싶어 하는 걸까요? 누군가를 내 맘대로 움직이게 한다는 것은 곧 사람들이 나를 위해 무언가를 해 준다는 것을 뜻합니다. 인간의 욕망은 무한한데 자원은 유한하기 때문에 욕망을 충족시키기 위해서 더 많은 사람을 내 뜻대로 움직이게 하려는 것이겠죠. 그런 의미에서 보면 권력은 인간의 본능이라고 할 수 있습니다. 아리스토텔레스는 이렇게 말했어요.

"인간은 정치적 동물이다."

이는 인간의 존재론적 특성을 말하는 것입니다. 그리고 이런 말도 있죠.

"정치는 물을 다스리는 치수와 같다."

치수란 수리 시설을 잘해 홍수나 가뭄의 피해를 막는다는 말입니다. 다시 말해 '사람들이 먹고사는 문제를 해결해 주는 것이 정치이다.'라는 뜻입니다.

동양적인 의미에서 정치는 곧 민생입니다. 따라서 국민들의 먹고사는 문제를 해결해 주지 못하는 정치는 나쁜 정치라고 할 수 있어요. 그런 정치는 바꾸어야 하죠. 국민의 먹는 문제를 해결하지 못하면 민심은 흉흉해지고 사회는 통합되지 않습니다. 배고픔에 허덕이는 사람에게 "법을 잘 지키고 바르게 살아라! 이웃을 돌보고 남을 배려하며 살아라!"라고 말할 수 있겠어요? 민심은 머리에서 나오는 것이 아니라 배에서 나오는 것이라고도 할 수 있습니다.

서양이나 동양이나 정권이 무너진 사례를 보면 대부분 국민의 먹고사는 문제를 해결하지 못해 민란이 발생하고 혁명이 일어났습니다. 이런 의미에서 북한은 결코 좋은 정치를 한다고 할 수 없습니다.

　대부분의 나라에서는 먹는 문제, 민생 문제를 둘러싸고 선거 경쟁을 해 권력을 잡습니다. 우리나라도 마찬가지이죠. 옛날이나 지금이나 정치는 국민의 먹는 문제를 해결해 주는 것이라고 하는 관점이 보편적으로 통용되고 있습니다.
　1997년 IMF 위기는 국민들의 삶을 어렵게 했습니다. 기업은 무너지고, 실업자는 거리로 내몰렸으며 노숙자가 속출했죠. 최초의 정권

교체는 이런 사회적·경제적 환경 속에서 이루어진 것이라고 할 수 있어요. 국민의 생존권을 보장할 수 없는 정치는 민주주의라고 할 수 없습니다. 민주주의 정치에서 민생 문제는 가장 우선적으로 해결해야 할 기본적인 문제입니다.

정치를 볼 때는 정치 권력을 둘러싼 투쟁이라고 하는 권력적인 측면과 국민의 먹는 문제를 해결해 주는 민생적 측면을 함께 살펴보아야 합니다. 정치는 권력을 획득하기 위한 경쟁의 과정이지만 그 권력 쟁취의 일차적인 목적은 자신이 속한 공동체의 구성원들이 편안하게 삶을 영위할 수 있도록 보호하고 돌보는 것입니다.

보이기에만 급급한 정치인들의 민생 챙기기는 이 나라에 아무런 도움이 되지 않습니다. 선거철만 되면 국민들을 찾아다니며 고충을 듣는 것으로는 아무것도 변화시킬 수 없습니다. 정치인들이 속보이는 정치가 아닌 속이 든든해지는 정치를 할 수 있도록 우리 국민들이 끊임없이 채찍질을 가해야 합니다.

QUESTION 67

깨끗하고, 맑고, 자신 있는 정치인 어디 없나~

호화 청사 논란, 친인척 인사 기용 논란, 선거법 위반……. 정치인들을 곱지 않은 시선으로 바라보는 사람이 많습니다. 뭐, 자기들의 행동이 그런 결과를 낳은 것이니 할 말도 없겠죠. 특히나 선거철이 되면 정치인들의 추잡스러운 행동은 배가됩니다. '그럼 그렇지.'라는 생각이 아닌 '역시 믿을 만해.'라는 생각이 들게 하는 정치인 어디 없을까요? 우리나라를 깨끗하게 이끌어 나갈 정치인들이 갖추어야 할 가장 중요한 덕목은 과연 무엇일까요?

A
공공의 소명으로 완전무장한 정치인이 진정한 정치인이다.

 모든 인간은 자기 자신을 위해서 살아가죠. 이 세상에 태어나 학교에 다니며 공부를 하고, 직장에 취업하는 모든 일은 자신을 위해서 하는 행동입니다. 그것을 기반으로 가족을 위한, 지역 공동체를 위한 것으로 가치가 확대되는 것이죠. 그리고 더욱 넓어지면 국민을 위한 일, 인류를 위한 일이 되는 것입니다. 이렇게 넓어진 의식을 '공적인 의식'이라고 합니다.

정치는 공적인 영역에서 이루어지는 일입니다. 정치인들은 국민들의 먹는 문제를 해결하는 데 모든 것을 바치겠다는 공적 의식을 가지고 있어야 합니다. 공인으로서의 책임 의식, 윤리 의식 등을 단단하게 갖추어야 하죠.

고대 그리스 정치인들을 보면 정치적 삶과 개인적 삶이 거의 구별되지 않았어요. 폴리스에서 개인의 삶은 곧 공적인 삶을 의미했죠. 그들은 공동체를 통해서만 인간이 도덕적으로 완성된다는 신념을 가지고 있었습니다.

조선의 선비들도 마찬가지였어요. 출사를 하든 절에서 학문에 정진하든 선비들의 생각과 언행은 공적인 일과 연관되어 있었습니다. 수신과 제가의 목표가 치국과 평천하에 있고, 이를 위해 끊임없이 자신을 닦아 나가는 것이 선비들의 큰 과제였죠.

과거의 사적 삶과 공적 삶의 극단적인 분리는 정치의 과잉에 따른 결과일 경우가 많았습니다. 경제적 양극화와 전쟁 등으로 인해 공동체가 해체되면서 인간은 점점 공적인 삶과 멀어지고 은둔과 회피를 통해 사적인 행복만을 추구하게 되었어요. 고통은 인간의 욕망에서 나오는데, 욕망 중에 가장 큰 것이 정치적 욕망이었습니다. 따라서 공적인 삶에서 한 발 물러나 안정과 평안을 찾고자 하는 것이 공동체 해체 이후의 삶이었던 것입니다.

노자(老子) 역시 마찬가지입니다. 노자 철학의 핵심은 '우환의식'에 있습니다. 통일국가가 무너지면서 춘추시대라는 분쟁과 갈등 분열의 시기를 거치게 되는데, 이 시기에 개인은 공적인 삶 속에서는 그 어떤 안위도 얻을 수 없게 되는 거죠. 노자의 자연주의 사상은 공적 삶에서 주어지지 않는 평안을 '세상과의 거리 두기'를 통해 이루려 했던 것입니다.

중세 때 서양은 종교로 묶여 있었습니다. 로마교황청에서 시작하여 시골의 농노에 이르기까지 거대한 위계적 체제로 짜인 시대였죠. 개인은 자신이 원하든 원하지 않든 거대한 유기체의 한 부분에 지나지 않았습니다. 사적인 삶은 곧 제도화된 종교적 삶이었으며, 그 종교적 삶이 곧 사적인 삶이었습니다.

근대의 자유주의와 개인주의는 바로 중세적 위계질서를 무너뜨리고 사적인 삶을 다시 찾기 위한 사상이요, 이념이었습니다. 공적인 삶과 사적인 삶의 분할이 곧 근대의 시작이었습니다. 근대 개인주의는 공적 삶과 사적 삶을 극단적으로 분리해 냄으로써 결과적으로 정치에 대한 시민 참여를 일상적인 행위가 아니라 선거 때만 필요한 의식적 행위로 만들었습니다. 즉 시민이 시민으로서 보편적으로 지녀야 할 공적 윤리를 선거 참여 행위로 한정시켰다고 할 수 있습니다.

이 같은 이분법은 국가에서 시장을 분리하고, 국가와 시민사회를 분리하고, 통치자와 피통치자를 분리함으로써 공적인 삶을 통한 자아실현이라는 본원적 의미의 자아실현, 즉 인간은 '정치적 동물'이라는 테제를 부정한 것이라고 할 수 있습니다.

국가는 전적으로 공적 영역입니다. 국가 기구에서 일하는 것이 자신의 소명(직업)이라면 국가라는 공적 영역을 위해서 자기 목숨도 바칠 수 있어야 하죠. 이것을 애국심이라고 합니다. 정치는 그런 공적인 의식과 애국심이 없으면 애초에 불가능한 행위라고 할 수 있습니다. 정치는 사적 이익이나 사사로운 이해관계에 좌우되면 안 됩니다.

책임감, 공정심, 정직함……. 이런 것들이 바로 정치하는 사람들의 기본 덕목입니다. 대통령 당선자는 취임 선서할 때 국민의 안전과 국가의 평안을 위해서라고 선서합니다. 이 자체가 개인적인 이해관계를 넘어서는 공적인 일이라고 할 수 있죠.

대통령이나 국회의원들은 그런 공적인 일을 하기 위해서 스스로 나선 사람들입니다. 공공에의 봉사를 자신의 소명으로 받아들이고 그것을 위해 살겠다고 결심한 사람들 아닙니까? 국민들이 등 떠밀어서 그 자리에 앉아 있는 것이 아니잖아요. 그렇기 때문에 그들이 공적 의식으로 잘 무장되어 있는지 국민들이 점검하는 것입니다. 국민들은 청문회를 통해서, 선거를 통해서 자격 없는 사람들을 좀 더 엄격하게 걸러 낼 필요가 있습니다.

7 정치와 정치인

QUESTION 68

정치, 너 꼭 필요한 거니?

감사하게도 우리나라 정치인들은 제게 이런 교훈을 주었습니다. '음, 그래. 인생은 저렇게 사는 게 아냐.' 물론 훌륭한 정치인도 있습니다만 좋지 않은 인상을 풍기는 정치인이 여기저기에 널려 있습니다. 툭하면 싸움질이나 하고……. 아무래도 정치인들의 주 업무는 싸움이 아닐까 싶습니다. 정치인들의 올바르지 못한 사고 때문에 이 나라가 더욱 썩어 가고 있는데, 정치라는 것이 꼭 필요한 걸까요?

A
정치는 공동체 문제를 해결하기 위한 가장 인간적인 처방이다.

미국에서 한 해에 총기 사고로 죽는 사람이 5만 명 정도라고 합니다. 오발 사고로, 강도 사건으로, 무차별 난사 사건으로 많은 사람이 죽었죠. '우리나라처럼 총기 사용을 엄격하게 통제하면 그로 인한 사망자 수가 줄어들 텐데.' 하고 생각하는 사람이 많을 것입니다.

우리나라에서 총기 소지는 불법입니다. 허가를 받은 사람만 사냥 같은 특수한 목적을 위해 일정한 기간 동안 총기를 사용할 수 있죠.

정해진 기간이 끝나면 총기는 경찰서에 보관해야 합니다.

　미국의 시민단체들은 총기 사고 예방을 위해 "총기 사용을 규제하자!"고 주장해 왔습니다. 그런데 여전히 법이 바뀌지 않고 있습니다. 무기 회사들의 반대 때문이죠. 그들은 "무기를 팔아서 먹고사는데 총기 사용을 금지하면 우린 어쩌란 말입니까?"라고 노골적으로 말하지 않습니다. 그들은 이런 주장을 내세우죠.

　"서부 개척 시대를 거쳐서 지금의 미국이 탄생했다. 존 웨인이 총을 들고 개척한 것이 아니냐? 총은 미국인의 상징이다."

　"누구나 자기 자신을 지킬 자유권, 방어권이 있다."

　이렇게 총기 사용 주장에 대한 의견이 팽팽하게 맞서 있죠. 문제는 총기 사용을 계속 허가해야 한다고 주장하는 쪽이 돈이 많다는 것입니다. 그 사람들은 각종 광고를 통해서 총기를 사용하는 것을 멋지게 표현하고, 할리우드 영화를 통해서 용감한 시민이 총기를 이용하여 자위권을 행사하는 영웅적인 모습을 만들어 내죠. 그런 것을 접하는 국민들은 '그래, 총기는 소유하고 있어야 해.'라는 생각을 벗어던지지 못합니다. 많은 사람이 그런 생각을 가지고 있으니 법을 바꾸는 것이 쉽지 않겠죠.

　법을 바꾸는 문제는 거대한 이익 집단과 시민사회 단체 간의 투쟁의 결과로 결정되는 경우가 많습니다. 지금은 무기 회사들이 주도권을 가지고 있죠. 그로 인해 매년 5만 명 이상의 미국 국민이 총기로 죽는 안타까운 일이 벌어지고 있는 것입니다. 언뜻 보면 총기 사용은 경찰이 알아서 할 문제처럼 보이지만 실제로는 법을 고치는 문제, 결국은 정치 권력을 어느 쪽에서 행사하느냐의 문제입니다.

　인간관계에서 벌어지는 모든 일은 정치적인 문제입니다. 인간은 혼자서 생활할 수 없습니다. 사회와 공동체를 이루고 살 수밖에 없는 존재이죠. 정치는 그 안에 내재되어 있는 것입니다. 사회를 구성하는 구성원의 생각과 욕망은 모두 다릅니다. 그렇기 때문에 인간은 충돌과 갈등의 가능성을 안고 살아가죠. 동시에 인간은 갈등을 조정하고 해결할 수 있는 능력을 가지고 있습니다.

　정치는 인간이 만들어 놓은 공동체의 문제를 해결하기 위해 필요한 가장 인간적인 처방이라고 할 수 있습니다. 권력과 자원의 배분을 통해 인간의 욕망에서 비롯한 갈등을 해결하는 것이 바로 정치이죠. 사람과 사람 사이의 모든 문제는 결국 정치로 귀결됩니다.

　정치인들이 올바른 결정을 내리지 못하고, 자기들끼리 치고받고 하는 것을 볼 때면 '저런 사람들이 무슨 나라를 지킨다는 거야?', '도대체 정치가 우리에게 도움을 주는 게 뭐야?'라고 생각할 수 있습니다. 하지만 아무리 사회가 복잡하고 다양해져도 시공간에서 이루어지는 인간의 모든 삶은 정치를 떠나서 생각할 수 없습니다. 사람과 사람, 집단과 집단, 단체와 단체, 세력과 세력, 정당과 정당 등 인간이 구성하고 있는 조직과 단체 그리고 이를 뒷받침하는 법, 이념, 학문, 문화, 예술 등 모든 것이 결국 정치로 귀착될 수밖에 없습니다.

　정치인들이 정치를 제대로 하고 있지 못하면 국민들이 더욱 날카로운 눈으로, 더욱 큰 목소리로 그들을 압박하여 올바른 길로 나아가게 해 주어야 합니다.

QUESTION 69

주먹을 부르는 정치~
자꾸 거부감이 생겨요

7 정치와 정치인

뉴스, 신문 등 언론을 통해 국회위원들이 몸싸움을 하는 모습을 많이 봐서 그런지 국회의원이 격투기 선수도 아닌데 '국회의원' 하면 이단 옆차기가 생각납니다. 개그맨도 아니면서 왜 그렇게 웃긴 행동만 골라서 하는지 모르겠어요. 그들은 정녕 그런 모습이 국민들의 가슴에 정치 혐오감, 거부감을 불러일으킨다는 것을 모르는 걸까요?

A
언론이 정치 불신을
조장해선 안 된다.

국민들이 두 눈 부릅뜨고 잘하는 정치와 그렇지 못한 정치, 잘못된 정치인과 올바른 정치인을 가려내려고 작정하면 아무리 포악한 정치 권력이라고 해도 국민의 눈치를 보느라 함부로 하지 못합니다. 정치 권력은 이렇게 생각하는 경향이 있습니다.

'국민들이 정치가 어떻게 돌아가는지 관심을 가지지 않으면 우리 마음대로 할 수 있어.'

참 유아적인 발상이죠? 이는 분명 잘못된 생각이지만 틀린 생각은 아닙니다. 국민이 정치를 외면하는데, 권력을 가진 사람들끼리 나라를 이리저리 휘두른다 해도 이상할 것이 없죠.

그런 상황이 되게 해선 안 됩니다. 국민의 감시와 평가를 받지 않고 정치인들끼리 권력 교체를 하면 그것을 민주주의라고 말할 수 있을까요? 그런 정치를 국민들이 신뢰할 수 있을까요? 우리나라 국민들은 다른 나라 국민보다 정치에 대한 관심이 많고 참여 욕구가 높습니다. 우리 현대사는 정치 참여 확대의 역사라고 해도 과언이 아닙니다. 정치가 국민의 사랑과 신뢰를 받지 못하는 상황이지만 정치 본연의 역할을 복원할 수 있는 것은 국민의 힘뿐입니다.

언론이 정치 불신을 조장하는 경우도 있습니다. 물론 언론은 국민들이 제대로 된 판단을 할 수 있도록 정보를 제공해야 합니다. 하지만 일부 언론은 정치인을 싸움하는 사람, 국회를 국민 생활과 관계없이 소모적인 말다툼을 하는 곳으로 묘사하곤 합니다. 그런 언론을 통해 국민들은 부정적인 시각을 갖게 되죠. 정치는 국민 생활의 대부분의 문제를 결정합니다. 그런데 그런 식으로 불신과 무관심을 조장하면 곤란하지 않겠어요?

군부권위주의 시절, 민주화 운동이 전개될 때는 대부분의 국민이 정치를 중요하게 생각했습니다. 그런데 1987년 6월 민주항쟁 이후 민주주의가 어느 정도 정착되자 정치에 대한 관심이 조금씩 줄어들었습니다. 국민 소득이 2만 달러를 넘어서면서 정치보다는 여가를 즐기고, 휴가를 즐기는 등 자신의 생활에 더욱 많은 관심을 쏟았죠.

그러한 모습은 투표율 하락으로 나타났습니다.

민주주의는 정치적 대표 체계입니다. 국민들의 의사를 잘 수렴해서 대표할 수 있는 정치가 되어야 민주주의가 실현될 수 있습니다. 그런데 국민의 절반 이상이 자신의 권리를 포기하고 투표에 참여하지 않는다면 민주주의의 국민 대표성에 위기가 오게 됩니다.

정치에 관심이 없는 사람들이 정치에 관심을 갖게 만들고, 그들을 투표장으로 이끌기 위해서는 국가의 다양한 노력이 필요합니다. 투표에 참여하면 세금을 감면해 준다든지 투표장에 가면 고궁 등에 무료로 들어 갈 수 있는 쿠폰을 발급해 준다든지 하는 방법을 모색할 필요가 있어요. 투표에 참여하지 않으면 공직에서 일할 수 있는 기회를 박탈하기도 하고 벌금을 내게 하는 나라도 있습니다.

모든 나라가 국민들이 최대한 많이 정치에 참여하게 하기 위해서 다양한 노력을 하고 있습니다. 같은 맥락에서 언론도 국민이 정치적 무관심을 극복할 수 있도록 적극적으로 나서야 합니다. 언론은 정치적 사실을 국민들에게 잘 전달해 주어 정치권과 국민이 원활하게 소통할 수 있도록 노력해야 합니다.

언론이 '우리나라 정치에는 참으로 많은 문제가 있다.'라는 식으로 계속해서 상투적인 보도만 하면 국민들은 정치에 관심을 가질 수 없습니다. 국민의 정치 참여를 위한 언론의 역할은 아무리 강조해도 지나치지 않습니다.

QUESTION 70

그깟 정치!
꼭 정치인만 정치를 해야 해?

언젠가 TV에서 스웨덴 국회의원들의 모습을 본 적이 있습니다. 높은 월급에 각종 혜택을 받으면서도 제 일을 제대로 하지 않는 우리나라 국회의원들과 달리 그들은 국민의 소중한 세금이 함부로 사용되어선 안 된다며 비교적 적은 월급을 받고, 대중교통을 이용하고, 비서관을 두지 않고 스스로 일을 처리하더군요. 마인드부터 참 많이 다르다는 것을 느꼈습니다. 우리나라 정치인들을 보면 별일 하는 것 같지도 않은데……. 꼭 정치인들만 정치를 해야 하는 건가요?

A
직업 정치인의 정치와
국민의 정치가 상호 작용해야 한다.

정치에는 넓은 의미의 정치와 좁은 의미의 정치가 있습니다. 좁은 의미의 정치는 국회의원 같은 직업 정치인들이 하는 정치를 말합니다. '여의도 정치'라고도 하죠. 이 안에는 일반인이 포함되기가 쉽지 않습니다. 따라서 좁은 의미의 정치는 직업 정치인들에게 맡길 수밖에 없습니다. 이것이 바로 국민들이 직업 정치인을 잘 뽑아야 하는 이유입니다.

직업 정치인이 되는 문턱을 낮추어야 합니다. 여야 정당의 공천 과정을 보면 일반 국민이 쉽게 갖출 수 없는 요소가 많습니다. 과거 우리나라 정당에서의 공천은 투명하지 못했어요. 유력한 당 지도자가 공천권을 행사하면서 '공천이 아닌 사천'이라는 말까지 생겨났죠. 공천을 대가로 당에 거액의 헌금을 내는 경도 많았고 계파 보스에게 충성 맹세를 하는 경우도 많았어요. 지금도 그렇지만 옛날에는 공천을 둘러싼 잡음이 끊이지 않았습니다.

공천 과정에서의 투명성을 제고하기 위해 각 당은 '국민경선제'나 '국민공천배심원제'를 도입하고 있으나 그다지 효과가 있어 보이지는 않습니다. 지연, 학연, 혈연 등 우리 사회의 인맥이 총동원되는 것이 바로 공천 과정이기 때문이죠. 상황이 이러하기 때문에 평범한 국민이 공직선거에 참여해 정당의 후보가 된다는 것은 '하늘의 별 따기'와 다름없습니다.

정치는 공적인 활동을 하는 것입니다. 민간 영역이 필요로 하는 기준과 다른 공적 활동에 적합한 기준을 충족시켜야 합니다. 우리 사회를 대표할 수 있는 사람들, 정치를 통해 공적 의무를 충실히 수행할 수 있는 자질과 커리어를 가진 사람들에게 더 넓게 문호를 개방할 필요가 있습니다.

정치인은 높은 학력, 훌륭한 스펙, 많은 자산을 가지고 있는 경우가 많습니다. 하지만 이러한 것만을 고집해서는 안 되죠. 일반 국민들과 함께할 수 있는 사람이 더욱 많이 정치권에 들어가야 합니다.

과거 군부 독재 때 정치권에는 군인이 많이 포함되어 있었어요. 최고 권력자와 연줄이 닿아 있는 군인들은 쉽게 정치에 입문할 수 있었죠. 1960년대의 직업군인은 근대화의 상징과도 같습니다. 관료 엘리트나 경제 엘리트가 성장하지 않았던 시기에 '군대'라는 근대화된 조직에서 교육받았기 때문에 군부 독재 정권이 최우선 과제로 삼았던 경제 건설을 담당하는 데 중요한 역할을 할 수 있었죠.

군부 정권의 그늘 아래에서 관료, 법조인 출신들이 서서히 성장하게 되었고, 민주화 이후에는 시민사회 단체 인사, 학계 출신들의 수가 점차 늘어났습니다. 정책 입안과 입법에 대한 중요성이 커지면서 관료, 법조인, 학계 출신들의 역할이 중요해졌고 시민운동을 대표하는 인사들의 진출 또한 활발해졌습니다.

넓은 의미의 정치는 매우 폭넓습니다. 국민이 투표장에 가서 투표하는 것도 넓은 의미의 정치라고 할 수 있습니다. 국회의원들의 활동을 지켜보다가 '저 정치인의 사고방식이 참으로 훌륭하군. 이 나라를 잘 이끌어 나갈 수 있겠어.'라는 생각이 들면 격려해 주고, 지지해 주는 것 또한 굉장히 중요한 광의의 정치라고 할 수 있습니다.

잘못된 정치를 하는 정치인이 있으면 야단을 치는 것도 넓은 의미의 정치입니다. 야단치고 꾸짖으며 그 정치인이 주장하는 것에 반대 의사를 표시하는 것은 굉장히 중요하죠. 국민들은 오프라인과 온라인 상관없이 언제, 어디서든 정치 활동을 할 수 있습니다. 시간과 장소에 구애받지 않고 국민 대표들을 감시하고 질타할 수 있는 것, 그것이 바로 민주주의 정치라고 할 수 있죠.

넓은 의미의 정치는 이렇게 우리 국민 모두가 함께하는 것입니다. 정치는 일회성이 되어서는 안 되죠. 국민은 정치의 주인으로서 국가의 일에 참여할 수 있는 권리가 법적으로 보장되어 있습니다. 그러한 국민의 권리는 정치에 참여하는 데에서 나오는 것입니다. 의무만 있고 권리가 없는 신민과는 다르다고 할 수 있어요.

넓은 의미의 정치를 제대로 하려면 늘 깨어 있어야 합니다. 정치판에서 무슨 일이 벌어지고 있는지, 국회의원들이 나쁜 짓은 하지 않는지 두 눈 뜨고 지켜보다가 잘하면 잘한다고 칭찬해 주고, 못하면 못한다고 채찍질할 줄 알아야 국민들의 정치, 넓은 의미의 정치가 활성화될 수 있습니다. 넓은 의미의 정치가 활성화되어야 정치인들이 더욱 긴장하고 나라를 운영해 나가지 않겠어요?

국민이 잠들면 정치는 부패하고 독선적이게 됩니다. 직업 정치인의 정치와 국민의 정치가 긴장감 있게 상호 작용해야 건강한 정치, 좋은 정치가 될 수 있습니다.

7 정치와 정치인

QUESTION 71

안철수는 흥행 보증 수표?

예전에는 지하철이나 버스에서 책을 읽는 사람을 쉽게 볼 수 있었지만 요즘은 그렇지 않아요. 책이 1만 부만 팔려도 베스트셀러가 될 정도로 책 판매가 많이 줄어든 상황이죠. 그런데 얼마 전에 출간된 《안철수의 생각》은 책이 없어서 팔지 못할 정도였다고 하더군요. 안철수가 출연한 TV 프로그램은 시청률 대박이 나기도 했고요. 국민들이 정치인이 아닌 안철수에게 열광하는 이유가 과연 무엇일까요?

A 안철수 현상은 기성 정치권이 정치를 잘못한 결과이다.

국민들은 오래전부터 야당 여당 가릴 것 없이 기성 정치권을 불신해 왔습니다. 시간이 지날수록 그런 감정이 사그라지기는커녕 불평과 불신이 점점 쌓여 가고 있는 상황이죠.

'여당이고 야당이고 기성 정치권은 자신들의 이익만을 위해서 움직여서 믿을 수 없어.'

'이제는 기성 정치권에 물들지 않은 참신한 사람이 등장해 나라

를 이끌어 주면 좋겠어.'

많은 국민이 이런 생각을 하고 있기 때문에 안철수가 새롭게 떠오른 것이죠. 안철수 현상은 기성 정치권이 정치를 잘못한 결과라고 할 수 있습니다.

안철수는 그동안 자신의 이익만을 위해 기업을 운영하지 않았습니다. 국민들에게 무료로 백신을 나눠 준다든지, 기부 활동을 한다든지 하는 식으로 사회적 공헌과 나눔, 배품을 실천했죠. 그래서 국민들이 그를 높게 평가한 거예요. 그런 평가는 '안철수가 정치를 하면 참 잘하겠다.'는 생각으로 확대되었고, 이는 짧은 시간에 높은 지지율을 기록하는 결과를 낳았습니다.

안철수 현상은 이념 프레임의 약화와 국민들의 실사구시적 인식으로의 변화가 만들어 낸 결과물이라고 할 수 있습니다. 국민들은 정치권이 장기간 규정해 왔던 좌우 이념 프레임에 대해 거부감을 가지고 있습니다. 지난 사반세기 동안 좌와 우가 정권을 교체하면서 국정 운영을 해 오지 않았습니까? 이념적 프레임 속에서 서로 상반된 정책과 비전이 제시되었죠. 국민들은 좌와 우가 어떤 정책과 비전을 선호하는지 잘 알고 있습니다. 하지만 그 어느 쪽도 국민들을 완벽하게 만족시키지는 못했습니다. 지금의 국민들에게 좌우의 이념 충성도는 그다지 중요하지 않습니다.

국민들은 무원칙한 실용도 싫어하지만 막무가내인 이념도 싫어합니다. 소신과 원칙이 지켜지기를 바라죠. 지금의 국민들은 매우 복합적이며 중층적인 정치 인식을 가지고 있다고 할 수 있어요. 국민은 변하고 있는데 기존의 정당들은 과거의 이념 프레임

으로 국민들을 바라보고 있습니다.

 안철수가 가지고 있는 발전적이고 긍정적인 측면이 그가 직접 정치를 하게 될 때에도 잘 구현될 수 있을까요? 정치는 또 다른 영역이기 때문에 '안철수는 기업 운영을 잘했으니까 나라 운영도 잘할 거야.'라는 식으로 단정할 수는 없습니다. 2007년에 많은 사람이 이렇게 생각하지 않았습니까?

 '이명박이 도덕적으로 훌륭하지는 않지만 경영인으로서는 탁월한 역량을 가지고 있으니 먹고사는 문제는 잘 해결해 줄 거야.'

 그런데 어땠습니까? 이명박 대통령이 경영인 출신이라고 해서 5

년 동안 국민들의 먹고사는 문제를 잘 해결해 주었습니까? '안철수가 기업인으로서, 교수로서 존경받기 때문에 정치인이 되었을 때도 존경받을 것이다.'라는 생각은 현실주의적인 발상이 아닙니다.

그가 정치를 잘할 수 있다는 것을 보여 주면 그의 지지도는 더욱 높아지고 안정화될 것입니다. 정치는 효율적인 길이나 최상의 길을 찾아가는 것이 아닙니다. 서로 갈등하고 경쟁하지만 공동체를 유지하고자 하는 수많은 사람 간에 상충하는 이해관계를 조율하고 균형을 잡아 가는 것이죠. 지금까지와는 다른 가치와 윤리, 역량을 필요로 하는 것입니다.

QUESTION 72

대통령 지지율, 들어갈 때 다르고 나올 때 다르다?

국민의 지지를 받고 선출되었지만 어느 한 대통령도 좋은 평가를 받으며 자리에서 물러나는 것을 보지 못했습니다. 국민들의 손가락질을 받으며, 날카로운 시선을 받으며 자리에서 물러났죠. 우리나라 대통령 중에서 많은 사람의 공감을 얻어 낸 대통령은 없는 걸까요? 모두 실패한 대통령이라고 봐야 하는 걸까요?

A 우리나라에 성공한 대통령은 없다.

대부분의 대통령은 퇴임할 때 국민들에게 실망감을 안겨 주고 비판을 받으며 자리를 떠났습니다. 퇴임할 때 지지율을 보면 평균 20% 대밖에 되지 않아요.

임기가 몇 개월 남지 않은 이명박 대통령의 지지율은 독도 방문 이후 조금 상승하기는 했지만 취임 이후 최저치를 기록할 만큼 많이 하락해 있는 상태입니다. 노무현 대통령 역시 퇴임할 때 지지율이

24.8%였습니다. 거의 모든 대통령이 국민과 감정이 좋지 않은 상태로 헤어지죠. 이는 임기 말이면 예외 없이 터져 나오는 측근 비리와 친인척 비리 그리고 재선을 앞두고 정치권이 정부와 거리 두기를 하기 때문이기도 합니다.

한 여론 조사 기관이 '역대 대통령 호감도'를 조사한 결과 1위는 35.3%의 지지를 받은 노무현, 2위는 31.4%의 지지를 받은 박정희, 3위는 13.5%의 지지를 받은 김대중 대통령이었습니다. 그리고 뒤를 이어 이명박 대통령이 8%의 지지를 받아 4위를 차지했죠.

퇴임을 하고 난 후 임기 때와 다른 평가를 받는 대통령도 있습니다. 노무현, 김대중 대통령은 임기 말에 지지율이 낮은 편이었지만 시간이 지날수록 국민들에게 '다시 뽑고 싶은 대통령', '그리운 대통령'으로 인식되고 있습니다.

박정희 대통령 역시 마찬가지입니다. 박정희가 대통령이던 시절에는 여론조사나 지지율 조사가 없어 당시 지지율이 어느 정도인지 알 수 없었으나 최근 조사에 의하면 국민들의 호감도가 높은 대통령으로 분류되고 있습니다. 박정희는 퇴임이 아닌 암살로 인해 권좌에서 내려왔고, 그 후 역사적 평가가 제대로 이루어지지 못했습니다. 학계에서는 박정희 대통령에 대한 연구와 평가가 지속적으로 이루어지고 있으나, 박정희 정권에 대한 국민의 역사적·정치적 평가는 지금도 진행 중이라고 할 수 있습니다.

박정희 대통령의 경우 지금도 찬반양론이 첨예하게 대립되어 있습니다. 국민 중 절반 이상은 '그가 우리나라 발전에 미친 공은 인정해 주어야 한다.'는 생각을 가지고 있습니다. '역대 대통령 중에 누가 다시 대통령 했으면 좋겠나?'라는 조사에 박정희가 1위를 차지하기도 했죠. 이런 걸 보면 역대 대통령에 대한 평가는 시간이 지나면서 조금씩 달라질 수도 있다는 점을 염두에 둘 필요가 있습니다.

대통령의 실패와 성공에 대한 판단은 역사의 몫, 미래 세대의 몫입니다. 하지만 당대의 평가 역시 무시할 수는 없죠. 대통령이 통치하는 행위에 직접적으로 영향을 받으니까요. 또한 일반 국민들 사이에서 대통령에 대한 호감도와 지지도가 높다 하더라도 정치권 내에서의 평가는 다를 수 있습니다.

현재 박정희와 노무현 대통령에 대한 평가가 비교적 좋지만, 두 대통령에 대한 여야 정치인들의 평가는 극명하게 차이가 납니다. 최근에 여야가 첨예하게 대립하는 '역사 논쟁'으로 잘 알 수 있죠. 새누리당은 자당의 대선 후보인 박근혜 후보의 아버지 박정희 대통령에 대해 후한 역사적 평가를 하고 있는 반면, 민주통합당의 정치인들은 독재자, 헌법을 유린한 대통령이라는 평가를 내리고 있습니다.

이번 대선 과정에서 박정희 대통령의 딸인 박근혜와 노무현 대통령의 비서실장이었던 문재인이 나서게 됨으로써 두 전직 대통령에 대한 평가와 그들을 둘러싼 역사 논쟁이 치열하게 전개될 것입니다.

안타깝게도 이념과 정당을 떠나 국민 모두에게 존경받을 만한 '성공한 대통령'은 아직까지 없다고 할 수 있습니다. 앞으로 그런 대통령이 나오길 우리 모두 기대해 봅시다.

QUESTION 73

2030세대 투표율, 정치권 '앗 뜨거!'

2030세대의 투표율이 2012년 총선뿐 아니라 2009년 이후 실시된 각종 선거의 승패를 갈랐다는 점이 입증되면서 대선을 앞둔 정치권의 '구애 경쟁'이 뜨거워지고 있다는 기사를 본 적이 있습니다. 새누리당 관계자는 "5060세대의 투표율은 한계치에 다다른 반면 2030세대는 상승 여력이 크고 스윙보터(지지 정당이 고정되지 않은 유권자)가 많다."고 말하기도 했죠. 그렇다면 2030세대의 시선을 사로잡기 위해, 그들의 마음을 움직이게 하기 위해 정치인들은 어떤 노력을 해야 할까요?

A
소통은 눈높이를 맞추고, 무한히 믿고 신뢰할 때 가능하다.

정치인들은 2030세대의 목소리에 귀를 쫑긋 세워야 합니다. 정치인들은 듣는 것보다 말하는 것을 좋아하고, 그것에 더 익숙합니다. 하지만 그런 모습은 부작용을 초래할 수 있죠.

어른들은 자기보다 어린 사람이 말하면 자꾸만 훈계를 하려고 하고, 자신의 주장을 강요하는 경향이 있습니다. 정치인들도 마찬가지입니다. 정치인들은 2030세대의 목소리에 제대로 귀를 기울이지 않고 "우리는 이렇게 생각한다. 우리는 너희들을 위해 이런저런 일을 할 생각이다."라고 일방적으로 말하죠.

하지만 2030세대들은 어떻습니까? 그들은 자신들의 어려운 처지, 답답한 마음을 들어 주는 사람을 원합니다. 안철수가 2030세대의 지지를 받는 것은 2030세대와 소통을 하려고 하기 때문입니다. 그는 강연회와 같은 자리를 통해 젊은 세대를 만나고, 그들의 이야기를 들어 줍니다. 그런 다음 그에 대한 자신의 생각을 전달하죠. 그렇기 때문에 2030세대가 그에게 마음을 여는 것입니다.

듣는다는 것, 그것은 생각보다 쉽지 않습니다. 마인드를 바꿀 필요가 있죠. 그저 듣는 시늉만 한다면 오히려 반감을 불러일으킬 수 있습니다. 회의실에 앉아 그들에게 무엇을 해 줄까를 논의하는 것이 아니라 그들의 생활 속으로 들어가 그들이 진정으로 원하는 것이 무엇인지 들어야 합니다. 그러기 위해서는 눈높이를 완전히 바꿔야 합니다. 그래야 제대로 들을 수 있지 않겠어요?

2012년 4·11 총선에서 여야는 경쟁하듯 청년비례대표 후보를 공천했습니다. 2030세대의 의견을 대표하는 사람을 공천함으로써 그들과 좀 더 적극적으로 소통하려고 했죠. 그 결과 2030세대에서 몇 명의 국회의원이 배출되었습니다. 그런데 우리 사회 일각에서 세상 물정도 잘 모르는 2030에게 국회의원 공천을 주는 것은 표만 생각하는 인기 영합적 발상이라는 반발이 터져 나왔습니다. 여기에서 중요한 것은 2030세대와의 소통은 그들과 눈높이를 맞추고, 그들을 무한히 믿고 신뢰할 때 가능하다는 것입니다.

　2030세대도 엄연히 국민의 한 사람입니다. 한 표의 가치가 동등하죠. 가정에서는 가장의 권위가 있어 불평등한 의사결정이 이루어질 수도 있지만 나랏일은 부모나 자식이나 동등한 비중의 한 표를 행사하는 것입니다. 나이가 어리다고 정치적 견해까지 신뢰할 수 없다고 하는 것은 민주주의와 맞지 않아요.
　지금의 정치권은 2030세대를 표를 얻을 대상으로만 여겨온 것이 아닌가 하는 생각이 듭니다. 그렇기 때문에 선거철만 되면 2030세대를 위한 이벤트성 선거 운동이 쏟아져 나오는 것 아니겠어요?

또한 정치권은 2030세대의 요구와 필요를 정치적으로 실현하려는 노력은 하지 않으면서 그들의 정치적 무관심만 문제 삼는 경향이 있습니다. 투표 참여율이 장년층이나 노년층에 비해서는 낮지만 이 또한 자신의 정치적 견해를 표출하는 한 방식입니다. 그렇다고 해서 2030세대가 정치에 무관심하지는 않지 않습니까? 자신이 적극적으로 지지할 정당이 없기 때문에 투표장에 가지 않고 기존 정치나 정당에 비호감을 나타내는 것일 수도 있습니다.

우리 헌법은 피선거권의 연령 제한을 국회의원은 만 25세, 대통령은 만 40세로 적시해 놓고 있습니다. 대한민국 국민이면 누구든지 만 25세가 되면 국회의원 직무를 감당할 수 있고, 만 40세가 되면 대통령의 직무도 감당할 수 있다는 말입니다. 국회의원과 대통령의 직무가 아무리 어렵다고 해도 만 25세와 40세가 되면 능히 감당할 수 있다는 국민에 대한 무한한 믿음이 우리의 헌법 정신입니다.

2030세대와 진정으로 소통하려면 믿음을 가져야 합니다. 일부러 쉽게 풀어 얘기할 필요도 없고 그들의 주요 관심사만 따로 떼서 얘기할 필요도 없습니다. 그들이야 말로 나라의 주인이자 주권자라는 관점을 갖고 그들과 만나야 합니다. 2030세대와의 소통은 그들을 주인으로 인정하고, 그들의 이야기를 주인의 지상 명령으로 경청할 때 비로소 시작될 것입니다.

QUESTION 74

이래서 죽어라고 정치인이 되려고 하는 거야?

언젠가 갑자기 궁금증이 생겨 인터넷에 '국회의원 월급'을 검색해 보았습니다. 순간 헉! 소리가 절로 나왔습니다. 한 달 월급이 거의 1,000만 원! 거기에 각종 혜택까지! 그래서 국회위원이 되고자 죽어라 노력하는 건지……. 그렇게 죽어라 국회의원이 됐으면 죽어라 나랏일을 좀 해 줬으면 하는데, 그런 것 같지는 않네요. 국회의원들이 받는 혜택, 지나치게 과한 것 아닌가요?

A
특권을 누리고 문을 두드리는 사람은 사전에 차단시켜야 한다.

국회의원 세비가 많은지 그렇지 않은지는 받는 만큼 일을 하고 있느냐 아니냐에 따라 다를 것입니다. 국회의원들이 정말 국민들의 생활을 편안하게 하는 데 기여하고 있다면 1,000만 원이 아니라 더 많은 월급을 줘도 상관없겠죠. 문제는 국민의 눈에는 그렇게 보이지 않는다는 것입니다. 대부분의 국민은 정치인들이 턱없이 많은 세비와 특권을 누리고 있다고 생각합니다. 민생법안은 산더미처럼 쌓여 있는

데 국회의원들은 국민 생활은 외면한 채 '정치 놀이'에만 힘쓰고 있다는 것이 일반 국민들의 인식이죠.

우리나라 국회의원은 200여 가지가 넘는 권한과 특혜를 받고 있습니다. 19대 국회의원의 경우 연간 1억 3,796만 원의 세비를 받고 있죠. 국회의원의 세비는 국회의원의 직무 활동과 품위 유지를 위해 지급하는 보수를 말하는데, 여기에는 각종 수당, 입법 활동비, 특별 활동비, 여비 등이 포함되어 있습니다. 여기에 국회회관 내 사무실 제공, 의정 활동 지원 보좌진 6명의 인건비, KTX 및 국유철도와 선박, 항공기 무료 사용 등의 편의가 제공되고 있죠. 또한 선거가 없는 해에는 1년에 1억 5,000만 원의 후원금을 거둘 수 있고, 선거가 있는 해에는 3억 원의 후원금을 모을 수 있어요.

단 하루만 국회의원으로 살았다 하더라도 65세 이상의 전직 국회의원은 사망할 때까지 매월 120만 원씩 지원받게 되어 있습니다. 이런 금전적인 지원 외에도 면책특권과 불체포특권이 있죠. 국회의원이 국회에서 직무상 하는 발언에 책임을 지지 않고, 현행범인 경우를 제외하고는 회기 중 국회의 동의 없이 체포 또는 구금되지 않습니다.

국회의원에게 주어지는 이런 모든 권한과 특혜가 국민을 위한 활동을 위해서라면 국민들은 수긍할 것입니다. 그렇지 못하기 때문에 국회의원의 세비를 줄이자, 특혜를 줄이자, 특권을 없애자는 요구가 끊임없이 제기되고 있는 거죠. 국회의원 중에서도 스스로 특권 축소를 말하는 사람이 있습니다. 자신들이 하고 있는 일에 비해 너무 많은 특권과 특혜를 받고 있다고 생각하기 때문이겠죠?

미국의 국회의원들은 최근 세비를 줄이는 법안을 제출했고, 일본의 국회의원들은 스스로 세비를 15% 정도 깎았어요. 스웨덴의 국회의원의 경우 주 80시간 이상 노동을 하는데, 세비는 우리나라 국회의원의 80%에 지나지 않아요.

국회의원의 적정한 세비는 얼마여야 하고, 특권과 특혜는 어느 정도여야 한다는 것은 나라마다 다르겠죠. 기계적으로 비교할 수는 없을 것입니다. 그 적정성은 국민 정서에 의해 결정되겠죠. 국민에게 봉사하는 데 필요한 것만을 남기고 과감하게 줄일 필요가 있어요.

19대 국회는 이런 국민들의 목소리를 경청해야 합니다. 단순히 경청하는 것으로 끝낼 것이 아니라 실천에 옮겨야 해요. 국회의원의 특권을 줄이는 방안들을 스스로 만들어 국민 정서에 부합하도록 노력할 필요가 있습니다. 국회의원은 특권과 특혜를 누리기 위한 자리가 아니라 국가 안전과 국민 생활을 위해 봉사하는 자리예요. 투철한 사명감과 봉사정신 없이는 도저히 버티기 힘든 자리로 만들어 특권을 바라고 문을 두드리는 국회의원을 사전에 차단할 수 있는 개혁을 단행해야 합니다.

PART
8

대통령과
대통령직에
대해
말하다

QUESTION 75

국민 동생, 국민 오빠는 있는데 국민 대통령은 왜 없는 거죠?

이번 대선 때 첫 투표를 하게 되는 대학생입니다. 내 손으로 대통령을 뽑는다는 사실이 설레기도 하지만 우리나라 정치를 보면 학교에서 배운 것과 조금 다른 것 같아 투표를 꼭 해야 하는지, 어떤 사람을 뽑아야 하는지 판단이 잘 서지 않습니다. 하지만 국민의 의무를 다해야겠죠? 어떤 대통령을 뽑아야 하는지 개념을 잘 세워야 할 것 같은데, 어떠한 점을 살펴봐야 할까요?

A 국민들은 국민의 입장에서 국정을 돌보는 대통령을 원한다.

우리 국민들은 대체적으로 세 가지 성격의 대통령을 원합니다. 첫 번째, 유능한 대통령! 대통령은 민생 문제가 됐든 외교 문제가 됐든 일을 척척 처리하는 능력이 있어야 합니다. 알고 있는 것이 많다고 해서 유능하다고 말할 수는 없습니다. 국가 정책과 관련된 모든 것에 대해 시시콜콜 따지고 논쟁하는 대통령은 바람직하지 못합니다. 대통령은 국정 운영의 방향을 바로잡고 그 방향대로 국정이 운영되고 있는지 점검해야 합니다.

또한 국정 운영 목표에 공무원 등이 집중할 수 있게 만들고 가시적인 성과를 만들어 내는 능력이 필요합니다. 이는 정책 집행 과정에서 불가피하게 발생하는 비용을 최소화하고 갈등을 조정할 수 있는 능력을 의미합니다. 정책 조정은 이익 집단 간의 조정뿐 아니라 여의도 정치권, 기업, 노동, 시민단체 등 수많은 이해 당사자의 요구를 파악하는 것에서부터 시작해야 합니다. 그들이 무엇을 원하는지를 파악하고 국익의 입장에서 이해관계를 조정해 내는 것이 대통령의 역할이라고 할 수 있습니다.

많이 아는 것만으로는 부족합니다. 국익과 민생을 최우선으로 생각하며 애초에 정한 정책 방향에 맞게 일을 추진하는 능력이 중요합니다. 자신이 제시한 방향에 따라 당과 청와대 관련 부처가 유기적으로 결합되어 일이 성사되도록 조율하고 조정하는 능력이 유능하고 실력 있는 대통령의 조건이라 할 수 있습니다.

두 번째, 정직하고 맑고 깨끗한 대통령! 대통령은 적어도 친인척과 관련된 부정부패 사건, 비리 사건, 권력농단 사건이 없어야 합니다. 정권 말기가 되면 측근과 친인척 비리가 예외 없이 쏟아져 나옵니다. 대통령이 대통령직을 수행하면서 하게 되는 정치적·정책적 행위는 대통령 혼자 하는 것이 아닙니다. 대통령을 둘러싼 수많은 사람이 함께 움직이죠. 이 과정이 곧 권력 행사의 과정인데, 공익을 위해 행사되어야 할 대통령의 권력이 주변의 사적 이익을 위해 왜곡되고 남용되는 경우가 비일비재합니다. 이 모든 것이 대통령의 책임입니다.

　대통령은 자신이 공적인 인간이라는 것을 한시도 잊어서는 안 됩니다. 대통령에게는 사적 이해관계가 있을 수 없습니다. 모든 국민을 대표하고 모든 공익을 대표하는 전일한 공적 인간인 것입니다. 대통령은 언제나 국민과 공익을 위해 움직여야 합니다. 따라서 대통령은 취임 전부터 철저하게 자신을 공적 인간으로 바꿀 필요가 있습니다.
　그런 후에 측근이나 친인척들에 의해 권력이 남용되는 것을 방지해야 합니다. 측근이나 친인척 비리가 가능한 것은 대통령을 사적 인간으로 여기고 대통령 역시 암암리에 이를 인정하기 때문입니다.

대통령의 활동에는 사적으로 권력을 행사할 어떤 역할도 없습니다. 만일 공적으로 주어진 권력을 사적으로 쓴다면 그 권력은 정통성을 잃게 됩니다. 정통성을 상실한 권력에 국민들이 복종해야 할 이유는 없죠. 대통령의 사적 권력 남용은 결과적으로 정권의 불행, 국민의 불행이 됩니다.

마지막 세 번째, 국민과 함께하는 대통령! 대통령은 국민의 눈높이에서 생각하고 국민의 마음을 헤아려 줄 수 있어야 합니다. 국민과의 소통은 대통령의 가장 큰 덕목이라고 할 수 있어요. 그동안 대통령들은 국민들을 억압적으로 위협하거나 하향식으로 설득하려고만 했습니다. 국민의 목소리를 경청하기보다 자신의 말을 쏟아 내기에 급급했죠.

국민을 대리하여 국가를 운영하고 있는 대통령이 국민이 무엇을 원하고 있는지를 망각하고 자기 마음대로 나라를 통치한다면 대통령으로서의 자격을 상실하는 것입니다. 대통령은 항상 국민들과 코드를 맞추어야 합니다. 코드가 맞지 않는다면 즉시 교정해야 합니다. 국민들은 대통령에게 자신의 목소리를 낼 기회가 많지 않습니다. 돈 없고 힘없는 국민은 더욱더 그러하죠. 그것이 바로 대통령이 최대한 국민의 목소리를 경청하고, 국민의 입장에서 국정을 돌봐야 하는 이유입니다.

세 가지 자격 외에도 국민이 원하는 대통령상은 상당히 많습니다. 국민들이 바라는 것은 그리 거창한 것이 아닙니다. 이 나라를 이끌어 나가는 모든 사람은 국민들의 소소한 바람을 통해 더욱 좋은 나라를 만들어 나갈 수 있다는 것을 항상 명심해야 합니다.

8 대통령과 대통령직

QUESTION 76

대통령의 어떤 점을 가장 중요하게 봐야 하지?

작지만 번듯하게 개인 사업을 하고 싶어 창업을 생각하고 있는 대학생입니다. 그런데 사장님이 된다는 것이 생각보다 쉽지 않네요. 경제 상황, 참신한 아이템, 손발이 맞는 동업자와 직원, 리더십 등을 모두 생각해야 하니 머리가 지끈거립니다. 그런 입장에서 TV에 나오는 대선주자들을 보니 대통령도 한 나라의 사장님으로서 제대로 된 자질을 갖추지 않으면 나라가 망하겠구나 하는 생각이 들었습니다. 곧 대선인데 대통령의 어떤 면을 더욱 자세히 봐야 할까요?

A 훌륭한 대통령은 3력(力)을 가져야 한다.

대통령이 갖추어야 할 자질과 덕목을 나열하자면 끝없지만 몇 가지만 이야기하겠습니다. 먼저 역사적 통찰력을 들 수 있습니다. 대통령은 국가의 최고 지도자입니다. 대통령은 우리나라가 나아가야 할 방향을 제시하는 것을 가장 중요하게 생각해야 합니다. "지금의 시대정신이 ○○다!" 하는 역사적 통찰력을 가지고 있어야 하죠.

역사적 통찰력은 전문가적인 자질에서 나오는 것이 아닙니다. 전문성을 넘어서는 역사 인식에서 나옵니다. 통찰력은 어떻게 얻을 수 있느냐! 통찰력은 그냥 주어지는 것이 아니에요. 국민이 무엇을 원하고 있는지 파악할 수 있는 눈과 귀를 가져야 하죠.

국민 한 사람 한 사람의 희망과 기대는 다를 수 있지만 전체적으로 지향하는 보편적인 무언가를 파악해야 합니다. 그것이 바로 시대정신이죠. 민주화, 정의와 공정, 생명과 평화 같은 시대정신은 국민의 마음을 제대로 알아야 정립할 수 있습니다.

국민과 거리를 두는 대통령은 시대정신을 제대로 인식할 수 없습니다. 대통령이 될 사람이라면, 이 나라를 이끌어 나갈 사람이라면 국민들 속으로 들어가 그들이 진정 원하는 것이 무엇인지 파악할 수 있어야 해요. 이것이 대통령이 갖추어야 할 첫 번째 덕목입니다.

두 번째 덕목은 제대로 된 인사 기용력입니다. 대통령이 모든 일을 할 수 있는 건 아니죠. 대통령은 가급적이면 여유 있게, 자신이 직접 하는 일을 최소화하는 것이 좋습니다. 대통령이 내리는 결정 하나 하나가 국가와 국민의 운명을 결정하는 것이기 때문에 올바른 결정을 하기 위해서는 집중하고, 또 집중해야 합니다. 자기가 하지 않아도 될 일, 굳이 직접 하지 않아도 되는 소소한 일까지 하다 보면 정작 중요한 일에 집중하기 어렵지 않겠어요? 따라서 곁에서 이 일들을 잘 챙겨 줄 사람을 제대로 선임해야 합니다. 장관, 비서관, 국영 기업체 대표자들이 바로 그러한 역할을 해 줄 사람이죠.

그리고 대통령은 자신이 정한 국정 방향에 맞게 자발적으로 열심히 일할 수 있도록 그들에게 동기부여를 해 줄 필요가 있습니다. '자발적 팔로십(followship)'을 이끌 만한 것은 뭐니 뭐니 해도 믿음입니다.

중국 청나라 시대에 편찬된 《통속편(通俗編)》에 '의심이 가면 쓰지 말고, 일단 쓰고 나면 의심하지 말라(疑勿用, 用勿疑).'는 말이 있습니다. 대통령은 자신이 임명한 사람을 믿고 일을 맡겨야 합니다. 항상 격려하고 권한을 위임하여 힘을 실어 주어야 하죠. 그 인사에 대한 책임은 전적으로 대통령이 져야 하는 것입니다.

세 번째 덕목은 창조적인 국정 운영력입니다. 관료사회는 쉽게 바뀌지 않습니다. 관행과 매뉴얼에 따라 움직이죠. 국정의 연속성을 유지하는 것도 중요하지만 변화하는 시대에 맞게 새로운 관행과 국정 운영 스타일을 창출하는 것이 바로 대통령의 몫입니다. 관행과 의식 그리고 기득권화되어 있는 관념과 이념 같은 것에 대한 반성적 성찰을 통해 새로운 것을 창조해야 합니다. 지난 정권의 국정 운영 스타일을 답습하고 모방하고 표절하기보다는 관료사회에 새로운 기풍을 진작시켜 창의적인 국정 운영을 할 수 있도록 노력해야 해요.

시대정신을 읽어 내는 통찰력, 자신의 구상을 구현해 줄 인사 기용력, 새로운 국정 운영 스타일을 창출해 내는 능력 이 세 가지를 갖추어야 훌륭한 대통령이라고 할 수 있습니다.

QUESTION 77

MB정부에 씌었던 콩깍지는 무엇?

"니들이 정치를 알기나 해?"라고 말하며 이명박이 대통령이 되어야 나라가 산다고 주장하던 어른들이 대선이 가까워지니 "그때 대통령을 잘못 뽑았어.", "이제는 그런 대통령을 뽑으면 안 되는데!"라고 말하며 정부를 비난하기에 바쁩니다. 그럴 거면서 왜 지난 대선에서 이명박을 뽑은 건지……. 분명 바라는 것이 있어서 뽑았을 텐데, 왜 이제 와서 후회하는 걸까요?

A 기업 운영과 나라 운영은 달라도 너무 많이 다르다.

2007년 대선 당시, 노무현 대통령에 대한 반대 여론이 매우 강했습니다. 노무현에 대한 역사적·객관적 평가가 이루어지지 않고 그냥 '노무현은 싫어.'라는 대중적 정서가 팽배해 있었죠. 노무현이 싫어서 보수를 선택한 사람도 많았습니다. 그들의 내면에는 실망과 배신감이 깔려 있었던 거죠. 진보는 국민들의 삶을 더 세밀하게 살펴 줄 것이라는 신뢰가 무너졌던 것입니다.

아무리 좋은 가치와 비전을 제시한다 해도 그것이 손에 잡히지 않으면 국민들은 냉정하게 반응합니다. 정치적 리더는 10년, 20년을 내다보고 정치를 한다고 하지만 국민은 당장 오늘내일을 어떻게 살 것인가를 걱정해야 하니까요. '오늘 삶은 고단했지만 내일은 조금 더 나아지겠지.'라는 생각을 하고 있다가 더 이상 나아질 기미가 보이지 않으면 '다른 사람이 대통령이 되면 더 나아지지 않을까?'라고 생각하죠. 그것은 진보니 보수니 하는 이념에 따른 선택이 아닙니다. 개인의 욕망을 채워 줄 수 있다는 현실적인 판단에 따른 것이죠.

2007년 대선은 노무현과 열린우리당을 심판하는 선거, CEO 출신 후보에 대한 막연한 기대를 반영한 선거였다고 할 수 있습니다. 이명박을 선택한 국민들의 마음속에는 이런 생각이 자리 잡고 있었을 거예요.

'노무현과 열린우리당이 주장하는 것도 일리가 있지만 내 생활이 나아지지 않잖아. 능력이 부족해서 그런 거 아니겠어?'

고유가와 높은 부동산 가격으로 서민들의 삶이 더욱 팍팍해졌기 때문에 국민들은 다시 열린우리당 후보에게 국가를 맡기는 것을 불안해했어요. 그로 인해 자연스럽게 '이명박이라면 살림이 좀 나아지지 않을까?' 하는 막연한 기대감이 생긴 거죠. 이명박은 '부자 되세요.'라는 슬로건과 747공약을 내세우며 국민들의 기대 욕구를 자극했습니다. 국민들은 단 하나의 기준, '삶이 어려우니 생활을 개선시켜 주겠다.'는 이명박의 주장에 사로잡혀 그를 지지했습니다. BBK 의혹과 같은 대형 악재들이 있었음에도 불구하고 CEO 출신 후보가 대통령이 되면 기업을 키우듯 경제를 키울 것이라고 생각한 거죠. 서울 시장 시절에 답답하게 복개되어 있던 청계천 복원 사업을 통해 청계천을 인공천으로 만들면서 국민들은 "이명박이 하면 뭔가 되긴 되는구나!" 하는 인식을 가지고 있었습니다.

당시는 여권이 분열된 상태였습니다. 열린우리당 지지자들 사이에서 '아, 이제는 안 되겠구나!'라는 생각이 퍼져 나갔습니다. 그 결과, 530만 표라는 역대 대선 사상 최대 표차로 패배하며 정권 재창출에 실패했죠. 이명박에게는 거품이 많이 있었습니다. 반노무현의 반사 이익도 많이 있었고요. 이명박이 대통령의 자리에 오른 지 얼마 되지 않아 거품이 걷혔고 반사적으로 이명박을 지지했던 사람들은 후회를 했습니다.

세계적으로 보면 CEO 출신 대통령이나 총리들은 그리 좋은 평가를 받고 있지 못합니다. 이탈리아의 베를루스코니 총리는 언론 재벌이었고, 태국의 탁신 총리는 이농통신회사 재벌이었죠. 이들 모두 기업을 경영하듯 국가를 경영하여 국민들로부터 좋지 않은 평가를 받았어요.

기업은 사익을 목표로 하는 조직이기 때문에 비용은 줄이고 이익을 많이 남기는 것이 목적이지만 국정은 경제적으로 어려운 곳에 더 많은 예산을 지출해야 하죠. 그들은 국민과 소비자는 전혀 다른 가치를 가지고 있는 것을 깨닫지 못했습니다. 기업을 운영하듯 나라를 운영하고, 국민을 소비자 대하듯 한다면 결코 성공한 대통령이 될 수 없습니다.

QUESTION 78

이명박 대통령, 자기 무덤 판 꼴!

인터넷을 하다가 이명박 대통령 패러디 동영상, 이명박 괴롭히기 플래시 게임을 보게 되었습니다. 우리나라에 모든 국민의 지지를 받은 대통령이 있었던 것은 아니지만 이명박 대통령에 대한 사람들의 반감은 더욱더 심각한 것 같습니다. 제 친구들만 보더라도 이명박 대통령을 긍정적으로 생각하는 사람이 없습니다. 이명박 대통령이 국민들에게 조롱당하는 원인은 무엇인가요?

A
지지율 하락, 믿음을 저버린 당연한 결과이다.

너무 기대가 컸다고 할 수 있습니다. 많은 국민이 대선 때 이명박 대통령에게 한 표를 던지며 이런 생각을 했습니다.

'다른 건 몰라도 살림살이는 분명 나아질 거야.'

하지만 결과는 그렇지 않았습니다. 그러니 높은 기대감이 실망감과 배신감으로 바뀐 거죠. 이명박 대통령뿐 아니라 역대 대통령들도 모두 그랬습니다. 노무현, 김대중, 김영삼 대통령도 임기 초반에는 높은 지지율을 기록했지만 임기가 끝날 무렵에는 지지자들이 돌아서서 손가락질하며 좋지 않은 평가를 했죠. 이 모든 것이 국민들의 기대에 미치지 못했기 때문이에요.

그렇다면 이러한 것이 모든 대통령의 운명일까요? 그렇지 않습니다. '칠레의 영웅'이라 불리는 칠레의 최초 여성 대통령 미첼 바첼레트는 퇴임할 때 80%의 지지율을 기록했습니다. 취임할 때 그녀의 지지율은 그리 높지 않았습니다. 임기 중에 나라를 열심히 이끈 공이 인정되어 그런 지지율을 기록할 수 있었던 거죠. 바첼레트가 퇴임하기 열흘 전에 칠레에 대지진이 발생했습니다. 그녀는 지진 복구 현장에서 마지막까지 열심히 자신의 임무를 다하다가 퇴임을 했죠. 퇴임식 날 칠레 국민들은 이렇게 외쳤습니다.

"4년 후에 다시!"

브라질의 룰라 대통령도 80%대의 지지를 받으며 퇴임했습니다. 그는 나라를 이끌면서 물가를 안정시키고 일자리를 많이 창출하여 민생 문제를 해결했다는 평가를 받았습니다.

정치의 성패는 역시 민생 문제를 잘 해결하느냐 아니냐에 달려 있습니다. "살림살이 좀 나아지셨습니까?"라는 질문에 머뭇거리지 않고 "네!"라고 대답할 수 있게 해 준다면 대통령을 지지하지 않을 이유가 없죠.

문제는 대통령, 정치인들은 말로만 민생 문제를 논한다는 것입니다. 이명박 정부는 임기 초에 MB 물가지표를 선정하고 이것만은 꼭 잡겠다고 선언했습니다. 국민들은 이명박 대통령이 분명 그렇게 해 줄 것이라 믿었죠. 하지만 결과는 참으로 암담했습니다. 2008년부터 2011년까지 무는 172.7%, 배추는 154.1%, 돼지고기는 71.1%, 마늘은 71%, 고등어는 62.2%, 설탕은 59.9% 고추장은 49.6%가 올랐습니다. 상위 10개 품목이 73.6%의 평균 상승률을 기록했습니다. 이런 성적표로 어떻게 국민의 지지를 얻을 수 있겠습니까?

정치는 조화와 균형이 중요합니다. 사회를 조화롭게 유지하기 위해서는 구성원 간의 긴밀한 소통이 필요하죠. 국민들은 소통이 원활하게 이루어지지 않을 때 분노합니다. 자신이 뽑은 대통령이 독단적으로 국정을 운영한다면 국민들이 불만을 갖고 분노하는 것은 당연합니다. 그런데 이명박 대통령은 은연중에 우리 사회 특권층과 일반 국민 간의 간격을 넓혔습니다. 분열과 위화감을 자극한 거죠. 민생이 국민의 경제적·사회적 욕구를 충족시키는 것이라면 소통은 국민의 정신적·내적 편안함을 가져다주는 것인데도 말입니다.

지난 5년 동안 우리 사회에는 심한 갈등과 분열이 일어났습니다. 정치권과 국민의 불화, 북한과의 단절, 종교적 편향 등. 이 모든 것이 국민을 주권자로 여기지 않았기 때문에 벌어진 일이라고도 할 수 있습니다.

대통령은 국민들이 무슨 마음으로 자신에게 소중한 한 표를 행사했는지 알아야 하고, 그 마음을 잊지 말아야 합니다. 그 마음을 잊으면 그 정권에 대한 국민들의 신뢰도는 떨어지게 되어 있습니다. 이명박 대통령은 국민들의 믿음을 저버렸기에 외면을 받고 있는 것입니다.

QUESTION 79

양치기 소년이 된 MB정부의 최후는?

CEO 출신 대통령은 달라도 많이 다를 것이라는 기대와 다르게 국민들은 이명박에게 많은 상처를 받았습니다. 4대강은 뭐고, 세종시는 또 뭐란 말입니까? 돈은 돈대로 나가고 국민들의 신뢰는 신뢰대로 잃고……. 임기가 얼마 남지 않았는데 이명박 대통령도 국민들의 머릿속에 '실패한 지도라'라고 인식되겠죠? 이명박 대통령의 가장 큰 정책적 실패와 정치적 실패는 무엇인가요?

A
국민들은 언행이 일치되는 대통령을 원한다.

이명박 대통령의 정치적 실패는 정치를 멀리했다는 것입니다. 대통령은 정치인입니다. 국민이 직접 선출한 것이기 때문에 대통령은 뼛속까지 정치인이어야 합니다. 대통령은 국회와 정치권을 고려하면서 국가를 경영하는, 국회의원 전체를 상대하는 큰 정치인이어야 합니다.

그런데 이명박은 "나는 정치를 잘 모른다. 나는 정치가 싫다. 나는 여의도와 거리를 두겠다."라고 말했습니다. 이는 결정적인 패착입니다. 이명박은 정치를 잘 몰랐고, 정치와 거리를 두었습니다. 그는 국회는 시끄럽게 싸움질만 하는 곳이라는 인식을 강하게 갖고 있었죠. 그래서 대통령이 되고 나서 국회에 "정부가 필요로 하는 입법과 예산이나 빨리빨리 통과시켜라."라고 압박했습니다. 집권당 지도부는 지엄한 대통령의 지시 때문에 야당과 타협하지 못하고 자꾸 밀어붙이기를 할 수밖에 없었죠.

야당 의원들은 그것을 막기 위해 몸싸움을 하면서 18대 국회는 가장 수준 낮은 국회로 전락했습니다. 결정적인 원인을 제공한 사람이 바로 이명박 대통령이었습니다. 그런데 비판은 모두 정치권이 받고 있으니 18대 국회위원들은 참 억울할 것입니다.

이명박의 정책적 실패는 크게 두 가지를 들 수 있습니다. 하나는 4대강 사업, 또 하나는 세종시 수정안 추진이죠. 4대강 사업의 경우 총 22조 원이라는 막대한 예산이 들어갔습니다. 그런데 그 사업을 결정하는 데는 불과 몇 개월밖에 걸리지 않았어요. 사업의 타당성을 두고 정치권, 전문가, 국민 사이에서 심각한 논란이 벌어졌지만 이명박 정부는 임기 내에 4대강 사업을 완성하고자 부랴부랴 수자원공사법 시행령을 개정하고 공사를 진행했습니다.

그리고 4대강 사업의 필요성을 홍보하기 위해 79억 원이라는 막대한 홍보비를 지출했어요. 4대강의 현황이라며 4대강 사업과 전혀 관련이 없는 사진을 이용하여 홍보하기도 하고, '4대강 살리기 홍보영상'의 물고기 떼죽음 영상을 4대강 것이 아닌 미국 것을 가져다 사용하기도 했습니다. 이뿐만이 아닙니다. 자연 습지가 전무하다며 갈라진 땅을 소개하는 방송 홍보 영상 역시 4대강과 전혀 무관한 곳을 사용했습니다. 이렇듯 이명박 정부는 거짓말을 해 가며 4대강 사업 홍보에 열을 올렸습니다.

세종시 수정안도 마찬가지입니다. 이미 여야가 세종시에 합의했고 헌법재판소에서 합헌 결정이 난 사안이었습니다. 이명박 또한 대선 과정에서 세종시를 원안대로 추진할 것이며 세종시를 명품 도시로 만들겠다고 여러 차례 약속했습니다. 하지만 대통령이 되고 난 후에 '세종시 국회 표결 처리'를 제기했고, 결국 이 사안은 국회 본회의에서 부결되면서 끝맺음이 되었습니다. 10개월 동안 국론을 통합해야 할 대통령이 분열을 조장한 것이라고 할 수 있습니다.

4대강 사업과 세종시 수정안으로 인해 엄청난 국력이 낭비되었습니다. 이 두 가지 사안을 통해 확인할 수 있었던 것은 국민의 대표인 대통령이 국민을 상대로 거짓말을 하면 절대 안 된다는 것입니다. 거짓말을 하면 국민들이 더 이상 국가 권력을 믿지 못하게 됩니다. 신뢰성 면에서 위기가 올 수밖에 없죠.

공자와 그의 제자는 이런 대화를 나누었습니다.

"국가가 어려움에 처했을 때 가장 먼저 포기해야 되는 것이 무엇입니까?"

"병(兵)을 포기하라"

"그 다음으로 포기해야 하는 것은 무엇입니까?"

"식(食)을 포기하라. 그러나 마지막까지 국가가 포기해서는 안 되는 게 있다. 그것은 바로 신(信)이다."

군사가 아무리 강하고 먹을 것이 풍부하다 해도 국가가 국민에게 신뢰를 받지 못하면 그것은 더 이상 국가가 아닙니다. 이명박 정부는 가장 중요한 국가에 대한 국민의 신뢰를 무너뜨렸습니다. 그것이 바로 이명박 대통령의 가장 큰 정책적 잘못, 정치적 잘못이라고 할 수 있습니다.

QUESTION 80

대통령과 국민들의 소통 점수는 불합격입니다!

얼마 전에 과 숙제로 팀별 프로젝트를 맡았는데, 서로 욕심만 부리다가 팀이 해체될 위기에 처했습니다. 그런데 다행스럽게도 한 선배가 분위기를 리드하면서 의견을 공유하여 무사히 과제를 마칠 수 있었습니다. 소통, 그 안에 답이 있더군요. 소통을 잘하지 못하면 사람 간에 벽이 생기는 것 같습니다. 작은 팀에서도 그러한데 나라는 오죽하겠습니까? 대통령이 선배와 같은 역할을 했다면 참 좋을 텐데……. 국민들과 대통령의 벽, 그 벽도 소통 때문에 생긴 걸까요?

A 막무가내 대통령을 좋아할 국민은 없다.

그렇습니다. 대통령이 국민들의 말을 잘 듣지 않아서 대통령과 국민 사이에 벽이 생긴 것입니다. 4대강 사업으로 나라가 떠들썩했을 때 이명박 대통령은 국민들이 제대로 이해하지 못한 것 같으니 그들과 직접 대화를 나누겠다고 했습니다. 그래서 TV에 나와서 연설을 했죠. 그것을 대화라고 할 수 있을까요?

대화는 듣고 말하기를 서로 주고받는 것입니다. 그런데 이명박 대통령은 방송 내내 자기가 하고 싶은 말만 했습니다. 그 방송을 보고 들은 국민들이 과연 '아, 대통령과 대화를 나누니 참 좋네. 속이 뻥 뚫리는 기분이야.'라고 생각했을까요? 그런 생각을 한 사람은 한 명도 없었을 것입니다. 대부분 자기 생각만 줄줄 늘어놓고 국민과의 대화를 했다고 한 이명박 대통령에게 분노를 느꼈죠. 그로 인해 TV 토론 후에 여론이 훨씬 더 악화되었습니다.

이명박 대통령은 자기가 하는 일이 모두 옳다고 우겼습니다. 국민이 반대하고 정치권이 반대해도 막무가내로 밀어붙였죠. 인사도 그렇고, 미국산 쇠고기 수입도 그렇고, 4대강도 그렇고……. 대통령은 CEO가 아닙니다. 자신이 내린 결정에 확신이 있다 하더라도 여러 채널을 통해 국민들의 의견을 확인해야 합니다.

이명박과 국민 사이에 생긴 불화의 근본적인 원인은 이명박이 민주주의적 절차가 갖는 중요성을 인식하지 못했기 때문입니다. 기업체 사장은 반드시 민주주의적 리더십을 갖출 필요가 없죠. 그러나 민주주의 국가의 리더는 민주적 절차와 과정을 통해 국가의 중요 정책을 결정해야 합니다. 기업체 사장이 일방적으로 지시하듯 국가를 경영해서는 안 된다는 것입니다. 민주적 의사결정 과정은 효율성이 떨어지기도 하지만 결정이 갖는 정당성은 높아집니다.

이명박 대통령은 민주주의적 문화가 몸에 배어 있지 않은 대통령입니다. 국민들은 민주주의에 대한 인식이 없는 대통령에게 화가 난 것입니다. 이명박 대통령이 지난 25년 동안 발전시켜 온 국정 운영의 원리인 민주주의를 일종의 장식품으로 여겨 외면했기 때문이죠.

　이런 인식은 기업 CEO로 살아온 개인적 삶과 무관하지 않습니다. 말단 사원에서 시작해 기업의 CEO가 되기까지의 과정에서 체득한 의사결정 과정은 민주적이지 않았을 것입니다. 자신이 어떠한 결정을 내리면 수족과 같은 부하 직원들이 목표를 달성하기 위해서 물불 가리지 않고 뛰는 것이 당연하다고 생각했을 테니까요.

　족벌경영이 일반화된 한국 기업에서, 그것도 불도저식 개발과 저돌적 근대화가 미덕이었던, 결과가 모든 것을 합리화했던 1960~1970년대에 기업을 통해 리더십을 만들어 간 이명박 대통령에게 소통이니 민주주의 의사결정이니 하는 것은 '배부른 소리'였을 것입니다. 그로 인해 '결과만 좋으면 국민들이 좋아할 것이다.'라는 생각에 거짓말하고, 숨기고, 국민을 무시하고, 자신의 말을 잘 듣는 사람만 옆에 두는 전형적인 독선적 국정 운영을 했던 것이죠.

여전히 이명박 대통령은 '난 잘못한 게 없는데 정치권과 국민들은 왜 이렇게 난리를 치는 거야?', '성과를 내기 위해서 그런 결정을 내린 건데 뭐가 문제야?', '도대체 알기나 하는 거야? 난 이렇게 일해서 큰 성공을 거둔 사람이야!'라고 생각할 수도 있습니다.

최근 한일군사정보보호협정 과정을 통해 이명박 대통령의 이런 의사결정 과정이 적나라하게 드러났습니다. "수천억, 수조 원을 들여 얻을 수 있는 대북 정보를 공짜로 얻을 수 있는 협정을 일본이라는 이유로 하지 않을 이유가 없다."는 논리로 절차를 무시하고 밀어붙였죠. 국무회의에 앞서 있는 차관회의에서 논의도 하지 않은 채 국무회의 즉석 안건으로 상정했고 국무회의가 끝난 이후에도 내용을 공개하지 않았습니다. 이 사실이 언론을 통해 뒤늦게 알려지자 협정 서명을 기정사실화하기까지 했죠.

이명박 대통령의 모든 정책 결정이 이와 비슷한 과정을 통해 이루어지고 있다는 것이 가장 큰 문제입니다.

QUESTION 81

쇠귀에 경 읽기에
국민들은 지쳐 버렸습니다

정치만 생각하면 답답 증세를 일으키는 국민 중 한 사람입니다. 10년이면 강산도 변한다는데 정치판은 도대체 언제 변할지 모르겠어요. 늘 국민은 목이 터져라 외치고, 정부는 안 들린다고 하고 이렇게 둘 사이에 벽이 존재하니 몸과 마음이 지쳐만 가는 것 아니겠어요? 물론 대통령 한 사람이 모든 국민의 말에 하나하나 답해 줄 수 없다는 것은 잘 압니다. 하지만 듣는 시늉이라도 해야 하는 것 아닌가요?

국민과의 소통,
마음먹기에 달려 있다.

앞에서 소통에 대한 질문이 나올 때마다 말을 하는 것보다 듣는 것이 중요하다고 강조했습니다. 대통령도 마찬가지입니다. 먼저 듣는 것을 생활화해야 합니다.

대통령도 우리와 다름없이 친한 사람들과 술잔을 기울이며 서슴없이 대화를 나눌 수 있다면 참 좋겠지만 그게 어렵다면 대통령의 귀이자 입이자 눈인 비서관들을 통해 간접적으로라도 계속해서 들을 필요가 있습니다. 이때 대통령은 그들로 하여금 민심을 왜곡하지 말고 진실하게 보고해야 한다는 것을 인식시켜야 하겠죠.

김영삼 대통령 시절, 민정 수석실은 지역을 돌아다니며 대통령과 정부에 대해 비판하는 말들을 그대로 옮겨 적었습니다. 토씨 하나 고치지 않고 말이에요. 그때 김영삼 대통령에게 보고된 문건 중에는 'YS, 이 돌대가리가 국가를 망치고 있다.'는 표현까지 그대로 적혀 있었다고 해요. 물론 대통령도 사람이니 그런 것을 볼 때면 얼마나 기분이 나빴겠습니까? 하지만 그렇게라도 국민들의 살아 있는 소리를 듣고자 노력했습니다.

반면 이명박 대통령의 소통 방식은 자기중심적이라고 할 수 있습니다. 독선과 자만으로 국민들의 목소리를 제대로 듣지 않죠. 그의 머릿속에는 이런 인식이 자리 잡고 있을 것입니다.

'난 역대 최대 표차인 530만 표차로 대통령이 되었다. 나를 좋아하는 국민이 참 많다.'

'난 어렵게 살아와서 어려운 사람들이 무엇을 생각하고 무엇을 원하는지 모두 알고 있다.'

정치인 출신의 대통령은 국민이 무섭다는 것을 잘 압니다. 국민들이 행사하는 표 하나가 자신의 삶에 어떠한 영향을 미치는지 잘 알기 때문이죠. 그들은 정치는 수많은 이해관계가 실타래처럼 엉켜 있기 때문에 이를 해결하기 위해서는 국민들의 말을 듣고, 국민들이 만족할 수 있는 해답을 줄 수 있도록 노력해야 한다고 생각합니다. 물론 그런 노력을 잘하지 않는다는 것이 문제이지만 말이에요.

그러나 이명박과 같은 기업인 출신의 대통령은 일을 추진하는 데

방해가 되는 목소리를 아주 싫어합니다. 그래서 귀를 닫아 버리는 거죠. 자신의 입장과 반대되는 의견을 제시하는 사람을 좋아할 사람이 어디 있겠습니까? 하지만 대부분의 사람은 외면하는 것이 아니라 대화를 통해서 문제를 원만하게 해결해 나가기 위해 노력하지 않습니까? 그런데 이명박 대통령은 그러지 못했습니다. 언제나 일방적인 입장만을 밝혔어요. 그런 것을 '대화', '소통'으로 받아들일 국민이 어디 있다고 그런 방법을 택하는지 답답할 따름입니다.

이명박은 정치권이나 여당의 의견도 거부했습니다. 정당을 그저 자신의 작품을 완성하는 보조적인 도구로만 여길 뿐이었죠. 그에게는 정치권과 소통할 이유가 없었던 것입니다. 하지만 힘 있는 사람들에게는 다른 모습을 보였습니다. '갑'의 입장에 있는 특권층에게는 언제든지 마음의 문을 활짝 열어 놓았죠.

대통령은 모든 국민의 대통령이지 힘 있고 돈 있고 권력 있는 사람만의 대통령이 아닙니다. 소통은 보편적으로 이루어져야 합니다. 대통령은 이념이나 계층이나 지역을 넘어서 모든 국민의 목소리를 들어야 할 의무가 있습니다.

대통령은 여론조사를 통해서도 국민의 소리를 들을 수 있습니다. 대통령의 심기를 건드리지 않기 위해 조작만 하지 않는다면 국민들이 어떤 인식을 가지고 있는지 알 수 있는 여론조사도 참 좋은 방법이죠. 여론조사는 대통령이 국민 여론을 알아보기 위해 활용하는 가장 일반적이고 상시적인 여론 청취 방식이라고 할 수 있습니다.

최근에는 정보 통신 기술이 발달하고 매체가 다양해지면서 대통령의 소통 방식도 달라지고 있습니다. SNS가 그 대표적인 예라고 할 수 있죠. 대통령은 SNS를 활용해 국민들의 다양한 의견을 들어야 합니다. 물론 대통령의 주변 사람이 청와대와 정치인들, 대통령에 대한 쓴소리는 다 걸러 내고 듣기 좋은 말만 골라 "현재 SNS에 이런 동향이 있습니다."라고 보고한다면 아무 소용없겠지만요.

  대통령은 마음만 먹으면 얼마든지 국민의 목소리를 들을 수 있습니다. 그것을 잘 알면서도 제대로 하지 않기 때문에 국민들과의 거리가 점점 멀어지는 것입니다.

QUESTION 82

노무현 대통령, 지못미~

대선이 얼마 남지 않아서 그런지 내 마음속의 대통령, 노무현 대통령이 자주 떠오르네요. 밀짚모자를 쓰고 밭을 일구던 모습, 손녀를 자전거 뒷좌석에 태우고 마을을 달리던 모습⋯⋯. 그의 모습을 떠올리면 정겨움에 슬며시 미소가 지어지기도 하고 마음이 짠해져 눈물이 나기도 합니다. 저뿐 아니라 그에 대한 향수를 가지고 있는 사람이 많은 것 같아요. 대통령 임기 중일 때는 그런 감정을 느끼지 못했는데 이제 와서 많은 사람이 그를 그리워하는 이유가 뭘까요?

A

이명박 대통령에 대한 실망감이 노무현 대통령을 더욱 그립게 한다.

일종의 인간적 일체성 같은 것이라고 생각합니다. 특권층 같지 않은 소탈함과 자신과 같은 사람이라고 생각되는 동질감이 사람들의 마음을 사로잡은 것이죠. 게다가 비극적인 죽음을 맞이했기 때문에 동정 여론도 일었고요. 이명박 정부에 거부감이 들수록 그 정권에 의해 희생당한 노무현 대통령과의 감정 이입이 더욱 강해진 것입니다. 그것이 노무현 대통령에 대한 미안함으로 나타난 것이죠.

이런 정서는 시간이 흐를수록 조금씩 희석되겠지만 노무현 대통령이 서민적이고 소탈했으며 젊은층과 늘 대화를 하려고 노력했던 것은 사실이기 때문에 그 부분에 대한 기억은 오래도록 사라지지 않을 것이라고 생각합니다.

젊은 세대들이 떠올리는 노무현 대통령의 이미지는 열정과 소통입니다. 지역주의에 편승하여 정치를 하는 것이 아니라 우리 정치의 가장 큰 병폐였던 지역주의를 극복하려고 노력했던 열정, 국민들과 솔직하고 진정성 있게 나눈 소통이 다른 대통령들과 참으로 많이 달랐습니다.

2030세대들의 소통의 장이었던 인터넷 등을 통해 가식 없고 거침없는 자신만의 언어로 토론하고, 그들의 담백한 의견을 경청한 '인터넷 대통령', 퇴임 후 고향에 내려가 많은 사람과 소탈하게 지낸 '서민 대통령'이라는 수식어가 젊은 세대뿐 아니라 많은 국민의 기억에 강렬하게 남아 있습니다.

노무현 대통령이 세상을 떠난 지 닷새 만에 전국에서 300만 명이 넘는 국민이 빈소를 방문하여 조문을 하고, 장례 기간 내내 많은 국민이 그의 죽음을 안타까워하며 눈물을 흘렸습니다. 이명박 대통령에 대한 비난이 조문 행렬로 이어졌죠.

국민들은 2007년에 노무현 대통령을 미워하는 마음으로 이명박을 대통령 자리에 올렸습니다. 하지만 이명박 정부는 국민들의 기대에 부응하지 못했습니다. 그로 인해 많은 국민이 민주주의를 후퇴시킨, 국민들과 불통한, 지방 균형 발전을 역행시킨, 남북관계를 파탄 낸 이명박 대통령의 정치 행태에 분노하며 조문을 통해 후회와 미안함을 표출한 것이죠.

노무현 대통령을 그리워하는 국민들을 보면 인간은 역시 감정의 동물이라는 생각이 듭니다. 하지만 국민들은 이성적으로는 임기를 끝낸 노무현 대통령에게 엄청난 실망감을 드러냈습니다. 양극화 심화, 비정규직 확대, 한미 FTA 체결, 이라크 파병 등으로 인해 임기가 끝날 무렵 그의 지지율은 20% 정도밖에 되지 않았죠.

노무현 대통령이 대통령직을 잘 수행했는지 그렇지 않았는지를 떠나 10년 동안 진보 진영이 잡아 왔던 권력을 내주었으니 진보 입장에서는 '보수에게 정권을 빼앗긴 책임'이 여전히 남아 있었죠. 그것도 역대 대통령 선거 사상 가장 큰 차이인 530만 표 차이가 나지 않았습니까?

최근 민주통합당 경선에서도 노무현 대통령과 노무현 정권에 대한 공과 과를 두고 논쟁이 있었습니다. 노무현 대통령의 비서실장 출신인 문재인은 노무현 정부의 계승을, 다른 후보들은 노무현 정신을 계승하되 '친노 세력'의 반성과 성찰이 필요하다고 주장했죠.

과거에 노무현을 지지했던 사람들 사이에서 다시 노무현에 대해 동정심과 향수를 느끼는 사람이 있다는 것은 노무현의 인간적인 면이 국민들의 기억 속에 깃들어 있다는 것을 의미합니다. 논리로 설득하는 것보다는 감성으로 사람을 감동시키는 것이 좀 더 지속적이고 오래 남죠.

국민들은 국정 운영을 잘해서 국민들을 잘살게, 행복하게 만들어주는 대통령도 사랑하지만 국민의 아픔과 슬픔을 함께할 수 있는 대통령, 국민과 공감하는 대통령을 더욱 많이 사랑합니다.

QUESTION 83

대통령 임기 기간, 뭐가 다르다는 거지?

최근 뉴스에서 박근혜가 '4년 중임 대통령제' 개헌을 이전부터 지지해 왔다고 말하는 것을 보았습니다. 인터넷을 검색해 보니 새누리당 경선 후보였던 임태희는 '6년 단임제'를 주장했네요. 사실 개인적인 생각으로는 임기 기간이 그리 중요해 보이지는 않는데 정치인마다 주장하는 임기 기간이 다른 이유는 무엇 때문인가요

A 임기 기간은 부차적인 문제이다.

대통령의 임기제도는 대통령의 성공 조건이 될 수 없습니다. 중요한 것은 국정 운영 능력과 리더십에 달려 있죠. 1987년 헌법에 대통령 5년 단임제를 명문화한 이후 끊임없이 대통령 임기제도에 대한 논란이 제기되어 왔습니다. 임기 말의 레임덕이 심화되는 핵심 원인이 대통령의 5년 단임제 때문이라도 되는 듯 말이죠.

5년 단임제를 반대하는 사람들은 국민과 약속했던 공약을 실천

하기 위해서는 5년이 너무 짧고, 정책의 지속성을 확보할 수 없으며, 2년 반만 넘어가면 대통령의 권위가 떨어져 국정 운영이 불가능하다는 이유를 들었죠.

그래서 4년 중임제를 도입하면 대통령이 안정적으로 국정을 운영할 수 있을 뿐 아니라 초반 임기 4년 후에는 국민이 대통령의 국정 운영에 대해 중간 평가를 할 수 있다는 점을 들어 4년 중임제 개헌안이 비중 있게 다뤄지고 있습니다.

대선 후보인 박근혜 역시 이와 비슷한 논리로 '4년 중임 대통령제'를 찬성하고 있습니다. 2012년 8월 이명박 대통령 측근 비리가 세상을 떠들썩하게 하던 시점에 제기된 개헌 논의에 대해 박근혜 후보는 이렇게 말하며 4년 중임제로의 개헌을 주장했죠.

"5년 단임제는 여러 가지 부패를 낳는다. 정책의 연속성 등을 생각할 때 4년 중임제가 바람직하다."

야당 역시 현행 5년 단임제의 문제점을 제기하며 개헌을 주장하고 있습니다. 문재인 후보는 "대통령의 권한을 분산하는 대통령제뿐 아니라 내각 책임제까지 검토할 필요가 있다."며 큰 틀의 권력 구조 개편을 제기하였고, 대통령제를 유지하게 된다면 4년 중임의 분권형 대통령제가 적합하다고 주장하고 있습니다.

세계에서 대통령제를 실시하고 있는 나라는 95개국 정도 됩니다. 이 중에서 단임제를 채택하고 있는 국가는 15개국에 지나지 않습니다. 대부분은 중임제나 연임제를 채택하고 있죠. 장기 독재를 막기 위해 만든 5년 단임제가 그 생명력을 의심받고 있는 형국입니다.

사실 성공한 대통령이 될 수 있는 조건 중에 '5년 단임'이냐 '4년 중임'이냐는 부차적인 문제입니다. 5년이라는 기간이 짧은 기간이 아닐 뿐더러 4년 중임을 하더라도 후반 임기는 거의 레임덕 현상을 겪게 되기 때문이죠.

문제는 대통령의 리더십과 정책 수행 능력에 달려 있습니다. 리더십과 국정 운영 능력이 없다면 5년을 맡기나 4년 동안 두 차례를 맡기나 국민들은 부정적인 시선으로 바라볼 것입니다. 물론 '대통령직을 잘 수행했으니 한 번 더 나라를 맡아 달라.', '당신이 대통령 자리에 있는 동안 국민이 너무 편안하고 행복했다. 임기가 너무 짧다. 그러니 임기를 더 늘리자.' 하는 국민적 합의가 있다면 가능한 일이겠죠.

국민들은 임기 기간을 중요하게 생각하지 않아요. 대통령이 진정으로 국민과 국가에 큰 기여를 했는지 아닌지를 기준으로 대통령의 성공 여부를 판단하죠. 그렇기 때문에 대통령 임기제에 대한 논란은 좀 더 여건이 성숙된 후 제대로 논의하는 것이 좋을 것 같습니다.

QUESTION 84

소속, 무소속
그것이 문제로다~

박원순 서울시장이 한 라디오 인터뷰에서 안철수가 대선에 나온다면 무소속으로 출마했으면 좋겠다고 권유하는 것을 들었습니다. 문득 이런 생각이 들었습니다. '만약 대통령이 무소속이라면 어떨까?' 어느 한쪽으로 치우치지 않고 냉철한 정치를 펼칠까? 아니면 이리저리 치여 자신의 뜻을 제대로 펼치지 못할까? 장단점이 있을 것 같아요. 정말 무소속 대통령이 나온다면 어떻게 될까요?

8
대통령과 대통령직

A
무소속 대통령,
현실적으로 불가능하다.

상상은 가능하지만 무소속으로 대통령 임기를 마치는 것은 현실적으로 불가능합니다. 안철수 현상은 기존 정치권에 대한 국민들의 반감을 그대로 반영하고 있어요. '기존의 새누리당이나 민주통합당, 통합진보당 등의 여야 정당이 마음에 들지 않는다.', '국민을 제대로 대변하지 못하고 있다.'라고 판단한 것이죠.

상황이 이러하기 때문에 안철수가 민주통합당 후보로 대선에 나왔다면 그를 지지했던 많은 사람이 실망했을 수도 있습니다. 최근 한 신문사의 여론조사 결과에서도 나타나고 있듯이 우리 국민의 38.1%는 안철수가 무소속으로 대선에 출마하길 기대했습니다. 민주통합당 후보로 출마해야 한다고 답한 국민은 23.5%, 신당을 창당해 출마해야 한다고 답한 국민은 14.4%예요. 모든 연령층에서, 특히 2030세대의 절반 이상이 안철수의 무소속 출마를 바랐죠. 국민들의 생각이 이러하기 때문에 안철수가 무소속 출마 선언을 한 것일 수도 있습니다.

그러나 당 없이 무소속이나 시민 후보로 대선에 나가 당선될 가능성은 높지 않습니다. 특히 대선이 다자구도로 전개될 경우 야권의 표를 민주통합당과 안철수가 분할할 것이기 때문에 박근혜 후보의 당선 가능성은 더 높아지겠죠. 민주통합당이 백보 양보하여 자기 당 후보를 사퇴시키고 무소속의 안철수를 지지하겠다고 결정한다면 어떨까요? 민주통합당이 해체될 가능성도 있습니다. 대선 후보를 내지 못한 정당은 존재 이유가 없기 때문이기도 하고, 그런 정당은 152억 원 정도 하는 정당 보조금이 지급되지 않기 때문에 정당 운영이 어려워질 수도 있기 때문이죠.

당선 가능성은 차치하더라도 안철수가 대통령이 된다면 어떨까요? 지금으로서는 그가 국정을 어떻게 운영할 것인지 상상하기 어려워요. 대통령이 당적을 갖지 않는다는 것과 서울시장이 당적을 갖지 않는다는 것은 전혀 다른 문제입니다. 서울시의 경우만 보더라도 원활한 시정을 이끌어 가기 위해서는 반드시 시의회에서 자기를 지지할 정당이 필요합니다. 시장도 시민들의 선거에 의해 선출되었지만 시의회 의원 역시 시민들이 직접 뽑아 시정을 감시하고 견제하라고 했기 때문이죠. 조례의 제정과 개정, 예산의 심의 확정, 결산 승인 등 시정 운영과 관련된 중요한 권한을 의회가 가지고 있기 때문에 시정 운영의 파트너가 될 정당이 필요했던 거예요. 그렇기에 박원순 서울시장도 무소속으로 출마하여 당선되었지만 결국 민주통합당에 입당한 것이고요.

이승만 대통령은 정부 수립 초기에 "정당은 필요없다!"라고 말하면서 정당무용론을 제기했어요. 소속 정당 없이 한민당과 연대하여 대통령에 당선되었죠. 그러나 결국 자유당을 창당해야만 했어요. 정당은 대의민주주의의 근간이기도 하지만 대통령 책임제하에서 책임을 지고 국정을 운영할 수 있는 기반이기도 하죠.

무소속 대통령이 특정 정파에 치우치지 않고 국정을 운영할 수 있을 것이라고 생각할 수도 있지만, 국정 운영의 방향과 정책을 선택할 때에는 철학이 있어야 합니다. 철학이 있다는 것은 이 철학에 상대적으로 친화적인 정치 세력이 있을 수 있다는 거죠. 그렇기 때문에 대통령은 소속 정당이 없다면 그중 자신과 가까운 정당을 찾아 연대해야 하고, 소속 정당이 자신의 국정 철학을 제대로 실현할 의지와 역량이 없다고 판단되면 노무현 대통령이 민주당을 떠나 열린우리당을 만든 것과 같이 새 정당을 만들어야 합니다.

대의제 정치에서 '여'와 '야'는 국정 운영의 책임성을 규정하는 관계예요. 대통령과 대통령의 측근 몇 명만의 정권이 아니라 여당이라고 하는 정치세력이 국회에서 버텨 주면서 같이 국정을 운영하는 것이죠. 안철수가 무소속 대통령이 될 경우에도 무소속으로 국정운영을 하는 것은 거의 상상하기 어려울 뿐 아니라 불가능할 수도 있습니다. 이것이 정당정치의 힘입니다.